高等院校通识教育新形态系列教材

U0647140

创新创业教育

吴田波 张雷/主编

高璟 郝文佳 李会娟 张铮海/副主编

人民邮电出版社

北京

图书在版编目（ＣＩＰ）数据

创新创业教育 / 吴田波, 张雷主编. -- 北京 ：人
民邮电出版社, 2023.9
高等院校通识教育新形态系列教材
ISBN 978-7-115-62059-0

Ⅰ. ①创… Ⅱ. ①吴… ②张… Ⅲ. ①大学生－创业
－高等学校－教材 Ⅳ. ①G647.38

中国国家版本馆CIP数据核字(2023)第116528号

内 容 提 要

本书以提高大学生创新创业能力为目的，旨在激发大学生的创新创业意识，引导大学生掌握创新
创业教育的基础理论与基础知识，了解创业的基本流程。本书共 11 章，第 1 章为创新基础知识，第 2
章为创新思维能力培养，第 3 章为创业、创业精神与职业生涯发展，第 4 章为创业者和创业团队，第
5 章为创业机会与创业风险，第 6 章为整合创业资源，第 7 章为创业计划书，第 8 章为新企业创办，
第 9 章为新创企业的生存与成长管理，第 10 章为创业政策与法规，第 11 章为互联网创业。

本书既可作为相关课程教学用书和对创新创业感兴趣的大学生的自学参考书，也可作为高校本科、
专科学生及研究生创业辅导用书。

◆ 主　　编　吴田波　张　雷
　　副主编　高　璟　郝文佳　李会娟　张铮海
　　责任编辑　李媛媛
　　责任印制　王　郁　胡　南
◆ 人民邮电出版社出版发行　　北京市丰台区成寿寺路 11 号
　　邮编　100164　电子邮件　315@ptpress.com.cn
　　网址　https://www.ptpress.com.cn
　　山东华立印务有限公司印刷
◆ 开本：787×1092　1/16
　　印张：12.5　　　　　　　　2023 年 9 月第 1 版
　　字数：318 千字　　　　　　2025 年 1 月山东第 4 次印刷

定价：46.00 元

读者服务热线：(010)81055256　印装质量热线：(010)81055316
反盗版热线：(010)81055315
广告经营许可证：京东市监广登字 20170147 号

2017年8月15日，习近平总书记给第三届中国"互联网+"大学生创新创业大赛"青年红色筑梦之旅"的大学生回信，深切勉励青年学生"扎根中国大地了解国情民情，在创新创业中增长智慧才干，在艰苦奋斗中锤炼意志品质，在亿万人民为实现中国梦而进行的伟大奋斗中实现人生价值，用青春书写无愧于时代、无愧于历史的华彩篇章"。党的二十大报告指出，"教育、科技、人才是全面建设社会主义现代化国家的基础性、战略性支撑"，提出了"坚持创新在我国现代化建设全局中的核心地位""必须坚持科技是第一生产力、人才是第一资源、创新是第一动力""提升国家创新体系整体效能""形成具有全球竞争力的开放创新生态""加快实施创新驱动发展战略""自信自强、守正创新，踔厉奋发、勇毅前行""激发全民族文化创新创造活力，增强实现中华民族伟大复兴的精神力量"等重要论述。

高校肩负着立德树人的根本任务，作为科技创新和人才培养的重要高地，要深刻领会习近平总书记的重要讲话和党的二十大报告精神，认真学习贯彻新发展理念，集中优势资源、群策群力，不断探索高校创新创业教育路径，完善创新创业人才培养模式，构建创新创业教育新格局，培养一大批德智体美劳全面发展的拔尖创新人才，为实现中华民族伟大复兴做出更大的贡献。我们深知高校创新创业教育是久久为功、驰而不息的教育综合改革之举，对学生而言是创新而为、启迪智慧的成长成才的时代选择。在创新创业教育的宏大社会发展背景下，我们有必要为学生系统梳理创新创业的基本理论和知识要点，让学生能知其为，知其何以为，成为创新创业潮流中的"弄潮儿"。这既是我们编写此书的初衷，也是对高校学子的美好祝愿。

本书紧扣创新创业教育的热点问题及大学生创新创业能力培养的核心问题，既有理论知识的分析阐释，又有案例和赛事的凝练总结，融知识性、趣味性和实用性于一体。本书由具有多年创新创业教育教学及实践经验的高校教师团队编写，吴田波（桂林理工大学）、张雷（桂林旅游学院）任主编，负责全书的统筹，其中吴田波还负责本书第10章、

前　言

第 11 章及附录的编写，张雷负责第 1 章的编写；高璟、郝文佳、李会娟、张铮海任副主编，其中高璟负责编写第 2 章和第 3 章，郝文佳负责编写第 8 章和第 9 章，李会娟负责编写第 4 章和第 5 章，张铮海负责编写第 6 章和第 7 章。本书为广西教育科学"十四五"规划 2022 年度高校创新创业教育专项课题《创新创业虚拟教研室建设和管理研究》（项目号：2022ZJY2821）、广西教育科学"十四五"规划 2022 年度高校创新创业教育专项课题《高等学校创新创业教育课程混合式教学模式研究》（项目号：2022ZJY2905）、广西教育科学"十四五"规划 2022 年度大学生就业研究专项课题《"三全贯通，五位一体"广西高校大学生职业生涯规划教育体系构建研究》（项目号：2022ZJY1547）研究成果。

由于时间有限，编写水平有限，书中难免存在不足之处，敬请读者批评和指正。

编　者

2023 年 7 月

CONTENTS

目　录

第5章 05

创业机会与创业风险　/60

第6章 06

整合创业资源　/78

第7章 07

创业计划书　/94

第8章 08

新企业创办　/108

第 9 章 09

新创企业的生存与成长管理 /128

第 10 章 10

创业政策与法规 /142

第11章 11

互联网创业 /160

附录 /167

参考文献 /192

01 第1章
创新基础知识

2022年，海尔全球营业额达3506亿元。这家企业由2000多个自主经营体组成，除了"在册"员工，还有许多是"在线"的，所以其员工多得数不清。这家企业内部员工天天抢单做，用户可以提任何要求，还可以自己参与全流程交互设计产品，下订单后24小时内就可收到商品。奇怪的是，这家企业还是"织网高手"，在全国拥有90多个物流配送中心，全国每50千米就有一个物流配送站。海尔不单单是生产制造企业，而且是投资创业平台。在这里，人人都是创客，创造智慧生活。

历经近40年的创新发展，海尔从一家濒临倒闭的集体小厂成长为今天的大企业。在全球，海尔拥有数以亿计的用户。每天，十几万台海尔产品进入全球市场。人类工业文明的先进成果成就了海尔的今天，让海尔得以在短短几十年的时间走过传统发达国家企业百年的道路。面对新的挑战，海尔集团前董事局主席、首席执行官张瑞敏坦言，我们剩下唯一没有被时代抛弃的武器是永远的两创精神——永远创业，永远创新。

例如，一位网名为DK先生的用户提出了一个创意，想把空调的外形设计成为首都鸟巢体育馆的外形，他把创意发布在海尔众创汇平台，结果吸引大量用户点赞。海尔公司通过海尔HOPE设计平台对接全球专业设计资源，运用虚拟设计的手段把这个创意做成样机放在平台上，吸引了更多的用户去交互，同时也吸引了中国科学院、中国标准化研究院、三菱集团、西安交通大学等多个组织共同设计方案，最终形成了天铂一代空调。该产品在网上预售后有很多用户下单，用户的信息直达模块商、制造、物流等互联工厂各个环节，全过程对用户都实现透明可视，产品下线后直接配送到用户家中。

《大爆炸式创新》的作者拉里·唐斯认为，海尔的员工非常有激情、有活力，像这样的情形通常出现在初创型公司里，不会发生在大公司里。"共享经济"的提出者、《第三次工业革命》的作者杰里米·里夫金则认为，海尔作为一个先锋和领导者，能够把这些理念付诸实践，不仅在中国，而且在全世界企业内创造了一个新模式。

国家强调推动大众创业、万众创新，这是充分激发亿万人民智慧和创造力的重大改革举措，企业、社会组织乃至个人都在创新创业的时代潮流中奋勇前行，积极作为，形成了生动向上的社会发展氛围。经典意义上的创新是一个经济学概念，它是指具有经济意义的"新价值创造"。现在，创新已经泛指一切"新价值创造及实践"行为，如"研究创业家"

并不意味着直接去赚钱，而是强调研以致用，以知识与智慧造福社会、服务大众。高校学子要认清时代发展大势，激发创新灵感，在创新创业的美好时代有所作为。

1.1 创新及创新能力概述

1.1.1 创新概念及其起源

创新（innovation）一词及其概念是由美籍奥地利经济学家约瑟夫·阿罗斯·熊彼特在其1912年出版的《经济发展理论》一书中首先提出来的。他将创新定义为"生产要素和生产条件的一种从未有过的新的组合"。

本书所采用的定义为：创新是人类在社会实践中扬弃旧事物、旧思想、旧方法，把新设想、新技术、新成果成功付诸实施并获得更高效益的运作过程。换句话说，创新就是人们能动地进行创造并最终获得更高效益的一个综合过程。也可以说，构成创新的基本要素就是：人、创新成果、实施过程和更高效益。

1.1.2 创新能力的定义

创新能力的定义为：一个人（或群体）在前人发现或发明的基础上，通过自身的努力，创造性地提出新的发现、新的发明和新的改进革新方案的能力。也可以说，创新能力就是一个人（或群体）通过创新活动、创新行为而获得创新成果的能力，是其在创新活动中所具有的提出问题、分析问题和解决问题3种能力之和。

创新人人可为。创新能力并非只是少数人才具有的一种能力，而是人人都具有的，可以经过启发、教育、培训得到提升的一种潜在能力，否则，所有创新理论，包括创造学、成功学、人类潜能学等，就都将失去存在的必要和意义。

创新时时可为。在人的一生中，创新和创新能力是伴随生命的存在而存在的，只不过不同的人表现不同。有的人少年早慧，在很小的时候就由于留心观察、勤于思考而有所成绩；也有的人大器晚成，到很大时才有所感悟、有所创新。

创新处处可为。创新在当今社会各个领域、各个行业，都无一例外地存在着。

◉ **案例**

重庆某学院石油与天然气工程专业2013级研究生刘洪伟是四川自贡人，他从小就热爱发明，喜爱读书。进入大学后，他就像找到了属于自己的一方天地。在入学的第一天，他就去了学校的最高楼——图书馆。他在这里足足看了一整天的书，并从此迷上了这里，成了这里的常客。图书馆200余万册的图书量，让他感觉进入了知识的海洋，找到了将自己的梦想变成现实所需要的知识。科技创新是刘洪伟最大的兴趣爱好。兴趣是最好的老师，正是由于对科技创新有浓厚的兴趣，刘洪伟才能在科技创新这条路上坚持走下去。

考上研究生后，研究生阶段的学习为刘洪伟的创造发明梦提供了广阔驰骋的空间。"2461"的研究生培养模式和教学研用的"四结合"育人格局，为其提供了广阔的学习平台。他以优异的成绩通过了大学英语六级考试和全国计算机等级考试（三级）。同时，他还获得国家授权专利4项，获得2013—2014学年研究生国家奖学金，在重庆市第六届"科慧杯"研究生科技创新实践大赛中获得特等资助。3D打印是目前正在迅速发展的一项新兴技术，被称为"具有工业革命意义的制造技术"。在国内，3D打印技术的推广与应用尚处于起步阶段，3D打印产品表面粗糙是一个较为突出的问题。针对这一问题，刘洪伟与团队成员协作配合，在导师的指导下，查阅大量文献资料，通过反复论证和实验，研制出3D打印抛光机。该发明成功入选中央电视台科教频道（CCTV-10）《发明梦工厂》节目，并在节目录制现场，通过竞价方式以200万元转让专利权。

迈出成功的一小步后，刘洪伟开始计划如何走好下一步。最终，他决定组建团队，努力向创新创业的方向继续发展。"大众创业，万众创新"是当下热门话题，同时也带来了高校应用型人才培养和大学生创新创业教育的良好契机，学校开展了众创空间建设，也相应出台了很多支持大学生创新创业的政策。刘洪伟以敏锐的触觉把握时代、把握机遇，成立了重庆百阿腾科技有限公司，致力于CAD图形图像引擎开发工作，公司的取名寓意为将来要与我国知名互联网公司——百度、阿里巴巴、腾讯比肩。刘洪伟通过自己的不懈努力，走出了与其他大学生不一样的道路。他不仅解决了自己的就业问题，还带领一批本科生和研究生创新创业，解决了他们的就业问题。

1.1.3　创新能力的特征

前面我们已经介绍了创新能力的定义，那么，它有哪些特征呢？在这里，我们将从其综合性和深度结合性这两方面进行介绍。

1. 创新能力是一种综合性的能力

创新能力的综合性表现为：创新能力的核心应是创新思维，而创新思维本身就是一种综合性的能力。若把创新能力作为一个能力系统来看，创新思维能力是由众多子系统构成的，如探索问题的敏锐力、转移经验的能力、形象思维的能力、联想的能力、横向思维的能力、灵活思维的能力、评估评价的能力、产生新思想的能力、预见未来的能力、运用语言的能力、实现目标的能力。

2. 创新能力是一种有深度结合性的能力

创新能力不仅具有综合性，还与其他相关的理论、知识及人的其他能力有很深的结合。具体表现在特殊性和内核功能这两方面。

（1）创新能力作为核心能力的一种，有其特殊性

国际上评价人才综合素质的8种核心能力包括：交流表达能力、数字运算能力、自我提高能力、与人合作能力、解决问题能力、信息技术能力、创新能力、外语应用能力。在其测评标准中，创新能力具有极为特殊的地位，主要表现在以下两方面：一是创新能力在人们终身发展能力的3个层次中居于核心地位；二是创新能力是8种核心能力中的核心，与其他7种能力都具有紧密结合的特性。

（2）创新能力在生产力中具有内核的功能

人是各种生产力要素中最为活跃的因素，在生产过程中居于决定性的主体地位。为了提高生产力，就需要提高广大从业者的素质，尤其是核心的创新能力，因为最终被物化在我们日常生活的各类产品和服务中的只能是人的素质和人的创新能力。

1.1.4　创新能力的构成

创新能力主要由提出问题、分析问题和解决问题这3种能力构成，并通过创新实践的

过程和创新实践的活动等体现出来。

1. 提出问题

提出问题又叫形成问题，它是创新者在已有知识、信息和经验的基础上，对客观存在问题的情境、状态、性质等的重新发现和认识。而提出问题的类型又包括研究型问题、发现型问题和创造型问题3种。

2. 分析问题

分析问题是指创新者对于提出的问题，经过相关资料的寻找收集、分析处理、尝试解决，直至弄清问题的整个过程。

3. 解决问题

解决问题是指创新者面对提出的问题和分析的结果，在尚无现成办法可用时，将问题从初始状态向目标状态转换，直至完成目标的全过程。

创新能力的构成如图1-1所示。

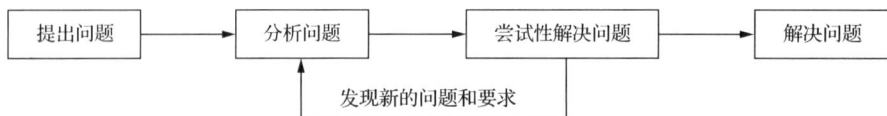

图1-1 创新能力的构成

可见，创新能力是由提出问题阶段、分析问题阶段（包括尝试性解决问题）和解决问题阶段这3个动态的过程构成的，其结果主要是看问题是否得到了正确、合理的解决。

◉ 案例

茶余饭后，嚼个口香糖使口味清新，已成为不少人的习惯。不过，嚼口香糖最麻烦的是处理口香糖残渣。你有没有想过试一试可吞食的口香糖？

西南大学的贾雯旭和他的团队一起研发的蜂蜡保健口香糖，获得了第八届"挑战杯"中国大学生创业计划大赛全国银奖，还申请了发明专利。这种口香糖呈方块状，放入口中有一种淡淡的薄荷味及蜂胶香味，口味与市面上的口香糖差不多。刚吃到嘴里时，它是散的，嚼了一两分钟便聚合在一起，并且越嚼越少，10多分钟就可把它吞下去。据贾雯旭介绍，与市面上的口香糖相比，这种口香糖同样具有清新口气、有嚼劲等特点，此外还有增强免疫、消毒杀菌的功能。不足之处在于，其黏性要差一些，不能吹泡泡。

据了解，他们已研发出针对儿童、中青年、老年3种人群的可吞食口香糖。目前主要开发的是针对中青年的，口味主要是薄荷味。为什么这种口香糖能吞食？贾雯旭称，主要是由于他们改变了常见口香糖的基本原料。常见口香糖的主要原料为碳酸钙、橡胶、滑石粉等，具有较强的黏性，不容易消化分解，一般不可吞食。他们的口香糖主要成分是蜂胶、蜂蜡、小麦谷朊粉和木糖醇4种。其中小麦谷朊粉类似于面块，有较强的嚼劲；蜂胶是常见保健品。由于原材料是易消化分解的，因此消费者可以放心地将这种口香糖吞到肚子里。

1.2 创新的基本性质和原理

创新及创新活动有其内在的原理、性质和规律可以遵循。了解、学习并掌握创新的原理及性质，对我们进一步学习创新能力等其他内容有很好的帮助作用。

1.2.1　创新的基本性质

性质是指一种事物区别于另一种事物的根本属性。创新的基本性质就是它的社会性、能动性、特殊性及继承性。

① 创新的社会性表现为：创新推动了社会的发展和进步。

② 创新的能动性表现为：创新对客观世界具有强大的推动力。

③ 创新的特殊性表现为：积极进取的态度和勇于标新立异的精神。

④ 创新的继承性表现为：创新是人类在认识客观世界的实践中，不断继承、不断批判、不断发展、不断进步的一个历史过程。

1.2.2　创新的原理

前面介绍的创新基本原理主要是指创新具有的普遍性和可开发性，即其可作为其他创新规律的规律。而创新原理较之创新基本原理来说，更具体、更具有针对性，比较有利于激励创新者的智慧，进而更有效地指导创新者开展创新活动及提升创新能力。

1. 需要与可能原理

需要与可能原理是指创新活动的对象既是社会需要的，又是可能实现的。

常常有人会问："创新、创造从哪里来呢？"回答很显然，是从社会的需要中来，是从市场的需要中来，是从你需要解决的工作、学习和生活中的问题而来。因为离开需要的"创新""创造"，即便技术水平再高也毫无意义，所以社会的需要才是一切创新的原动力。人类的历史就是创新和改造演变的历史。人类几千年的发展史无一例外地一再证明，需要才是发明之母。所以说，需要不仅是一切创新的出发点和归宿，还是检测创新有效性的试金石。

创新的宗旨应该是寻找"需要"，跟踪"需要"，满足"需要"，并让"需要"在不断具体化的过程中更好地服务于社会。

（1）需求无限、创新无限是"需要与可能原理"最显著的特征

社会需要的含义非常广泛，如生命的延续、群体的协调、资源的节约、潜能的开发、感官的满足、价值的追求等。而需要除了无限性的特征，还包括多样性、潜在性、群体性和实在性。

（2）"需要"的可发掘特征

我们可以从不同的角度来发掘需要，而最简单的办法便是列出各种可能的"需要"，并按图索骥，引导创新。"需要"的简单分类如下。

① 按起源分，有自然需要、社会需要。

② 按对象分，有物质需要、精神需要。

③ 按层次分，有生理需要、安全需要、社交需要、尊重需要、自我实现的需要。

④ 按用途分，有生活需要、生产需要。

⑤ 按明显性分，有显性需要、潜性需要。

⑥ 按主次分，有直接需要、间接需要。

其实，一个人只要留意身边和周围各种需要的信息，做创新的有心人，便可捕捉到许许多多对他/她来说有实用价值的信息，进而引发联想、想象，并发掘出社会的需要。

（3）"需要"的可能性原则

需要只有与可能性相结合，才能成为实实在在的创新。需要的可能性原则包括原理上

的可能性、实施上的可能性和应用上的可能性。

① 原理上的可能性是指需要及其创新不能违背自然界客观存在的规律这一前提。

② 实施上的可能性是指需要及其创新构想、新产品开发等是可以实施的。

③ 应用上的可能性是指创新作为一个系统工程，虽然是针对某种需要进行的创新，但不应违背另外的需要，否则该需要及其创新就难以得到应用。

因此，我们才说，需要只有与原理、实施和应用的可能性相结合才是创新的源泉。

2. 方法与技巧原理

任何事物的创新、创造和发明都是有规律可循的，都是有办法解决的，而不能解决的状况是有时间性的、暂时的。此外，创新技法又是人人都可以学会并加以运用的。在创新与创造活动中，学习、探索、培养、训练并掌握科学的方法与技巧是十分重要的。

（1）功能与结构原理

功能与结构原理是指创新活动的对象是具有鲜明功能特征的。

美国通用电气公司设计工程师麦尔斯有句名言："人需要的不是物，而是功能。"创新就是以新的功能系统为目标，寻找并设计能达到此功能的组织结构形式。以功能为中心的创新活动，对于新功能的描述应注意避免"精确"，而提倡"模糊"，以此开阔思路。

表1-1对"精确"和"模糊"两种表述方式进行了比较，仅供参考和体会。

（2）切割与组合原理

切割与组合原理是指创新活动的对象是可以通过分解、重组等技法实现的。

从某种意义上说，创新与创造最终都可以归结为信息的截断和重组。换句话说，将集中起来的信息再分散开，并按新的观点再将其重新组合起来，往往会产生新的事物和方法。而针对某个

表1-1 "精确"表述与"模糊"表述对比

"精确"表述	"模糊"表述
设计一艘小船	设计一种水上运载物
设计一个捕鼠器	如何摆脱老鼠的干扰
设计一把锯子	如何方便地分割木头
设计一个眼镜盒	怎样保护和携带眼镜
设计一种割草机	怎样清除杂草

具体问题，在已有的各方面信息的基础上，采用新的观点、新的角度，打破原有信息间的组合方式，并对信息进行重新组织处理，产生对创新者本人及社会群体来说是一种前所未知的新成果的活动过程本身，就是创新，就是创造。切割与组合应该以获得新功能为目的，而并非随心所欲。能够称之为创新与创造的组合应符合以下3个条件。

① 由多个要素或特征参与。

② 所有要素与特征都为所需的功能共同起作用，它们之间相互支持、相互促进及补充。

③ 产生一个新的效果，就如某系统中所需要的那样，其效果必须大于该系统内各元素简单相加之和，即获得"1+1>2"的效果。

（3）模仿与突破原理

模仿与突破原理是指创新活动往往都是从模仿、研究成功的创新案例开始的。

在人类的创新活动中，模仿往往是创新的第一步。因此，训练创新能力应从模仿、研究成功的创新案例开始，再进行突破。达到独立创新目的最有效的方法就是像书法家和画家那样，从临摹训练开始。模仿的途径是多种多样的，常见的有原理模仿、形式模仿、方法模仿、结构模仿、形态模仿、功能模仿等。

（4）扩散与集中原理

扩散与集中原理是指创新思维活动的形式通常表现为扩散思维和集中思维的交替与综合。扩散只是创新的手段，集中才是创新的目的。而要能够达到目的，扩散的速度、扩散

的数量、扩散的多样性等就显得非常重要，因为扩散思维能力的强弱往往决定了创新能力的强弱。为了能快速、有效地达到创新的目的，创新者在进行扩散思维训练时，就应该结合立体思维、联想思维、全方位思维、逆反思维、侧向思维、平行思维等进行综合练习。

此外，扩散思维的训练还可从材料扩散、功能扩散、结构扩散、形态扩散、组合扩散、方法扩散、因果扩散和关系扩散8个方面展开训练。

（5）群体智慧原理

群体智慧原理是指在发明创造的过程中应该充分发挥群体智慧的力量。

人类早期社会的发明创造大多是由个人完成的。到19世纪末，人类便开始了从个体创新步入群体创新的阶段。就像爱迪生这样的发明家，1881年在其个人投资建立的研究所里，就聘用过不少助手，最多时超过了100人。

尤其是从19世纪末到20世纪，像汽车、飞机、人造卫星、宇宙飞船、空间实验室、海底居住实验室等各类交叉学科及其创造产物的出现，都一再证明这些门类的创新不是任何个人所胜任得了的，这也让人们更加体会到群体在创新、创造中的威力。

此外，群体智慧原理在现代社会中也显示出了越来越旺盛的生命之火，尤其是在一些需要借助群体合力进行的研究及需要群体合力才能实现创新的项目中，更是呈现出日益重要的趋势。在当代社会中，由一个人单枪匹马去完成重大发明课题几乎是不可能的。开发群体的创新能力就是要在群体中产生互相启发、攀缘上升的激荡效应。

当然，群体创新并不意味着一个研究课题组越大越好，研究课题组应该控制在尽量小的规模上，这样才有利于发挥每个人的潜能，即要处理好组织创新问题和群体规模适度问题。

1.3 把创新当成习惯

对渴望提高创新能力的人来说，不仅应具有优秀的自我表现和良好的职业道德，了解创新的文化、创新的环境、创新的机制等其他十分重要的内容和知识，还应该具有独立自主开发创新的意识和培养自我创新的品格习惯的意识。为此，我们只有通过不断学习、训练和实践，才能将个人创新的潜能转换为现实的创新能力。

1.3.1 为什么将创新当成习惯

作为灵长类动物的人所具有的高级思维能力和聪明才智，都是通过一系列的发现、发明、创造、创新等社会实践活动才表现出来的。在智慧勃发的市场经济时代，自主择业决定了人们必须适应创新进取、优胜劣汰、智慧谋生的时代主旋律。每个希望追求成功的人，必须学会再造一个聪明脑袋，去营造一个拥有智慧的人生，创造超越他人的价值。

那么，怎样才能拥有智慧，并使自己聪明伶俐、胜人一筹呢？显然，就是必须在生活中学会并养成创新的习惯。也许，很多人都会认为自己天生比别人笨，没有天赋。其实，智慧是平凡的，聪明也不神秘；只要大家能够积极开动思维的大脑并有意识地培养创新的习惯，智慧和聪明就会像山泉一样，绵绵不绝。

1.3.2 如何培养创新习惯

创新精神的实质是强烈的进取精神和勇于开拓的思维意识。只有在这种精神和意识的支配下，人们才能逐渐养成创新的习惯。要想培养创新的习惯，我们应从以下几个方面入手。

1. 注重首创精神的培养

首创是创新的重要本质特征。首创就是要有敢为天下先的理念。有了这样的精神，就有了创新的灵魂，就有了培养创新习惯的基础，否则，再好的方法也无济于事。我们之所以要强调首创精神，是因为首创的成果对人类社会的贡献往往是巨大的、具有开创性的、意义深远的和充满无限机会的，有些甚至直接导致了社会的历史性变革。

2. 注重进取精神的培养

强烈的、永不休止的进取精神就是勇于接受挑战。一个人成功的最大动力是要有"野心"。"野心"反映了他对准目标采取进攻的态势和不达目的誓不罢休的精神，包括强烈的革新意识、强烈的成就意识、强烈的开拓意识、强烈的竞争意识。

3. 注重探索精神的培养

人们的探索欲望常常表现为强烈的好奇心和对真理执着的追求。为此，人们也会产生强烈的求知欲。而强烈的求知欲需要靠顽强的毅力和拼搏精神才能得以实现。事实上，真知灼见正是通过不断探索而获取的。

4. 注重顽强精神的培养

没有百折不挠的毅力，没有不怕困难、不怕失败、不畏风险的勇气，没有抵抗超强压力的精神和意识，是不可能取得创新成果的。

5. 注重献身精神的培养

杰出的成功者往往都不是天生的，而是后天成就的。其中，起关键作用的因素是心理表象和核心信念。所有杰出的成功者，无一例外都是心理表象和核心信念在其人生道路上释放出巨大的能量的人，这种能量就是崇高的理想和献身精神。

1.3.3　向成功者学习创新的品格和习惯

为了能更好地理解创新品格和习惯的价值与意义，下面将借助小故事，以验证平凡生活之中的创造性。

万钧铁牛出江底

北宋年间，山西有座浮桥，两端用8头上万斤重的大铁牛来固定缆绳。

有一年，洪水泛滥，冲垮堤岸，冲断缆绳，也冲走了浮桥。8头铁牛都滚入江中，并沉入江底。灾害过后，为解大江阻隔，人们急需重修浮桥，可是谁也没有办法将那8头铁牛弄上岸来。于是，衙门只好张贴告示，招募能人，征求好办法。

不久，一个和尚自告奋勇报名去捞铁牛。那一天，和尚找来两条大船，将两根粗大的木头架在两条大船上，并用绳子牢牢地绑紧，让两条大船紧紧地连为一体，然后在船上装满砂石。待船行至铁牛沉没之处，他命人往船上大量添加砂石，直到大船不堪重负，沉入江底。岸上的人都看不懂，不知和尚葫芦里卖的是什么药。待船沉入江底，和尚又拿来绳子，命人入水，一头拴紧一只铁牛，另一头拴紧横木中央，然后让精壮青年潜水下去，将船中的砂石掏出来，并抛入江中。结果，随着负荷逐步减轻，两条大船慢慢地浮了起来。待将船舱的砂石抛净、水舀干后，将两条大船驶向岸边，于是，铁牛很快被弄上岸了。

在这则故事中，船有浮力，因而能载物，这个道理谁都懂，并不新鲜。可是，能将江底铁牛和水面船只有效地联系起来却不容易，很多人的思绪就在这里梗阻了。这个和尚的可贵之处在于，他能够突破常规思维，针对难点，大胆创新，变不可能为可能，从而将难以联系之物联系了起来。他的沉船、卸货、起重三部曲，既新颖又高明，极富创造性。

1.3.4　相信并开发自己的创新潜能

什么是潜能呢？我们不妨先看一个故事。

农民拉车上山坡

一位农民拉着沉甸甸的板车来到山脚下，眼望那长长的陡坡，原本就疲惫的身躯一下子瘫软下来。他心想，这么长的陡坡，靠自己一个人肯定是上不去了。于是，农民站在坡前，望而却步，又焦急又无奈。这时，来了一位热心的过路人，他主动说："上去吧，我来帮你。"得到这一难得的帮助，农民立即来劲了，热血涌了上来，力也足了。他咬紧牙，开始奋力拉。旁边热心人"嘿哟，嘿哟，加油，加油！"有节奏的号子声和加油声，不断激励着农民，结果没用多少时间，车子就上了坡顶。农民歇下脚，非常感激那位热心人。热心人却说："别谢我，要谢就谢你自己。我这两天腰扭了，用不上劲，只是给你加油而已。"

农民这才明白：原来，不是自己拉不上坡顶，而是自己低估了自己。

这就是潜能。潜能是人们身上固有的、尚未被自己所认识与发掘的内在能力与能量。每个人身上都有这种潜能，这种潜能虽然可能藏得很深，但只要我们努力，就一定能将它发掘出来。科学研究发现，人的大部分能力都处于休眠状态，未能得到开发与利用。其实，所谓的成功者与常人在智商与能力上并没有太大的差别，唯一的区别就在于潜能开发的程度不同。一般来说，成功者都高度自信，他们相信自己的能力，相信自己的潜能，勇于开发自己，敢于表现自己，从而极大激发了内在的潜能，这就是他们成功的主要原因。而常人则总以为自己能力不大，潜力有限，缺乏能耐，故而大的"野心"不敢有，高的目标不敢想，许多事情不敢做，从而自己限制自己，自己约束自己，迈不开前进的步伐。所以说，对常人而言，开发潜能需要考虑的不是潜能有与无、大与小的问题，而是潜能怎样得到有效开发与调动的问题。

👁 案例

"大众创业、万众创新"首次正式提出是在2014年9月，旨在掀起大众创业的浪潮，形成万众创新、人人创新的新势态。多年来，"双创"蓬勃发展，许多人靠勤劳创出一片新天地，每年的城镇新增就业岗位中，大部分是新增市场主体、初创企业增加的就业岗位。

"大众创业、万众创新"有助于推动我国经济结构调整、打造发展新引擎、增强发展新动力、走创新驱动发展道路。要使经济实现健康持续发展，离不开大量的市场参与者、灵活高效的调节机制和竞争有序的市场格局。无论是大众创业，还是万众创新，都少不了一个"众"字。"双创"的要义在"众"，三人成众，何况大众、万众。人人都有创造力，"双创"就是要聚众智、汇众力，更大激发市场活力和社会创造力。对我国这样一个庞大经济体而言，如果只有少数市场主体参与，显然难以满足全国统一市场的需要。许多地方经过发展认识到，"活力增长财力，人气带来财气"。推进"双创"，既可以在最大范围内推动人、财、物等各种市场要素自由流动，更可以倒逼不合理的体制机制实现改革突破，最终提升整个经济的运行效率。

党的二十大报告指出"必须坚持科技是第一生产力、人才是第一资源、创新是第一动力，深入实施科教兴国战略、人才强国战略、创新驱动发展战略，开辟发展新领域新赛道，不断塑造发展新动能新优势"，提出"实施就业优先战略""完善促进创业带动就业的保障制度，支持和规范发展新就业形态"。随着"大众创业、万众创新"的理念日益深入人心，创业政策不断完善，广覆盖、多层次的创业孵化体系逐渐形成，创业扶持成果不断涌现，创业氛围和活力不断增强，"大众创业、万众创新"之路会越走越宽。

【点评】

"大众创业、万众创新"战略的推出是培育和催生经济社会发展新动力的必然选择。随着我国资源环境约束的日益强化，要素的规模驱动力逐步减弱，传统的高投入、高消耗、粗放式发展方式难以为继，经济发展进入新常态，我国需要从要素驱动、投资驱动转向创新驱动。

推进"大众创业、万众创新"，就是要通过结构性改革、体制机制创新，消除不利于创业创新发展的各种制度束缚和桎梏，支持各类市场主体不断开办新企业、开发新产品、开拓新市场，培育新兴产业，形成小企业"铺天盖地"、大企业"顶天立地"的发展格局，实现创新驱动发展，打造新引擎，形成新动力。这一战略的推出，也是激发全社会创新潜能和创业活力的有效途径，它要求我们通过加强全社会以创新为核心的创业教育，弘扬"敢为人先、追求创新、百折不挠"的创业精神，厚植创新文化，不断增强创新创业意识，使创新创业成为全社会共同的价值追求和行为习惯。这一战略的推出，更是扩大就业、实现富民之道的根本举措，它要求我们通过转变政府职能、建设服务型政府，营造公平竞争的创业环境，使有梦想、有意愿、有能力的科技人员、高校毕业生、农民工、退役军人、失业人员等各类市场创业主体"如鱼得水"，通过创业增加收入，让更多的人富起来，促进收入分配结构调整，实现创新支持创业、创业带动就业的良性互动发展。由此可见，推进"大众创业、万众创新"，既是发展的动力之源，也是富民之道、公平之计、强国之策，更是稳增长、扩就业、促进公平正义的重大举措，对于激发亿万群众的智慧和创造力，推动经济结构调整，打造发展新引擎，增强发展新动力，都将具有重要的推动作用。

党的二十大报告指出："青年强，则国家强。当代中国青年生逢其时，施展才干的舞台无比广阔，实现梦想的前景无比光明"。大学生是实施创新驱动发展战略和推进"大众创业、万众创新"的生力军，大学生要激发创新创业创造热情，奋进新时代，认真、扎实学习，掌握更多知识，凝聚创新创业的磅礴力量，创新创业创未来。

素质拓展

1. 发现身边的创新智慧：从身边的吃、住、行、娱乐、购物、旅游等方面，发现3个以上的创新智慧并与同学们分享。

2. 谈谈你对"创客"的理解。

课后思考

1. 大学生在"大众创业、万众创新"时代潮流中如何实现自身价值？

2. 如何让创新成为自己的习惯？

3. 党的二十大报告指出："必须坚持科技是第一生产力、人才是第一资源、创新是第一动力，深入实施科教兴国战略、人才强国战略、创新驱动发展战略，开辟发展新领域新赛道，不断塑造发展新动能新优势""加快实施创新驱动发展战略"。请你结合这些重要论述，谈谈你对创新的理解。

02 第2章 创新思维能力培养

齐志佳曾是辽宁某高校机械工程学院机械电子2012级的学生。齐志佳不拘于课本和课堂学习，认为既然有远大的抱负，在甘心埋头苦学的同时更要有创新思维。进入机器人俱乐部后，他几乎每个傍晚都会准时到达实验室，从最基础的单片机及电子线路方面的知识学起，再逐渐深入到对机械结构和电子电路的学习中去，每一次学习都令他获益匪浅。

2014年刚开学时，齐志佳迎来了大学期间参加的第一个比赛——辽宁省大学生机械创新设计竞赛。但是，由于他没有参加比赛的经验，只能跟着学长从最基础的开始学起，如到哪买什么材料、怎么用相关工具、怎样让结构更合理等。模型制作的过程中也是困难重重。有时他费尽心思做出来的零件却不符合使用要求；有时因为一个小问题不能通过，他必须从头开始构思，不断地与老师分析和交流后才能得出合理的解决方法；有时就连吃饭、午睡都在实验室里。但即使这样，工作进度的逐渐推进让他感到了莫大的快乐，他甚至很享受这样忙碌的生活。

2014年暑假期间，他留校筹备中国机器人大赛暨RoboCup公开赛。长达两个月的忙碌生活，实验室里酷热难耐，面临的问题让人时刻头疼。他时而会为实验模型制作进度加快而高兴，时而为焊接电路板短路而无奈，时而为传感器不能正常工作而烦躁，时而为调试成功、战胜自我而喜悦。大三期间，学业日渐繁重，但他还是挤出时间，报名参加了辽宁省大学生工程训练综合能力竞赛，负责设计和调试，他是团队中的主力。参赛过程中，他前前后后设计了大约10个版本才得到了自己满意的作品。制作完成后，他又开始了忙碌的调试，每天晚上他所在的团队都到学校的国际会议中心，在那里的平坦的地面上进行调试，由于没有灯光，他们不得不打着手电筒量尺寸、调结构，经常一干就到凌晨两三点，但他们忙得不亦乐乎。让他们无比高兴的是，他们的作品在校赛中脱颖而出取得第一名，并且成功地被推到省里参加比赛。在对原来的作品进行改进后，他们最终在辽宁省大学生工程训练综合能力竞赛中获得一等奖。

正是因为有百折不挠的韧劲儿和创新思维的巧劲儿，齐志佳获得了很多荣誉，也积累了宝贵的实践经验。他在参加的各类赛事中获得国家级奖励15项、省级奖励7项，申请实用新型专利4项，发表论文2篇。

创新是人类的希望，民族的希望。从钻木取火到蒸汽机的发明，从烽火台的狼烟到现代互联网技术，一部人类文明史就是一部不断超越、不断创新的历史。创新思维是通过突破常规思维的界限，以超常规甚至反常规的方法、视角去思考问题，提出与众不同的解决方案，从而产生新颖的、独到的、有社会意义的思维成果。

2.1　思维与创新思维

2.1.1　思维及其基本属性

思维是一种复杂的心理现象。心理学家与哲学家都认为，思维是人脑经过长期进化而形成的特有机能，并将思维定义为：人脑对客观事物的本质属性和事物之间内在联系的规律性所做出的概括与间接的反映。

人们对客观事物的认识首先源于接触外界事物，产生感觉、知觉和表象，这属于感性认识阶段；然后将感觉的材料加以整理和改造，逐渐把握事物的本质、规律，产生认识过程的飞跃，进而构成判断和推理，这属于理性认识阶段。思维就是指理性认识。

概括性和超越性是思维的两个基本属性。思维的概括性是指思维能够反映事物的本质。例如，感知能使我们知道太阳东升西落，而思维则能更进一步揭示这种规律变化是地球自转的结果。思维的超越性是指思维能够超越具体的时间和空间，能够超越具体的客观事物。例如，在学习历史的过程中，我们根据史书记载，回顾相关历史情景；在考古现场，考古学家依据遗迹推测相关历史事件；作家在创作中往往超越具体的客观事物，塑造现实中本不存在的人物形象等。

对个人来说，思维的概括性和超越性是相对的。外部环境、教育背景等都会制约人们的思维，而打破这些制约、增强思维的概括性和超越性是提高创新能力的重要途径。

2.1.2　创新思维的含义、特征

1．创新思维的含义

创新思维是指对事物间的联系进行前所未有的思考，从而创造出新事物的思维方法。它是一切具有崭新内容的思维形式的总和，是比一般逻辑思维更高级的思维形式。创新思维的实质是以不合时宜地对现实事物的否定性评价为前提的，或者以"零"为起点，提出对未来事物产生和发展的新理念，从而引导、促进、催发事物的更新、变革、发展和创新的思维。自然科学的发现、技术领域的发明和社会科学的探索都需要创新思维。

2．创新思维的特征

与常规思维相比，创新思维的最大特点是它的流畅性、变通性和独特性。

（1）流畅性

思维的流畅性又称非单一性，它是指思维对外界刺激做出反应的能力。思维的流畅性是以思维的量来衡量的，要求思维活动畅通无阻、灵敏迅速，能在短时间内表达更多的概念。

思维流畅的人由于反应敏捷，能在较短时间内想出许多解决问题的方案，因此往往表现出极好的应变能力，善于使自己"逢凶化吉"，摆脱尴尬的境地。

（2）变通性

思维的变通性又称灵活性，它是指思路开阔，善于根据时间、地点、条件等的变化，迅速灵活地从一个思路跳到另一个思路，从一种意境进入另一种意境，多角度、多方位地探索和解决问题。

思维的变通性是以思维的流畅性为前提的，思维不流畅，自然谈不上变通。从创新的角度讲，变通是关键，也是人们取得成功的捷径。思维的变通性是创新人才不可缺少的重要素质，它要求我们在出现问题时做到触类旁通、举一反三。

（3）独特性

思维的独特性又称新颖性、求异性，它是指虽与别人看到同样的东西却能想出不同的事物。思维的独特性是以善于思考、大胆怀疑、不盲从、不迷信权威为前提的，能超越固定的、习惯的认知方式，以前所未有的新角度、新观点去认识事物，提出不为一般人所有的、超乎寻常的新观念。思维的独特性是流畅性和变通性的归宿，是创新思维的最高层次。

◎ **案例**

　　两名大学毕业生同时被分配到一家公司。两年后，A大学生被提拔为副科长。B大学生对此心理很不平衡，他找到公司总经理，说："我们两个不是一起来的吗？在工作上，我们都非常努力，怎么提拔了他，没提拔我啊？"总经理非常有耐心，说："小B，那好吧，我要给你说清楚了。首先，你来了这么久，先帮我干一件事吧。现在是下午4点整，你到附近的自由市场去一趟，看有什么东西卖，回来跟我说一声。"小B说："那好，我去看一下。"说完咚咚下楼了，不一会儿他回来说："总经理，市场上有个农民推着手推车，正在卖土豆（马铃薯）。"总经理问："这一车土豆大概有多少斤啊？""总经理，我没问，我去问一下。"小B又转身跑下楼去，回来后说："总经理，这车土豆300多斤。"总经理问："大概多少钱一斤呢？""噢，我还真没问，我再去问一下吧。"小B不一会儿回来说，"总经理，8角钱一斤。"总经理又问："要是全部都买了，能便宜点不？""总经理，您等一会儿，让我再去问一下吧。"过了一会儿工夫，小B气喘吁吁地上楼说："总经理，我问好了，全部买只要6角钱一斤。"总经理看小B前后跑了4趟，汗水出来了，端一杯热茶过去，说："小B，你先坐下，休息一会儿。"同时，他又把提了副科长的小A叫了过来，说："小A，你到附近的自由市场去看一下，看有什么东西在卖，回来给我讲一下。"不一会儿小A回来了，对总经理汇报说："有个农民推着一车土豆在卖。""大约有多少斤啊？""我顺便打听了一下，300斤多一点儿。""那多少钱一斤呢？""我还真问了一下，8角钱一斤。""要是全部包了都买呢，他能不能少一点啊？""我也问那位老农啦，他说6角钱一斤就卖。"总经理说："叫他进院里来吧，我们都买了。"小A紧接着答道："我已经叫到门口了。总经理，就等您一句话啦。"小B一看到这里，心里明白了，气也消了。

【点评】

　　不言而喻，创新思维能力上的差异，导致了不同的结果或结局，踏实肯干固然重要，但从某种意义说来，有无创新思维能力，即应变思维的能力、超前思维的能力、联想思维的能力等，更为关键。这个故事深刻启示我们，只用常规思维工作的员工只能够称得上基本称职的员工，用创新思维工作的员工才算得上合格的、优秀的员工。

2.2　创新思维方式

　　创新思维方式有很多种，常见的、主要的创新思维方式有逆向思维、发散思维、联想思维、求异思维和逻辑思维。

1. 逆向思维

　　逆向思维是对司空见惯的事物或观点进行逆向思考的一种思维方式。逆向思维是"反其道而思之"，让思维向对立面的方向发散，从问题的相反面深入地进行探索，树立新思想，创立新形象。人们习惯于沿着事物发展的正方向去思考问题并寻求解决办法。其实，对于某些问题，尤其是一些特殊问题，从结论往回推，倒过来思考，从求解回到已知条件，或许会使问题简单化。

运用逆向思维，可以从以下3点把握。

① 反转型逆向思维法。反转型逆向思维法是指将通常思考问题的思路反过来思考的一种思维方法。

② 转换型逆向思维法。转换型逆向思维法是指在研究某一问题时，由于解决该问题的手段受阻，而转换成另一种手段或转换角度思考，以解决问题的一种思维方法。

③ 缺点型逆向思维法。缺点型逆向思维法是指利用事物的缺点，将缺点变成可利用的东西的一种思维方法。

2. 发散思维

发散思维又称辐射思维、放射思维、扩散思维，它是指大脑在思维时呈现一种扩散状态的思维模式，表现为思维视野广阔，思维呈现出多维发散状。发散思维能力可通过"一题多解""一事多写""一物多用"等方式来培养。

发散思维方式要求人们勤于实践，注意有意识地训练自己的思维，使自己的思维处于异常活跃的状态。每当遇到问题时，我们应当尽可能赋予所涉及的人、物及事情整体以新的性质，摆脱旧有方法的束缚，运用新观点、新方法、新结论，反映出独创性。按照这个思路进行思维方式的训练，往往能收到推陈出新的效果，使自己逐渐具有多方位、多角度思维的良好品质。

3. 联想思维

联想思维是指在原本并不相关的事物之间搭起一座认识的"桥梁"，将表面上看来互不相关的事物联系起来的创新思维方式。联想思维可以使人们扩展思路、升华认识、把握规律，其可细分为以下几种。

① 接近联想。接近联想是指由一个事物联想到在时间上或空间上相接近的另一个事物。例如，由"阳春三月"联想到"桃花"，由"天安门"联想到"人民大会堂"。

② 对比联想。对比联想是指由一个事物联想到与它具有相反特点的另一个事物。例如，由朋友联想到敌人，由水联想到火，由战争联想到和平等。

③ 相似联想。相似联想是指由一个事物联想到另一个与它在性质上接近或相似的事物。例如，由大海联想到海浪、海鲜、轮船、海底电缆，以及资源的开发和利用等。

④ 关系联想。关系联想是指由事物所具有的各种关系而形成的联想思维。

4. 求异思维

求异思维是指思维主体对某一研究问题求解时，不受已有信息或以往思路的限制，从不同方向、不同角度去寻求解决问题的不同答案的思维方式。

求异思维的内核是：积极求异，灵活生异，多点创异，最后形成异彩纷呈的新思路、新见解。可以说，求异思维是孕育一切创新的源头，科学技术史上许多发现或发明就是运用求异思维的结果。

求异思维通常包括发散求异和转换求异等思维方式。其中，发散求异思维就是发散思维；转换求异思维是指思维主体在问题求解时，通过变换或改变原有思维的视角、方向、方法或依据而获取不同答案的思维方式。

5. 逻辑思维

逻辑思维是人们在认识事物的过程中借助于概念、判断、推理等思维形式能动地反映客观现实的理性认识过程。逻辑思维是人脑的一种理性活动，思维主体把感性认识阶段获得的对于事物认识的信息材料抽象成概念，运用概念进行判断，并按一定逻辑关系进行推理，从而产生新的认识。逻辑思维具有规范、严密、确定和可重复的特点。

逻辑思维的过程形式与创新、创造过程密切相关，一切创造活动都是以逻辑思维为基础的，运用逻辑思维可对创造成果条理化、系统化、理论化。例如，不管采取哪些创新思维的方法都可能提出多种新设想，这时，我们就要根据可行性和可能的社会经济效益来进行筛选。进行筛选的过程主要是运用逻辑思维的过程，要对每种设想进行分析、比较，做出判断并决定取舍。

◎　案例

在一堂选修课上，教授拿出一个曲别针对学生们说："大家都动动脑筋，告诉我曲别针有多少用途？"

学生A说："曲别针可以弯成阿拉伯数字和加、减、乘、除、开方等各种数学符号。"

学生B说："曲别针是金属，在磁场中有磁性反应。"

学生C说："可以当钩子，如果衣服的纽扣、拉链坏了，还可以当搭扣。"

学生D说："可以做成夹子、别针、挂链，以及项链。"

……

学生们七嘴八舌地说了一通，教授笑着问道："还有吗？"看大家都沉默了下来，教授才轻轻地伸出5个手指头，说道："曲别针的用途远不止这些，我可以说出50种、500种，甚至5000种。"

接着，他将曲别针拆开，再把它弯成英文字母；利用曲别针的导电作用，将它绑在手机充电器上给手机充电；让曲别针与硫酸发生化学反应生成氢气……

2.3　常见思维障碍概述

在日常生活中，我们时常会听到人们说"思维惯性""思维定式""思维障碍"等词汇，人们也知道思维方式的不同，可以产生完全不同的结果。那么，究竟什么是思维惯性、思维定式和思维障碍，它们又与创新有什么关系呢？

客观事物是纷繁复杂的，而人的大脑思维却相对简单，其特点就是人一旦长时间沿着一定方向、按照一定次序进行思考后，就会形成一种习惯或惯性。也就是说，人在某一次成功地解决了一个问题后，下次遇到类似的问题或表面看起来相同的问题时，就会不由自主地沿着上次思考的方向或次序并采用同样的办法去解决。这种情况就叫"思维惯性"。

就像物理学中的惯性一样，思维惯性也是很顽固、很不容易克服的。如果人们对于自己长期从事的工作或日常生活中经常发生的事物产生了思维惯性，并多次以这种惯性思维来对待客观事物，就形成了非常固定的思维模式，即人们常说的"思维定式"。

思维惯性和思维定式合起来，就称为"思维障碍"。显然，思维障碍阻碍了我们创造性地解决问题，对于创新是非常不利的。我们要进行创新思维，首先必须突破思维障碍。

下面就来看看都有哪些思维障碍阻碍了我们形成创新的思维。

1.　惯性思维障碍

惯性思维障碍就是我们前面说过的思维惯性，是人们经常犯的一种错误。无论是古人还是现代人都不可避免地会犯这种错误。因为习惯思维省时、省力，在讲究效率的社会里，它无异于用最小的投入获得最大的产出，自然是人们求之不得的。然而，利弊相成，习惯思维也有其弊端。

2. 直线型思维障碍

由于在解决简单问题时，人们只需用"一就是一，二就是二"或"A=B，B=C，则A=C"这样的直线型思维方式就可以奏效，所以在解决复杂问题时人们也常常运用这样的思维。我们在学校学习时，虽然也遇到过稍微复杂的数学问题、物理问题，但多数情况下是仿照类似的例题进行求解；甚至在对待需要认真分析和全面考虑的社会问题、历史问题或文学艺术方面的问题时，我们也经常用死记硬背的现成答案来解决问题。

3. 权威型思维障碍

我们在长期的学习、工作和生活中，逐渐形成了对权威的尊敬，甚至崇拜。这是因为这些权威或是领导，或是长辈，或是专家，他们经常被社会舆论作为有学问、有经验的人广为宣传，有了很高的名望。尊重权威当然没有什么错，但一切都按照权威的意见办，既不敢怀疑权威的理论或观点，也不敢逾越权威半步，将会成为创新思维的极大障碍。

其实，权威的意见只是在一定时间、一定范围是正确的，而大量的创新成果都是克服了对权威的无条件崇拜，打破了迷信权威的思维障碍后取得的。所以我们应该始终树立"实践是检验真理的唯一标准"的信念。

4. 从众型思维障碍

从众心理就是不带头、不冒尖，一切都随大流的心理状态。有这种心理的人，有的是为了跟大伙保持一致而不被指责为"标新立异""哗众取宠"；有的是思想上的懒汉，认为跟着大家走错不了。实际生活中大多数人都可能因从众心理而陷入盲目性，明明稍加思考就能正确决策的事，偏偏要跟着大家走弯路，这就是从众型思维障碍。

👁 **案例**

在研究从众现象的实验中，最为经典的莫过于"阿希实验"。

1952年，美国心理学家所罗门·阿希设计、实施了一个实验，来研究人们会在多大程度上受到他人的影响，而违心地进行明显错误的判断。他请大学生们自愿做他的被试者，告诉他们这个实验的目的是研究人的视觉情况。当某个来参加实验的大学生走进实验室时，他会发现已经有5个人先坐在那里了，他只能坐在第6个位置上。事实上他不知道，其他5个人是跟所罗门·阿希串通好了的假被试者（即所谓的"托儿"）。

所罗门·阿希要大家做一个非常容易的判断——比较线段的长度。他拿出一张画有一条竖线的卡片，然后让大家比较这条线和另一张卡片上的3条线中的哪一条线等长。判断共进行了18次。事实上这些线条的长短差异很明显，正常人是很容易做出正确判断的。

然而，在两次正常判断之后，5个假被试者故意异口同声地说出一个错误答案。于是许多真被试者开始迷惑了，他是坚定地相信自己的眼力呢，还是说出一个和其他人一样但自己心里认为不正确的答案呢？

从总体结果看，平均有33%的人判断是从众的，有76%的人至少做了一次从众的判断，而在正常的情况下，人们判断错的可能性不到1%。当然，还有24%的人一直没有从众，他们按照自己的正确判断来回答。

5. 其他类型的思维障碍

上面讲的都是一些常见的、多数人都可能出现的思维障碍。还有一些思维障碍，不同的人表现的程度不同，如自卑型思维障碍、麻木型思维障碍、偏执型思维障碍等。

① 自卑型思维障碍的表现就是非常不自信。有这种思维障碍的人由于过去的失败或成绩较差，受到过别人的轻视，产生了自卑心理。在这种心理的支配下，他们不敢去做没有把握的事情，即使走到了成功的边缘，也会觉得自己天生就不行而赶紧退回来。有这种心理的人，有的其实是很聪明的，也有的曾经取得过不错的成绩，只是后来遭受过某种打击，从此信心受挫，虽然还在从事有可能实现创新的工作，却一再与成功失之交臂。

② 麻木型思维障碍的表现就是思维不敏感、不活跃。有这种思维障碍的人注意力不够集中，兴奋不起来，对生活、工作中的问题习以为常，特别是对细小但关键的问题不能够及时捕捉。他们往往认为自己的生活过去是平淡无奇的，今后也应当平淡无奇，不会有什么奇迹发生。在这种精神状态的支配下，他们对机遇没有思想准备，即使机遇到眼前了，他们也无动于衷，抓不住机遇，当然更不会主动去寻找困难，迎接挑战，并创造新的机遇。

③ 偏执型思维障碍的表现有多种。有这种思维障碍的人，有的颇为自信，但爱钻牛角尖，明知一条路走不通，非要往前闯，直到碰得头破血流才罢休，不知道及时转弯；有的喜欢跟别人唱对台戏，人家说东，他偏要往西，好赌气，费了好大力气，走了许多弯路还不愿回头；还有的抓住一点，不顾其余，看到有成功的希望就在这个点上拼命下功夫，也不管这是不是问题的关键，不知道由此及彼并适时地转移，结果事倍功半，耗费了很多精力才取得较小的成绩。

2.4　敢于突破思维定式

2.4.1　什么是思维定式

思维定式是心理活动的一种准备状态，是过去的感知影响当前的感知，即过去的思维影响当前的思维。例如，让一个人长时间观察两根长短不一的钢条，再让他看两根长度一样的钢条，他很可能会得出长短不一的结论。

我们每个人都在自己的生活环境中习得大量思维定式，这种思维定式会强烈地影响我们对相关问题的思考和处理。例如，我们每天会遇到大量的信息，正是有了思维定式，大脑才能驾轻就熟，轻松地将这些信息处理得井井有条。思维定式对人们平时思考问题显然有很多好处，它能使思考者在处理同类或相似问题时省去许多思考步骤，不走或少走弯路，做到举一反三，触类旁通，从而极大提高思考效率。但是，在面临新情况、新问题需要开拓创新时，思维定式就可能会成为"思维枷锁"，阻碍新观念的产生，使人难以进行新的尝试，甚至将人引入歧途。

在科学技术研究中，思维定式也有极大的阻碍作用。如果我们认真地反思科学技术史上的发现、发明，就会发现它们所遇到的最大障碍和困难不是物质技术条件不足，而往往是没有人敢于突破思维定式提出新方案。因此，生物学家贝尔纳认为，妨碍人们学习的最大障碍并不是未知的知识，而是已知的知识。

因此，思维定式有利有弊，我们必须清醒地认识它。一个人创新能力的强弱，关键在于其能否突破思维定式，去想别人未想、求别人未求、做别人未做的事情。思维定式的突破往往伴随着创新。

2.4.2 突破思维定式

1. 审视传统

◉ 案例

　　日本某电器公司1952年前后曾一度积压了大量的电扇。7万多名职工费尽心思想了不少办法，依然打不开销路。一天，一个小职员提出改变电扇颜色的建议。当时，全世界的电扇都是黑色的，该公司生产的电扇也不例外。这个职员的建议是把黑色改成浅色。这一建议引起公司高层的注意。经过研究，公司采纳了这个建议。第二年夏天，该公司推出了浅蓝色电扇，颇受顾客欢迎，市场上甚至出现抢购狂潮，几个月就卖出了几十万台。从此以后，电扇不再是统一、刻板的黑色了。

　　这一并不需要渊博知识，也不需要丰富商业经验的建议，让公司开发出了一款新产品，并由此使公司渡过了难关。这一创新的建议没有被公司其他几万人想到，也没有被世界上其他若干公司所提出，为什么？主要是因为自有电扇以来，它的颜色就是黑色，在漫长的时间里已形成传统。这种传统反映在人们的头脑中，即为根深蒂固的思维定式，严重地阻碍和束缚了人们在电扇设计和制造上的创新思考。

　　很多传统观念和做法，不仅有它们产生的客观基础，还往往有其自身的根据和理由，使它们得以长期存在和流传。传统是前人的经验总结和智慧积累，值得我们继承、珍视和借鉴，但我们也必须注意和警惕：其有可能妨碍和束缚我们进行创新思考。因此，我们不能不认真审视传统。

2. 检验书本

◉ 案例

　　20世纪50年代初，美国某军事科研部门在研制一种高频放大管，科技人员都被高频放大能否使用玻璃管的问题难住了，研制工作迟迟没有进展。后来主管部门把这一任务交给了贝利小组，同时下达了一个指示：不许查阅相关书籍。贝利小组经过顽强拼搏，终于制成了一种高达1000个计算单位的高频放大管。

　　完成任务后，研制小组的科技人员都想弄清楚为什么上级下达了不准查阅相关书籍的指令。查阅了有关书籍之后，他们全都大吃一惊。原来，书上明白地写着：军用玻璃管，高频放大的极限是25个计算单位。"25"和"1000"这差距有多大。后来，贝利对此发表感想说："如果我们当时查了书，一定会对研制这样的高频放大管产生怀疑，就会没有信心去研制了。"

　　面对这个事实，我们要思考一个重要问题：书本知识与创新能力之间究竟是什么关系？是不是书本知识越多，创新能力就越强？

　　姑且不说书本知识本身并非都是真理，并非全部可靠，即使所学习的都是反映客观事实和客观规律的科学知识，也还得看学习的人是否能正确、灵活、有效地加以运用。

　　知识和创新能力之间实际上是一对矛盾。二者既有统一的一面，又有对立的一面。统一的一面是指知识是创新能力的基础，知识越多，对创新能力的提高越有利。这是主要方面，也是为所有人所认识和重视的方面。对立的一面是指知识增多，创新能力不一定就会相应地提高，二者并不是必然的同步发展，更不具有量的正比关系。因为创新是在继承的基础上要有所突破、有所开拓，人们如果只局限在已有知识的范围内推演知识是难以突破的。

二者的对立还表现在，由于客观世界的发展变化和人类认识能力的不断提高，已有的某些知识会显得陈旧过时，会暴露出这样那样的缺陷和不足，会干扰和模糊人们探索新事物、新规律的眼界和视线。因而在一定条件下，知识还有可能成为创新的一种不利因素、一种障碍。

3. 慎对从众

◎ 案例

物理学家福尔顿由于研究工作的需要，测量出了固态氦的热导率。他运用的是新的测量方法，测出的结果比传统理论的数值高了 500 倍。福尔顿感到这个差距太大，如果公布了它，难免会被人视为故意标新立异，招致人的怀疑、非议和指责。他既没有公布自己的测量结果，也没有做进一步的研究。没过多久，美国的一位年轻科学家在实验中也测出了相同的结果。这位科学家公布了自己的测量结果，很快就在科技界引起了广泛关注，赢得了人们的肯定和赞誉，并由此创造出了一种新的测量热导率的方法。福尔顿以追悔莫及的心情写道："如果当时我除去名为'习惯'的帽子，而戴上'创新'的帽子，那个年轻人就绝不可能抢走我的荣誉。"福尔顿所说的"习惯"的帽子是什么呢？就是大多数人习以为常的"从众心理"。

从众心理，即不带头、不冒尖，一切随大流。这种心理是普遍存在的。一般来说，众人形成某种共同的看法，或者一种看法为众人所接受，都是有其主、客观原因和根据的，个人在没有充分理由提出不同看法时，没有必要冒风险去逆势而动。这是人们形成从众心理的主要因素。

从众心理也与法不责众、维持一团和气、不冒风险等不健康心理联系在一起，而这些心理明显对创新思考是不利的。从众心理同传统做法、实践经验、名言谚语等相似，都有二重性。它们一方面可能对人们的思考和实践活动具有一定的指导意义，另一方面又可能各自形成妨碍创新的思维定式。

4. 警惕麻木

◎ 案例

科学家夏尔布里津在 1978 年就合成了镧铜氧化物，同时发现了这种物质在温度下降时电阻会减小的特性。1980—1981 年，他又在实验中多次发现，镧铜氧化物在 -233 摄氏度时，电阻会接近 0。对于这一种本该高度重视并加以深入研究的反常现象，由于夏尔布里津及另一位物理学家已多次见到，已丧失了新奇感，就把它轻易放过了。

几年后，两位瑞典科学家缪勒和柏诺兹发现这是人类以前所不了解的超导现象。他们从此为人类开辟出了研制多种多样超导材料的新天地，这两位科学家也因此获得了 1987 年诺贝尔物理学奖。让产生重大科学发现的重要线索从自己的手中白白溜走，这对科技人员来说，是极其令人扼腕叹息的遗憾事。

对任何科技人员来说，任何时候都必须对一切奇异的自然和实验现象保持强烈的好奇心。因为好奇心是创新意识和创新敏感的诱发剂，也是创新精神和创新勇气的助动器。不断培养和加强自己的好奇心，警惕和克服麻木迟钝的思想情绪，是十分重要的。爱因斯坦在谈到自己的科学生涯时曾说过一句意味深长和富有启发意义的话："我没有别的天赋，只有强烈的好奇心。"

5. 排除自设

最初问世的火车为了防止发生打滑出轨的事故，车轮上有齿轮，铁轨上也有齿轮。火车行进时，车轮上的齿轮和铁轨上的齿轮正好啮合在一起。事实上，是否真的需要齿轮，设计者并没有可参考的书本知识和实践经验，而仅仅是自己认定必须这样才能防止火车打滑出轨。后来取消齿轮后的火车不但依然能安全行驶，而且极大提高了行车速度和降低了制造成本。

对于各个领域有待创新的问题，有时人们之所以会陷入困境，原因在于人们头脑中有自设的前提。这些自设前提可能包括针对问题的解答提出的先决条件、某些限制或划定的范围。而这些自设前提往往是人们自己想当然的主观判断。

2.5　扩展思维视角

2.5.1　什么是思维视角

人的思维活动不仅有方向、有秩序，还有起点和基于起点的切入角度等。我们把思维开始时的切入角度叫作思维视角。实际上，对创新活动来说，思维视角是非常重要的。

为什么思维视角对创新者来说非常重要呢？因为创新就是对客观事物进行前所未有的改变，取得更加符合人类自身利益的结果，而要改变客观事物，就得正确认识客观事物，若仅从旧的视角观察和认识客观事物及前人已取得的成果，则很难超越。要想创新，就必须从新的视角切入，这样才能借助创新思维，有所发现，有所发明，有所创造，有所前进。

扩展视角对认识客观事物会有极大的影响，原因如下。

① 事物本身都有不同的侧面。从不同的角度去考察，就能更加全面地接近事物的本质。盲人摸象的故事就说明只从一个角度、一个局部去考察事物是不能准确地反映事物的本来面貌的。

② 世界上的各种事物都不是孤立存在的，它们与周围的其他事物有千丝万缕的联系。观察、研究某一未显露本质的事物，可以从与它有联系的另一事物中寻找切入点。

③ 事物是发展变化的，发展变化的趋势又是有多种可能性的。一般情况下，人们在观察和思考的时候，大多只注意到事物发展趋势比较明显的方面，因为它容易被看出来，这就叫常规视角。而对于那些很难被注意和捕捉的事物特征或发展趋势不明显的方面，就要选取非常规的视角去观察和认识了。从这种非常规的视角发现的事物特征或发展趋势，往往就是新的发现，也往往是创新思维的出发点。

④ 对于某些领域的一些事物，特别是社会生活或专业技术领域里的常见事物，许多人都观察思考过了，我们自己也经常接触。别人的和自己的观察角度、思考方式已经成了一种特定的模式，也就是前一节讲的思维定式。在这种情况下，如果不改变思维视角，要想获得新的认识是非常困难的。因此，我们必须寻找或获得更多的新的视角。

生活中往往有这样的情况：你是从事某个专业的技术人员，在你的工作范围内，有一些现象你习以为常；一些规章制度、工作方式方法虽然有问题，你也适应了；对于专业领域的技术规范、操作规程，你熟悉得不能再熟悉了。

可是，当你的工作环境里来了一个外行人时，说不定他就能发现很多问题，提出很多合理的建议。反过来，你到一个新的单位，可能很快就能发现那里的问题，提出有创见的意见。这就是思维视角改变的作用和效果。

2.5.2　扩展思维视角的方法

1. 改变万事顺着想的思路

古往今来，大多数人对问题的思考都是按照常情、常理、常规去想的，或者顺着事物发生的时间、空间顺序去想，这就是所谓的"万事顺着想"。人们为什么会万事都顺着想呢？因为万事顺着想有很多好处：一是容易找到切入点，解决问题的效率比较高；二是大家都是这么想的，彼此之间交流比较方便。但是事情有利就有弊，顺着想固然有好处，但是如果我们凡事都顺着想，就可能会遭遇无法逾越的障碍和困难，也会忽视其他的可能性或正确的结果。何况客观事物本身并不是简单的，而是复杂的、千变万化的，顺着想往往不可能完全揭示事物内部的矛盾、发现客观规律。

其实，在许多情况下，人们要想进行创新，就得有意识地改变万事顺着想的思路。那么，为了克服顺着想的局限性，我们应怎样来改变思维的程序并获得更多的思维视角呢？

一是变顺着想为倒着想：当顺着想不能很好地解决问题时，倒着想就是一种新的选择。二是从事物的对立面出发去想：鉴于事物对立双方是既对立又统一的，改变这一方不行，那么改变另一方行不行呢？三是思考者改变自己的位置：从原来常规思考方向的相反方向倒着想，即跳到事情的对立面去思考，这样可以扩展思维视角。如果是思考社会问题，你可以把自己换到其他人的位置上，特别是应当换到你考察对象的位置上。如果研究的是科学技术问题，你可以更换观察的位置，从前、后、左、右、上、下等各个方向去分析问题。

2. 转换问题获得新视角

世界是复杂的，人活在世界上就要解决各种问题。问题是多种多样的，但彼此之间有相通的地方。对于难以解决的问题，与其死盯住不放，不如把问题转换一下。例如，把复杂问题转换为简单问题，我们常说："聪明人可以把复杂的问题越搞越简单，而不聪明的人却把简单的问题越搞越复杂。"事实上，在解决复杂问题时能够化繁为简本身就体现出一种新的视角。再如，把自己生疏的问题转换成熟悉的问题，对于从未接触过的生疏问题，你可能一时无法下手，找不到切入点，但不要望而却步，试着把它转换成你熟悉的问题，可能就会有新的视角，也许还会有出色的成果诞生。

3. 把直接变为间接

在解决比较复杂、比较困难的问题时，要想直接解决问题，往往会遇到极大的阻力。这时就需要扩展一下你的视角，或是退一步来考虑，或是采取迂回路线，或是先设置一个相对简单的问题作为铺垫，为最终实现原来的目标创造条件。

👁 **案例**

在这十几年间，联想从一家小企业跃升成为营业额超过500亿美元、业务遍布180多个国家的国际化公司，全球员工人数超过6万人。追溯联想成功的原因，我们可以总结出四大法宝，那就是清晰的战略、创新的产品、高效的业务模式，以及多元化的团队和文化。正是这个被杨元庆本人定义的"成功方程式"，在联想的国际化及攀登全球个人计算机领导者的征程上一路保驾护航，为联想的成功奠定了坚实的基础。

每每谈及联想国际化的成功经验，董事会主席兼首席执行官（Chief Executive Officer，CEO）杨元庆一定会将创新列为制胜要素。如今他更强调，要想在PC+时代获得成功，创新比以往任何时候都更加重要。在企业内部，联想建立起一套独具特色的创新机制，促进联想研发技术和产品的创新，如"CEO创新研讨会"。它是一个头脑风暴平台，由杨元庆亲自主持召开，以设备创新、服务创新和设计创新为主题，每月召开一次。这个平台旨在通过对技术趋势与用户需求的深入分析，研讨企业未来产品及服务的创新机会。研讨会的参会人员包括多个职能负责人，以及研发、各产品事业部等相关部门人员，在产品创意阶段，这样有助于更好地倾听不同角度的声音和想法。同时，在创新的实施阶段，由于早期思想的统一，助力了企业各个价值链环节的打通，有效提升了创新转化的效率。再比如"大片模式"，联想研究院借鉴了好莱坞大片拍摄手法，把创新的产生和孵化过程分为剧本准备阶段和拍摄阶段。在剧本准备阶段，首先要把事情想透，找到事情的关键点，随后进入拍摄阶段，要找合适的供应商伙伴来提供关键技术和零部件，并且要匹配合适的研发团队，实现跨部门、跨平台协同作战。

联想致力于成为一家真正的创新型企业，要求每位员工都要转变观念，形成创新的企业文化。这样就要求每位员工都要养成创新的思维模式，对做的每一件事都进行大胆的重新思考。这意味着每位员工要像企业家那样善于思考，像创业者那样敢于冒险，像发明家那样勇于实践，这些都有助于识别机会、把握机会，推动企业走得更远。为了进一步强化员工的创新意识，联想在原有的"4P"文化（即Plan——想清楚再承诺、Perform——承诺就要兑现、Prioritize——企业利益至上和Practice——每一年、每一天我们都在进步）基础上，增加了Pioneer——敢为天下先。

2023年1月，联想推出了大批全新设备与解决方案阵容，包括ThinkPad、ThinkBook、Legion在内的众多产品系列不仅获得了全面性能升级，更延续了联想的创新传统，推出众多颠覆性产品。在2023国际消费类电子产品展览会期间，新产品获得了全球媒体的盛赞：美国消费科技协会的官方创新奖颁给了全新的Yoga Book 9i、ThinkPad X1 Fold和Project Chronos，包括媒体奖项在内，Yoga Book 9i获得了50个奖项，ThinkPhone获得了15家媒体认可，ThinkBook Plus Twist获得了14个奖项，Smart Paper获得了11个奖项。

【点评】

联想作为世界上极具创新力的科技企业之一，不断推出新产品、开发新技术，引领世界科技的发展。联想自2017年开启新一轮转型以来，坚持通过智能设备（Smart Device）、智能基础设施（Smart Infrastructure）和智慧服务（Smart Service）三大业务能力，即"3S"，打造出"端（智能终端设备）—边（边缘计算）—云（云计算）—网（高速网络）—智（人工智能）"的新IT核心竞争力，让行业、企业的智能化变革需求得到一站式满足。

在自身智能化变革的同时，联想将自身在业务转型过程中积累的IT创新和IT实践沉淀孵化，和"灯塔"客户合作，实现"内生外化"，在客户那里落地与迭代应用，以新IT创造新价值，为各行各业的数字化、智能化转型升级赋能。

素质拓展

创新思维能力小测试：下面是10个题目，如果符合你的情况，回答"是"，不符合则回答"否"，拿不准则回答"不确定"。

1. 你认为那些使用古怪和生僻词语的作家纯粹是为了炫耀。
2. 无论什么问题，要让你产生兴趣，总比让别人产生兴趣要困难得多。
3. 对那些经常做没把握事情的人，你不看好他们。

4. 你常常凭直觉来判断问题的正确与错误。

5. 你善于分析问题，但不擅长对分析结果进行综合、提炼。

6. 你的审美能力较强。

7. 你的兴趣在于不断提出新的建议，而不在于说服别人去接受这些建议。

8. 你喜欢那些一门心思埋头苦干的人。

9. 你不喜欢提那些显得无知的问题。

10. 你做事总是有的放矢，不盲目行事。

评分标准如表2-1所示。

表2-1 评分标准

题号	"是"评分	"不确定"评分	"否"评分
1	−1	0	2
2	0	1	4
3	0	1	2
4	4	0	−2
5	−1	0	2
6	3	0	−1
7	2	1	0
8	0	1	2
9	0	1	3
10	0	1	2

结果说明

总分为22分及22分以上，说明被试者有较高的创造思维能力，适合从事环境较为自由，没有太多约束，对创新性有较高要求的职位，如美编、装潢设计、工程设计、软件编程人员等。

总分为11～21分，说明被试者善于在创造性与习惯做法之间找出均衡，具有一定的创新意识，适合从事管理工作，也适合从事其他与人打交道的工作，如市场营销。

总分为10分及10分以下，说明被试者缺乏创新思维能力，属于循规蹈矩的人，做人总是有板有眼、一丝不苟，适合从事对纪律性要求较高的职位，如会计、质量监督员等。

课后思考

1. 大学生如何培养创新思维？

2. 列出至少3个发生在自己身边的思维定式对生活产生影响的例子。

03 第3章
创业、创业精神与职业生涯发展

导入案例

大四毕业季是很多大学生最迷茫的时候，是就业、创业、考研还是出国？小王在大四时也面临选择的困惑。同学间经常会问："今后怎么打算的？"起初，他说："想自己创业。"过了两个月再问，他说："要不考研吧。"后来再问，他说："考研没用，先找工作吧。"再过两个月，他又说："给别人打工没什么意思，我想出国。"

小王说："一直有创业的想法，但是对社会完全不了解，对怎么创业也是一概不知，挺迷茫的。看到周围的同学忙着找工作、考研、出国，我也动过念头，但最后还是想自己干。"在下定创业的决心后，小王形容自己道："那段时间就是疯狂地看电视、上网，找各种项目，看创业方面的节目，看人家怎么赚钱。"几个月过去了，小王还是没找到适合自己的创业方向。对于"在学校里有没有接受过创业教育"的问题，小王表示，"根本没听说过！就是搞些就业讲座什么的。听完那些成功人士的发财之道，自己该怎么办还是不知道。个人情况不同，有些根本就不适用。"后来经同学介绍，他认识了现在的合伙人，合伙创办了养猪场，在当地科技农业部门的扶持下，现在他们的养猪场已经达到600头年出栏规模，而且他们正在商议怎样扩大规模，提高经济收益。小王说："我觉得学校应该开创业方面的选修课。另外，还要多举办一些创业培训和创业实践活动，因为书本上的理论跟现实中的实践完全是两码事儿，否则，出了校门才想创业的事，肯定找不到头绪。"

大学生遇到了一个创新的时代，更是一个创业的时代，这个时代充满了机遇和挑战，同时也造就了一批批创业精英人士。年轻的大学生都有自己的梦想，你的梦想是创业吗？面对滚滚的创业热潮，你准备好了吗？

创业作为一股世界潮流，20世纪80年代后从西方世界到东方世界蓬勃兴起。一些知名学者认为，20世纪90年代后美国经济的强劲增长和旺盛活力，关键在于其整个社会旺盛不衰的创业精神和千百万个中小型企业生生不息的创业活动，他们是美国经济增长的秘密武器。从20世纪80年代开始，美国的一些高校开展创业计划大赛，推进了创业大潮的兴起。

美国经济由于创业革命而发生了巨大的改变，创业者创造出前所未有的巨大价值，彻底改变了美国和世界的经济格局。当今美国超过95%的财富是在1980年后创造出来的。欧盟各国同样重视改善创业、创新环境，发展创新经济。德国要求高等学校成为

"创业者的熔炉"，还明确要求，在其后的 5～10 年中，每届毕业生中要有 20%～30% 的学生独立创业。韩国大学则流传这样一种观念："大学是预备企业，大学生是预备企业家"。

在我国，改革开放 40 多年来，公民创办企业也成为一种潮流，中小企业迅速崛起，在数量和质量上不断提高，对社会经济的影响也越来越明显。新创企业是我国经济新的增长点，他们吸纳了大量的城镇就业人口和农村剩余劳动力，同时提供了大量的产品与服务，对我国的经济持续高速增长起到了重要作用。而这些小企业正是大量的创业者通过艰苦的创业活动建立起来的。1998 年 5 月，清华大学举行首届大学生创业计划大赛。自 1999 年清华大学学生首开大学生创业先河——创建北京视美乐科技发展有限公司后，大学生创业热在全国迅速传递。

近年来国家相继出台了"支持青年创业"和"促进以创业带动就业"的相关规定，各地大力推进创新创业教育，加强创业基地建设，进一步落实和完善大学生自主创业扶持政策，强化创业指导和服务，推动创新创业教育和大学生自主创业工作实现突破性进展。

3.1　创业与创业精神

3.1.1　创业的内涵

创业对一般人来说，并不是一个陌生的概念。通常人们把它看作开创事业的活动。

《新华字典》对"创业"的解释为"开创事业"；《辞海》对"创业"的解释为"开创基业"；《现代汉语词典》对"创业"的解释为"创办事业"。"事业"是指人所从事的，具有一定目标、规模和系统并对社会发展有影响的经济活动。

创业有广义和狭义之分。广义的创业泛指人类具有开拓意义的创举活动，涉及的领域很广，可以是经济方面的，也可以是政治、文化、军事、科学、教育等方面，只要是具有开拓性质的事业，都可以被称为创业。狭义的创业特指个人或团队自主创办企业，通常带有经济学的视角。例如，科尔把创业定义为发起、维持和发展以利润为导向的企业的有目的性的行为；杰夫里·蒂蒙斯所著的创业教育领域的经典教科书《创业创造》（*New Venture Creation*）把创业定义为：创业是一种思考、推理和行为方式，这种行为方式是机会驱动、注重方法与领导相平衡。创业导致价值的产生、增加、实现和更新。史蒂文森提出：创业是一个人——你不管是独立的还是在一个组织内部，依靠运气追踪和捕捉机会的过程，这一过程与当时控制的资源无关。

通过以上观点可以看出，创业被学者们描述为：新颖的、创新的、灵活的、有活力的、有创造性的，以及能承担风险的。

综上所述，我们可以将创业定义为：创业是这样的一种过程，在这个过程中某一个人或一个团队使用组织力量去寻求机遇、去创造价值和谋求发展，并通过创新和特立独行来满足愿望和需求。

创业的本质是创造，创业是富有创业精神的创业者与机会结合并创造价值的活动。我们以新华书店职工和做旧书生意的小邓为例进行说明，如表 3-1 所示。

表3-1   新华书店职工与做旧书生意的小邓对比情况

比较项	新华书店职工	做旧书生意的小邓
基本特点	为已经存在的书店工作	创建新的书店并开展业务
工作性质	帮助顾客找书，有什么书卖什么书	为书店定位并为顾客选书
投入资源	时间、劳动、智慧	除时间、劳动、智慧外，有可能将积蓄全部投入书店的创建和经营中
承担风险	书店倒闭失业或被解除职务	若经营失败，可能血本无归
报酬水平	工资和奖金	若经营成功，可以获得大部分利润

3.1.2   创业的类型

1. 生存型创业和机会型创业

在人类社会发展的不同时代，不同的领域、不同的个人和团队都存在创业活动，使创业活动表现为多种多样的类型。根据创业者的创业动机不同，创业可以分为生存型创业和机会型创业两种。

生存型创业通常是为了争取生存而采取的创业活动，具有很强的被动性，创业者必须依靠创业为自己的生存和发展谋求出路。机会型创业是通过发现或创造新的市场机会，为追求更大发展空间，通过新产业的开拓实现对新市场开拓的创业形态，呈现出创业起点高、对经济社会的推动力大、市场空间大、造就的就业岗位多、利润高、风险大等特征，具有更多的主动性。生存型创业与机会型创业的比较如表3-2所示。

表3-2   生存型创业与机会型创业的比较

比较项	生存型创业	机会型创业
创业动机	生活所迫	职业选择
成长愿望	满足现状，小富即安	把握机会，做大做强
行业偏好	消费者服务业：零售、餐饮、家政服务等	商业服务业：金融、保险、咨询等
资金状况	以独资为主，缺乏资金	以多种方式融资，资金充足
创业者受教育程度	初等或中等教育，少数高等教育	多数高等教育
创业者承担风险意愿	规避风险	勇于承担风险
创业所处阶段	初始创业阶段	二次创业，连续创业

我国创业者的创业动机已经完成了从生存型创业向机会型创业的转变。2002年，我国的创业类型结构是生存型创业占60%，机会型创业占40%。从2005年起，这种构成发生了逆转，之后一直保持逆转的势头。这种变化发生的背后有下列因素的影响。

第一，女性创业者的机会型创业增加，而且机会型创业超过了生存型创业；男性创业者的机会型创业比重上升。

第二，我国对知识产权保护的重视程度在不断改善。

第三，高成长型创业活动受到重视。与其他国家相比，尤其突出的是我国政策制定者知道高成长性创业活动的重要性，把潜在高成长性作为选择创业支持对象的标准。

第四，在创业中注意创新，创业者对产品创新给予较高的重视。

相比生存型创业，机会型创业不仅能解决自己的就业问题，而且能解决更多人的就业问题。另外，机会型创业着眼于新的市场机会，拥有更高的技术含量，有可能创造更大的经济效益，从而改善经济结构。无论是从缓解就业压力还是从改善经济结构的目的出发，政府和社会都应该更加关注机会型创业，大力倡导机会型创业。

2. 个体创业和公司创业

按照创业活动的主体差异，创业可分为个体创业和公司创业。个体创业主要指不依托某一特定组织而开展的创业活动，而公司创业主要是指依托于某一特定组织而开展的创业活动。虽然就创业本质而言，公司创业与个人创业有许多共同点，但是两者还存在一些明显的区别，如表3-3所示。

表3-3 公司创业与个体创业的比较

比较项	公司创业	个体创业
范围	在已有的组织环境下的创新，要考虑组织的物资、人力资源，以及其他的约束条件	通常并无此限制
获得的支持	可以从现有组织的制度、管理、资源等诸方面汲取养分	一般能得到的最多是风险资本的投资
风险	在公司内部有限范围内的激进式变革，哪怕是失败，也不会影响整个组织的生存	更像"赌博"
规划	更关注如何让短期与长期利益协调发展，并制订详细的计划、预算	以追求短期利益为主，以抓住时机为手段，避免制订详细的计划
障碍	最大挑战来自官僚组织体制和既定的企业文化	可能来自资金的短缺和管理层面、操作层面的不足

3.1.3 创业的要素和过程

创业要素就是创业活动所必须具有的实质或本质组成部分。研究表明，创业成功是一系列要素科学组合的结果。创业者可以通过改善这些要素的组合来提高其创业成功的可能性。具体而言，创业究竟应该具备哪些要素，不同的学者有不同的认识。杰夫里·蒂蒙斯提出创业是机会、资源、团队3个要素的结合；菲利普·A.威克姆认为，创业包括创业者、机会、组织和资源4个要素，这4个要素互相联系。国内的专家学者提出人的因素、物的因素、社会因素和组织因素构成了创业的要素。

综合各位专家、学者的研究，由创业的概念可知，创业是一个综合的创造过程。一般来说，它需要以下4种组成要素。

人的要素：创业者、创业内部的人际关系、创业外部的人际关系。

物的要素：资金、技术、原材料和产品、生产手段。

社会要素：社会对创业活动的认可、所创造的事业符合社会发展的要求。

组织要素：决策功能、创建组织、激励员工、领导。

创业过程是一个高度的动态过程，其中商机、资源、创业团队是创业过程最重要的驱动因素，它们的存在和成长决定了创业过程向什么方向发展。

第一，商业机会是创业过程的核心驱动力，创始人或工作团队是创业过程的主导者，资源是创业成功的必要保证。创业过程始于创业机会，而不是资金、战略、网络、团队或商业计划。开始创业时，创业机会比资金、团队的才干和能力及相应的资源更重要。在创业过程中，资源与商机之间经历一个适应→差距→适应的动态过程。

第二，创业过程是创业机会、创业者和资源3个要素匹配和平衡的结果。创业者或创业团队要善于配置和平衡，借此推进创业过程，他们必须做的核心工作是：对创业机会的理性分析和把握，对风险的认识和规避，对资源的最合理利用和配置，对创业团队适应性的分析和认识。

第三，创业过程是一个连续不断地寻求平衡的行为组合。在3个要素中绝对的平衡是不存在的，但企业要保持发展，必须追求一种动态的平衡。保持平衡的观念展望企业未来时，创业者必须思量的问题是：目前的团队是否能领导企业未来的成长？资源状况如何？下一阶段企业面临的风险有哪些？这些问题在不同的阶段以不同的形式出现，牵涉到企业的可持续发展。

概括地说，创业过程包括以下5个阶段。

1. 产生创业动机或决定成为创业者

大学生创业最起初的就是要有创业动机，即有创业的欲望，有创业的心态，立志从事创业。这样才会主动思考创业，创业成功的概率才会加大。

👁 案例

小华来自浙江，家乡的商业氛围自小就影响着他。进入大学后，小华就读的学校位于郊区建设的新校区，由于远离市区，交通不便，校内承包门面的商户晚上8:00左右就得关门赶回市区。参加社团的小华发现，很多学生在参加完社团活动或晚自习结束后，没有地方买饮料或者小吃。于是，他就想租一间门面，专门晚上经营，满足同学们的需求。

他比对了几家店铺，与经营老板进行了协商谈判，确定了愿意合作的店铺，把晚上使用权租给他。在父母的支持下及老师的指导和帮助下，他买设备，经营起了休闲食品。从同学们喜爱的奶茶，到各类小吃，品种丰富。由于价格适当，又是校内同学自己开设的休闲吧，很多同学光顾，效益可观。小华的学长很佩服小华，夸奖小华把自己的想法变成了现实。

2. 识别创业机会

机会要靠敏锐的眼光、敏感的意识去发现。也许你参加一个不经意的活动，认识一个新的朋友，其中就蕴藏着等待你主动发掘的创业机会。

👁 案例

李海在大二时加入学生会的外联部，为学院学生活动拉赞助，经常和一些企业的销售商联系，建立了良好的合作关系。在为某一年的校运会拉赞助时，李海和国内某知名运动品牌的地区代理进行了详谈，了解了体育品牌的代理流程和合作内容。李海发现自己就读学校周边有3所高校，有几家经营学生体育用品的店面，但不是品牌，所以学生还是舍近求远到市中心采购。李海初步估算后，觉得做体育品牌代理是不错的商业机会。在和家人商议后，李海在校门口租下一门面，做起了体育运动品牌代理。由于是品牌再加上就在学校附近，李海的生意越做越好。

3. 整合资源

创业不仅仅是"单枪匹马"的活动，而是需要方方面面的协调统筹。大学生创业者要学会灵活运用国家、地区支持创业的政策，实现创业成功。

王光在毕业之后，就准备回自己家乡开始创业。他所在的家乡有个鸵鸟养殖基地，乡里人虽然养了非常多的鸵鸟，但他们的劳动并没有什么产品附加值，只是提供各种鸵鸟肉和鸵鸟蛋等。王光希望能够把各方面的资源整合起来，让乡里人能富起来，自己也可以开启自己的创业生涯。所以，他毕业后回家就申请了大学生创业扶持贷款，做鸵鸟肉罐头、鸵鸟蛋食品、鸵鸟蛋壳艺术品。紧接着，他又联系做产品销售的同学，请他们出主意，打开产品的销路。他的做法得到了乡政府的一致好评，乡政府也给予了政策支持。

4. 创建新企业与实现机会价值

要把创业想法落实，创业者就需要积极行动，创建新企业，并实现企业的利润生成。

陈昭家在农村，农村别的没有，就是地多。以前他家里种植蔬菜，但蔬菜的生意后来也非常不好做。所以陈昭就想着回到家乡，好好利用家乡的热土发展自己的事业。现在城市人的工作压力越来越大，郊区是城市人放松和舒缓情绪的好地方，他希望自己能够利用这个机会，把家乡原来的蔬菜地改成薰衣草种植园，给城市人一个放松自我的好去处。

他还打算和村里的人合作成立农家菜馆。他甚至找来一些专业摄影师，邀请他们前来采风。他希望把这里打造成一片充满浪漫气息的地方，城市里结婚拍婚纱照的情侣们也有好去处了。不仅如此，他还打算把这里的薰衣草卖给专门制作精华液的厂商。

他的这一想法，得到了政府和有关部门的重视，他们给予了陈昭各种有利条件，让他能够尽快地把企业做起来。他也积极地配合政府和有关部门，做好了企业创办的一切准备。

后来，陈昭的这个项目受到了电视台和报社的关注，大家纷纷过来采访他。这让他有点始料不及，但是他觉得这显然是很好的宣传手段。

就这样，在他的筹划下，这个薰衣草种植基地的项目慢慢地就开始展开了。村民们也表现出了极大的热情，为他提供人力和资金上的帮助。大家都认为这个薰衣草种植园非常有赚头，于是纷纷希望入股。

5. 新企业生存和成长

新企业创办后，会面临各种经营管理风险。在新企业生存发展的道路上，创业者要谋求各种生存和成长途径，把企业做起来，让企业真正站稳脚跟。

马政毕业之后，放弃很多大公司的工作邀请，一心想要创业。他认为中国未来就是创业的天下，而他也要努力成为其中的一员。他希望未来能够实现自己的人生价值和抱负，而现在一切都要从头做起。

经过慎重思考和市场调查，他非常看好鸭绒填充市场，因为当时临近冬季，很多人都喜欢去网上团购鸭绒被或者羽绒服之类，这是一个巨大的市场，但是市面上存在很多假货，其中有的企业填充的不是鸭绒，而是人造纤维；有的企业填充的是劣质的鸭绒且不经过任何处理，很不卫生。

他的家乡是鸭绒的大型生产基地，这里有非常好的资源优势。现在他决定把这些鸭绒收集起来，专门帮助那些在网上做鸭绒产品生意的客户。这些客户中，有的是他以前的同学，有的是他老师的朋友。有了这样一层信任的关系，业务开展得很顺利。渐渐地，他的企业经营也上正轨，但他没有停下脚步。马政考虑到如果只是做原料，产品附加值非常低，那么企业的未来发展会被限制。于是他决定做成品加工，而不再只是给那些做鸭绒产品生意的客户提供原料。随后他通过一些后来建立的合作关系，做起了自己的品牌，生产鸭绒被、羽绒服等产品。没过多久，他就成了当地的"鸭绒大王"。

3.1.4　创业和创业精神的关系

1. 创业精神的内涵

创业精神是指在创业者的主观世界中，那些具有开创性的思想、观念、个性、意志、作风、品质等，主要表现为勇于创新、敢担风险、团结合作、坚持不懈等。

创业精神的第一个特征是对创业机会的主动追求，随着一些尚未被开发的环境变化出现，创业者也会随之产生相应变化。创业精神的第二个重要特征是创新，创业精神包含变革、革新、转换和引入新方法——新产品、新服务或者是做生意的新方式。创业精神的第三个特征是增长，创业者追求增长，他们不满足于停留在小规模或现有的规模上，他们希望企业能够利益最大化，员工能够拼命工作，他们不断寻找新趋势和机会，不断地创新，不断地推出新产品和更新经营方式，以追求不断增长。

2. 创业精神对于创业的重要性

在创业过程中，会遇到各种各样的难题，这让很大一部分创业者望而却步。而有一些创业者能够站稳脚跟，生存和成长起来，这都有赖于坚忍、创新的创业精神在创业过程中所起的作用。

👁 **案例**

李华毕业于一所国内知名大学，学的是计算机软件。他成绩非常优秀，与导师合作的项目也获得了国家专项基金的扶持。而他在校外做实习时，国内一流大企业都点名要他。无论他去哪一家企业，相信未来的前景都会很好。

但拥有这么多光环的李华却是一个不喜欢被人束缚的人。他决定自己创业，虽然创业注定艰苦，但他已经下定决心把自己的青春和热血都献给国内互联网这片热土。他认为现在正是创业的好时机，虽然他不具备很多的经验，不过至少他有头脑。

他选择进入的领域是移动分享。具体产品就是帮助国内用户，通过互联网分享大家的所见所闻。这样的软件使用起来非常方便，用户界面也非常人性化。

在软件开发前期，他确实凭借他的锐气获得了一些投资，投资商对李华的印象都很不错，认为未来一定会有非常大的发展。但这时候问题出现了，投资商忽然要求李华在软件中嵌入广告，这样能让软件尽快盈利。李华却觉得，这样是损害用户的行为。就这样，投资商中断了第二轮投资计划，这对李华来说是致命的。他突然遇到了在以往的生活中从来不曾遇到过的难关。工资发不下去，他每天都不敢正面与员工对视。在大企业的好朋友打来电话的时候，他都不知道该怎么说，女朋友因为他太投入工作，与他也疏远了，他突然感觉好像全世界都抛弃了他。

但是李华天生是一个不服输的人。凭着一种不服输的精神，李华多次与投资商磋商周旋，为了达到自己的目的，投资商多次以撤出投资威胁李华。可李华一遍又一遍耐心地跟投资商分析，告诉投资商前期嵌入广告会给他们带来多大的损失。不管付出多大代价，李华都不能让自己的梦想夭折。

最后投资商被李华的这种精神所打动，双方选择了一个折中的方案，即软件前期不嵌入广告，但后期需要嵌入投资商所提供的广告。不管怎样，李华总算可以继续自己的梦想，他的创业也可以继续进行。

李华在压力最大的时候，也依然没有选择妥协，他没有违背自己的信念，因为有一种强大的力量在支撑他，那就是不可半途而废的创业精神。一个有创业精神的创业者往往能体现出强大的气场，而这种气场是多少金钱都买不来的。

3.2　大学生创业面临的主要问题

目前高校大学生创业教育存在什么主要问题呢？我们一起来梳理一下，这有助于大学生更加深入思考创业之路。

1. 个人素质方面

创业者的个人素质往往对创业成功起决定性作用，如较好的组织能力、良好的专业背景知识、较好的沟通能力、良好的心理素质和适应能力等。

（1）知识理论往往与实践脱轨

我国教育偏重于理论知识的传授，学生所拥有的实践机会相对较少。大学生所学的都是书本知识，有的甚至是无法直接用于市场实践的纯理念，大学生要通过独自考察来选择一个有前景的创业项目实在很难。经验不足将会带来投资高风险，也使他们自主创业的意愿冷却，最终选择放弃。

（2）对政策了解、利用不足

创业初期，如果能搭上政策的"顺风车"，将会起到事半功倍的效果，甚至对行业的选择都有重要的指导意义。但是许多大学生只是模模糊糊地了解政府和学校的优惠政策，更别提有效利用了。调查中发现，大多数走上创业道路的学生都是基于项目或技术，而少有人是基于某行业的优惠政策。

（3）缺乏必要的经济方面知识

经济和管理相关专业的大学生要进行自主创业，相对于其他专业的毕业生来说，有一定优势。非经济和管理相关专业的毕业生对经济市场比较陌生，尽管他们一走出校门就有创业的愿望与热情，但真正面对激烈的市场竞争局面，还会因自身底气不足而却步。

2. 外部环境方面

（1）资金难求

难以获得资金是大学生创业道路上始终存在的最大难题。大学生创业者在融资过程中存在以下问题。

一是优惠政策难以落到实处。尽管政策规定大学生创业者可以从银行获得创业贷款，但我国未形成一套完善的金融信用体系，大学生创业者实际上很难以自身的信用获得资金。

二是获取资金方式单一。大学生创业者的创业资金来源主要是家庭、银行借贷、风险

投资。由于家庭条件限制和信用体系不完善，许多大学生创业者都把希望寄托在风险投资这一融资方法上，试图通过参加创业大赛和其他一些竞赛来获得风险投资。但实际上这个渠道远不能满足创业者对资金的渴求；即使争取到风险投资，也可能在融资时过分出让自己的股权和利益，甚至导致核心技术产权流失。

（2）缺乏专业的创业指导服务机构

大学生创业者除了要解决资金难题，还要单独面对缺乏人脉、不熟悉行业、缺乏信息等问题。一个专业的创业服务机构能为大学生创业者提供市场分析、调查、策划等服务，可以使大学生创业者少走弯路。而我国高校和社会上现有的大学生创业咨询机构大多专业性不强，缺乏针对性和连贯性。

（3）高校未能充分发挥其作用

高校未能充分发挥其作用，主要表现在以下几个方面。

一是缺乏系统的创业教育课程。高校现有的创业教育还仅限于创业大赛或专题讲座等形式，基本没有开设创业方面的专门课程，这使创业教育的普及面明显不足。

二是高校间缺少合作互动。国内各高校在服务大学生创业方面缺乏主动联系与合作，这不利于资源的整合与共享，也不利于大学生创业者之间交流。

三是学校与社会组织联系不足。学校应作为社会与大学生创业者之间的"桥梁"，为大学生创业者提供更多的社会资源，也帮助社会组织了解大学生创业者的创业需求。

（4）学业事业平衡难

大学生创业要耗费大量的时间和精力。许多进行过创业的大学生都反映自己在学业与事业两头奔波，相当辛苦，他们中许多人不得已选择学业而放弃事业。

（5）缺乏社会组织的支持

大学生创业者的创业活动和创业教育需要得到社会的关注和支持，只依靠政府和学校的努力无法长久维持。

3.3　创业与职业生涯发展

创业也同职业生涯发展有非常大的关系。这里不是说创业了，职业生涯就成功了。这里注重的是一种创业的意识和创业的能力。而具备这种意识和能力将对促进个人职业生涯发展产生非常积极的作用。

3.3.1　创业和职业生涯发展的关系

1. 创业是职业生涯发展的一部分

创业是一个活动、一个过程，它也包含在职业生涯发展中。创业并不只是简单地开办一家企业，获得财富，让生活更好。它更是一个人实现人生价值、完成人生使命的一个过程，而这一过程存在于职业生涯发展中。

◎ 案例

小陆大学期间在学校勤工助学服务公司的网上商城工作，熟悉了网上商城的经营流程，于是学习电子商务专业的他在进行职业生涯规划时，瞄准网上创业。大四时，他开了一家淘宝店铺，他专门找人设计了店面及品牌形象，然后在淘宝店铺的各个关键页面做大幅广告和推广活动，把名声打出去，接着他找到其他小的淘宝分销商展开合作，生意慢慢有了起色。创业成为他职业生涯的一部分，他从中获得了一种自由和价值体现的感觉。

小陆的创业历程可以说是将创业与职业生涯规划完美地结合在一起，实现了一些梦想，增加了一些体验。

2. 创业是职业生涯发展的飞跃

每个人都想创造出巨大的价值。这么多人从事创业，也正是基于这一目的，即能够给社会、给个人带来巨大的价值。而职业生涯发展的意义在于，生存、发展、实现个人价值。所以创业对一个人的职业生涯发展来说，就是一次质的飞跃。

◎ 案例

大唐圣境公司的创始人是 4 个刚毕业一两年的小伙子，其中 3 个毕业于桂林理工大学艺术系。大唐圣境作为虚拟现实和三维可视化技术整体解决方案供应商，致力于基于 PC 平台的三维艺术效果表现的创作研究。公司于 2007 年 3 月注册成立，一个月后，成功接到第一单生意。总经理董刚、常务副总经理张立东、技术督导朱利军都毕业于桂林理工大学。在校期间，3 人经常利用自己所学专业特长，承接社会上的一些设计业务，得到不少锻炼。毕业后，3 人各自在外打工一年。"我当时在杭州一家设计公司做平面设计，公司的制度十分苛刻。"朱利军和王文涛在同一家公司上班，他们对公司不看重人才、要求员工彻夜加班却不肯定其成果的做法十分不满。给别人打工不如给自己打工，2006 年，在合同期满一年后，朱利军和王文涛辞职，并与在外奔波一年、积累了一定社会经验的董刚、张立东一起创办了大唐圣境。"我们已经拥有到同行业内较高的技术水平，靠自身的能力完全可以创业；创业本身就为我们带来了职业。"董刚说。

3.3.2　创业对个人职业生涯发展规划的意义和作用

1. 实现创业学习

大学生一般有强烈的实现自我价值的理想，所以一般情况下，他们思维活跃，创新意识强，热衷于学习一些新事物。而这一切，正驱使他们自己创业，在创业的过程中不断学习，不断进步。正是因为有了创业的机会，才有可能得到创业锻炼。

◎ 案例

张敏行学的是营销专业，上大一的时候，交完学费和住宿费之后，只剩下几百元钱，而父亲告诉他得坚持到 3 个月之后。他当然不会坐等父亲从家寄钱，黄土地上刨食的父母赚钱哪有那么容易，就这学费也是把家里的亲戚都借遍了才凑足的。刚入学不久，他就找到了商机，北方的 10 月天气已经开始转凉，他提前去针织品批发市场，批发了一批手套、帽子和围巾，还特意寻找那种有特色的情侣套装产品，这次经营为他的第一学期赚够了生活费。到了夏天，他又开始改卖睡衣、卖夏凉被等，总之，他的专业知识，加上他的聪明才智和能吃苦耐劳的品性，为他赚来了第二学年的学费和生活费。

就这样，大学4年，他不仅养家糊口，还为自己攒下3万余元的创业准备金。临近毕业，同学们都开始四处找工作，他却并不急于找工作，而是想在学校门口开一家学生餐厅，他的想法得到了辅导员支持，辅导员帮他在学校门口租了一间地下室来开办餐厅。刚开业的时候，餐厅的生意并不好，第一个月还处于赔本状态，但是，张敏行坚信自己一定能做成这件事，而且做事情不能半途而废，自己还有理想需要实现。他首先通过暗访到附近的餐馆了解原材料价格和菜单价格，然后利用QQ、学校网站和论坛进行宣传。餐厅坚持到第二个月时，他开始少有盈余，并且越来越多的学生知道学校门口有个地下餐厅。半年之后，他把餐厅搬到了地上，并且一如既往地为学生提供物美价廉、美味可口的饭菜，餐厅的菜价一直是最低的，餐厅的服务员也都是勤工俭学的学生。而且，他的第二家餐厅已经在学校另一个大门旁开业了，他一如既往地努力工作着。他相信，在不久的将来，他会开第三家、第四家学生餐厅，他所学的营销专业给了他较好的营销方法和理念。

营销是张敏行的专业，而如何经营好餐厅依靠的就是他的专业知识，平时的经营方法也是借鉴课堂中学习的一些营销案例。在实际创业过程中，他的知识层面更加宽阔了，他不仅利用开餐馆实现了自我价值，让一部分大学生有了勤工俭学的机会，更重要的是他有了这样一个宝贵的学习经验，这是难能可贵的。

2. 增强创业意识

一些大学生在求职时发现找不到适合自己的职业，或者薪资达不到预期，他们便打算自己创业。这种意识不是与生俱来的，而是职业生涯发展规划得不到满足而产生的。这种不满足感会让人充分地调动起积极性，改变自己的现状，从而增强创业意识。

👁 案例

鲍丽丽毕业之后参加了大小十几场招聘会，简历投递了几百份都石沉大海，但她冷静下来，开始分析自己的职业生涯规划是不是出了问题。按她的预期目标，她是要寻找一个大公司的工作岗位；目前看来，能接纳她的只有一些中小公司，并不是她想要的。既然不能有理想的岗位就业，她想还不如创业。

鲍丽丽老家在云南，她想起家乡的银饰非常有特色。自己学的是英语专业，她决定把自己民族的文化推广到世界，赚外国人的钱。于是她回到云南老家，拍了许多富有民族色彩的饰物的图片，并且用英文写下了这些银饰上图案的意义，网店一开，生意居然特别好。这时，她又和家乡的一家小绣品厂建立了供求关系，小店又增加了一项收入。

在随后的两年内，鲍丽丽实实在在赚了外国人一笔钱。她还成立了一家公司，开始把其他民族有特色的产品卖向国外，当然了，她的员工都是像她这样的大学毕业生。

后来，她跟人聊到创业的过程。她其实也经历过找工作的困境，那时候非常艰难。但当自己心一横，就是想在创业这个方向杀出一条血路来的时候，一切都变得明朗了。而如果要让她再次去选择，她依然选择创业，而她给广大学生的建议也是，可以没有创业的经历，但是要有创业意识，要时刻做好创业准备，这是激发潜能的好机会。

确实像鲍丽丽所说的一样，大学生可以没有创业的经历，但一定要具备创业的意识，要做好创业的准备。其实创办一家企业，不仅仅是解决了自己的就业问题，正是因为创业的压力，人反而具备了不一样的能力。

3. 提升机会识别能力

机会识别对一名创业者来说，是比较难的一件事。不可能有人天生就具备这种能力，在经历过创业之后，创业者才能更清醒地认识到什么是机遇，什么是陷阱。

◎ 案例

秋娟和好友豆豆都是某校财会专业的学生，她们看到好友们陆续开网店赚了钱，也有些心动。为了丰富自己的实践经验，她俩决定也试着"下海"，开个网店试试。于是在周末的时候，她俩把第一笔投资资金3000元取了出来，去市里的批发市场购买了一些小饰品，开了一家名为"韩风"的小饰品网店。

接下来的日子，她俩忙着拍图片、上架、装饰店面，每天都忙到很晚。可是，没有她们预期的惊喜，每天来店里的顾客寥寥无几，再加上刚开业，没有好评度，更是只有人问，没有人买。没办法，两人发动在外地上学的同学购买了一些饰品，制造了一些好评度，可是来访的顾客依然很少。

一个月下来，除了同学友情购买的几笔订单，真正购买的仅有一个顾客，这令她俩心灰意冷。再加上天气开始转凉，她俩置办的这些饰品是偏夏季用的，要是经过一个冬天，肯定就过时了，但这会儿如果继续添置饰品，意味着还得再拿一部分资金出来，这令她俩原本就不多的积蓄更为紧张。豆豆先打了退堂鼓，说："就这样吧，能卖就卖，不能卖就算了。"秋娟自己也没有底气，最终两人商量在夜市上将饰品低价处理了。她俩的网店就这样铩羽而归，第一次创业也寿终正寝了。

不过在事后冷静下来，她们反而轻松了很多。不管未来是继续创业还是找一份工作，她们对机会的识别更加清晰、准确了，而不是简单地凭着一股热情就上，认为自己无所不能。

不是每一次创业都能成功的，有一部分创业者也在盲目创业，从而更容易遭遇创业失败。但即使失败了，秋娟和豆豆在创业过程中积累了经验，不论将来她们的选择是什么，她们都不再像当初那样冲动了，而会理智地去判断机会所能带来的可能性。

---

4. 训练创造性思维

人为什么会缺乏创造性思维，很大一部分原因是懒惰。因为环境安逸，所以无须改变。而创业则不一样，创业者需要时刻面对生死存亡，稍不小心，就会血本无归。而这时候，创业者为了竞争，为了生存，就会积极地去调动这种创造性思维，让自己在创业中能变得更强，而这种能力也是大学生在进行职业生涯规划时希望获得的一种能力。

◎ 案例

钱龙毕业后直接开始创业，因为他的家族是做服装的，而他非常热爱服饰文化，所以他在家人的资助下，开办了一家牛仔服饰贸易公司。有一次，一批订单出现了问题，牛仔裤上有非常多的皱褶，还有几条甚至有油污，这可急坏了他的下属。不过钱龙盯着这批将要被退回的订单，突然喜上眉梢。他觉得这正是一个非常不错的机会，他专门跑去工厂，要求工厂就生产这样的牛仔裤，不仅要有油污，而且有些还要有油漆点，为的就是要突出蓝领工人的硬汉特点。然后他为这些产品制作了专门的广告，主题就是"来自加利福尼亚的淘金风格"。这些广告所创造的形象正好满足一些都市年轻人渴望不一样的需求，于是这些牛仔裤受到了采购商的追捧，甚至有一些跟风者开始剽窃他的创意。

钱龙创造性地将可能会被退货的产品推广了出去。广大创业者确实会在创业过程中遇到很多难题和阻挠，如果运用好这种创造性思维，也能给产品和服务带来巨大的附加值，从而实现创业的成功。不过创造性思维也是一种短暂性的思维，不可能永远有效，这就需要创业者积极开动脑筋，继续创新下去。

5. 培养团队精神

团队精神是大学毕业生比较缺乏的一种精神。因为在长期的学习生涯中，大学生都习惯了单打独斗，他们没有合作的经验。而到了工作岗位，他们也只是尽可能地想要表现自己。在这种情况下，其实团队的效能极大降低了。

而创业则需要大学生创业者积极配合，1+1＞2的道理很多人都明白，所以创业能够培养大学生的团队精神。这种精神在职业生涯的任何过程中都是有重要意义的。

案例

秦斌和他的3个好兄弟大强、赵武、小辉毕业之后决定创业，开办一家淘宝店。他们是计算机专业的毕业生，在大学时，他们已经做过一些装配计算机的兼职，所以现在他们决定把这种兼职活动淘宝化，在大学城推广，并且提供一站式服务。只要在他们的淘宝店下单，他们就会依照这些配置把机器配好，然后专人负责把计算机送进同学宿舍，调试好之后，同学们还可以有15天的时间去检验机器性能，而且是终身软件支持。他们相信只要他们团结一心，提供完美的服务，一定会掘到人生的第一桶金。在筹集到资金后，他们顺利地办好了开店的一切流程，并且详细地进行分工。秦斌既是业务员，又管财务，他负责到大学城推广。而大强和赵武负责硬件装配，小辉负责软件支持。在创业中，他们碰到的最大困难就是在大学城还没有口碑，同学们有时候宁愿去电脑城也不太敢相信他们，这时候他们就做了大量的优惠活动，这些优惠活动其实都是亏钱的。这期间，为了支持店铺的正常运营，他们不得不摆摊赚取一定收入。这几个小伙子有时候忙起来，一天都只能吃一顿饭，但他们从来也不相互抱怨，反而却为彼此的友情和斗志而感动。就这样，在他们的密切配合及团结协作下，他们的淘宝店终于在大学城有了一定名声，并且依靠口碑的力量，客户也越来越多。后来，他们在谈到这次创业旅程时表示，如果只是一个人雇一些人做这个，一定没戏，一定撑不下来，而他们有了困难能够互相扶持，有了工作能够一同分担，彼此理解和信任，这才有了现在的成绩。

团队精神在他们创业的过程中，给了他们巨大的帮助，他们的创业项目也决定了他们不可能单打独斗。而他们也确实在这次创业活动中体会到了什么是团队精神。在他们最困难的时候，如果只是一个人在坚持，这样的压力，相信他们任何一个人都支撑不下来，但是几个人拧成一股绳，就有了抵御压力的动力。

6. 锻炼领导能力

领导能力是一种综合实力。大学生通过创业，会接触到一个活动的方方面面，从而也就具有了全局观。而这种训练，也会使大学生锻炼到自己的领导能力。

案例1

王晶与高岗都是来自北京某高校的大学生，毕业之后两人又同在一家公司工作了3年时间。经过3年工作的历练，两人无论是在能力还是在经验上，可以说都有质的飞跃，并且两人都不约而同地怀揣着一个创业的梦想。

2011年，两人在谋划了多时之后，计划开办一家快递公司。公司名字定下来后，两人又着手安排公司构架、人员组成和服务口号等事宜。不久，公司就安排了第一次面试业务员的招聘活动。

　　面试官由王晶担当，他在以前的公司里从事人事方面的工作，在这方面有充足的经验。应聘现场，王晶向应聘者提了几个问题，有的应聘者说了实话，而有的应聘者却没有做到诚实。那么王晶究竟是怎么分辨的呢？

　　有的应聘者介绍自己是一个爱劳动且勤于锻炼的人，于是王晶就让他们举哑铃试试。

　　有的应聘者说自己对营销很感兴趣，曾经也做过这方面的工作，于是王晶就询问了他们一些营销的基本常识。后来，凡是据实回答的都进入了下一轮面试，而那些未能说实话的，全部被淘汰了。

【点评】

　　这个案例告诉我们，管理并非夸夸其谈，而是需要通过时间和实践不断积累的。创业者在管理企业的同时，能让员工们一步步理解自己的管理理念；等积累到一定程度之后，创业者的管理理念才能逐步显出效用来。

案例 2

　　刘鹏飞，2007 年从江西九江学院毕业。当许多同学都为工作而发愁时，刘鹏飞却已成竹在胸。一毕业，他就毫不犹豫地踏上了开往义乌的火车，怀揣着他的创业梦想。

　　他的创业之路并不是一帆风顺的，他始终没有找到合适的项目。在去公园散心时他意外看到孔明灯，一开始只是觉得好奇，准备买一个。第二天，刘鹏飞就跑到义乌小商品批发市场买孔明灯。令他没有想到的是，偌大的小商品市场竟然没有几家销售孔明灯的。逛了整整一天，好不容易才淘到了一盏孔明灯。在义乌这个号称全球最大的商品批发市场中却只有几家在销售孔明灯，这个发现让刘鹏飞欣喜不已。后来他又对孔明灯做了进一步的调查，了解到孔明灯市场竞争小，而且潜力巨大，有丰富的文化内涵，并且收益也比较大。说干就干，从小商品市场回来的第二天起，刘鹏飞就开始认认真真地设计他的孔明灯网站，只要网上有人下订单，他就先去市场批发回来，然后转手卖出去。刘鹏飞的想法得到了女朋友的支持，两人从小商品市场买了 100 多个孔明灯。果然不出所料，依靠网上平台、义乌的市场资源和女友的支持与帮助，刘鹏飞在第一个月就赚了几千元钱。从此以后，刘鹏飞更加努力地寻找客户，短短半年就积攒了 6 万元的存款。

　　后来，刘鹏飞突然接到一个 20 万元的温州外贸公司的大订单。欣喜若狂的刘鹏飞赶忙寄出样品，没想到却寄错了样品。好不容易安抚好对方，再寄样品，却又一次出错了。在寄出的 10 个样品中竟然有几个烂的样品，当所有人都认为这笔订单成了泡影的时候，刘鹏飞却并没有轻言放弃。他打电话道歉，写电子邮件解释，一遍又一遍地请求客户再给他一次机会。就在众人都让刘鹏飞放弃的时候，出乎所有人的意料，刘鹏飞竟接到了温州外贸公司的电话，说要去他的工厂考察。这下刘鹏飞却慌了，因为他根本没有工厂，甚至连接待客户的办公室都没有。放下电话后，刘鹏飞决定要打肿脸充胖子。跑了 3 天，他终于借到一间办公室，虽然比较简陋，但也还应付得过去，后来又如法炮制借了间工厂，随后又把所有该注意的事项都想好了。随着温州客户来临日期接近，刘鹏飞的心里却日渐沉重。终于，二十几天后，温州客户来了，但是刘鹏飞没有急着跟客户谈生意，反而把自己借办公室、借工厂的经过一五一十地招了。可是客户听了并没有生气，反而当场就签了 20 万元的合同。因为他们看中了刘鹏飞的为人，也可以说是他的真诚打动了客户。

经过这件事情后，刘鹏飞开始筹建工厂。短短一个月，从建厂到生产，刘鹏飞保质保量地完成了订单所需要的全部孔明灯，一下子就赚了近10万元。后来，刘鹏飞的女朋友和好朋友吴道军先后辞去工作，加入刘鹏飞的公司。刘鹏飞负责销售和生产，女朋友负责外贸，吴道军负责采购。3人合作默契，短短半年时间，销售额就达到了300多万元。2009年，刘鹏飞先后推出了荷花灯、水灯等工艺灯具，产品远销欧洲许多国家，这也为他迅速积累了数百万资产。

刘鹏飞的创业故事到这里并没有结束，后来他把卖孔明灯赚来的100万元，给了两个大学还没毕业的毛头小伙，投资成立了一家十字绣工厂。于是他又比别人更先一步进入十字绣市场。事实证明，他的选择是对的。短短半年，他的工厂已经收回大半成本。

【点评】

刘鹏飞的创业经历体现出很多创业成功者的共同之处，同时他也有别人不具备的战略眼光、优点和品质。

首先，他有很大的创业决心，一直在很坚定地走自己的创业道路。当其他同学在为就业忙碌时，他就到了义乌去寻找自己的创业项目。他有勇敢奋进、不甘平庸的品质和年轻人应有的激情与活力。这些都是创业成功的最基本条件和基础。

其次，在项目的选择上，他选择了孔明灯这个传统项目。选择孔明灯这个项目也并不是他心血来潮，而是做了前期的社会调查和搜集了许多相关方面的资料，在充分了解了孔明灯的市场供应和市场需求之后，他做出的一个深思熟虑的决定。这充分说明大学生创业者在选择创业项目时，并不能根据自己的一时兴趣和冲动而做出选择，而是要经过多方面的考察和研究，在了解相关的市场信息之后才能做出决定。选择一个正确的项目，一个符合自己的专业知识和一个有市场前景的项目，是成功创业的前提和基础。所以，当我们准备创业时，首先应该明确自己的创业项目，明确自己的创业方向。

再次，刘鹏飞自身有很多创业成功者所应具备的优点和品质，有超乎常人的良好心态。他面对困难时不放弃，坚持到底，寻找那个属于自己的机会。他做人诚实，不弄虚作假，懂得如何做人。另外，他有一个很好的团队作为支撑，并且团队分工明确，团结合作是事业进一步发展的催化剂。

最后，独特的战略眼光，具有长远性和前瞻性的远见，也是创业者创业成功的必要条件。刘鹏飞就恰恰具有了这一点。先是从孔明灯开始，他看到了孔明灯国内市场的欠缺及具有广泛的国际市场，抓住了时机促成了成功；然后他看到了十字绣市场，大胆果断投资，最终也取得了不错的效益。

素质拓展

1. 请写下你想要过的生活和5个想实现的愿望。

2. 思考如何才能实现你想要的生活和愿望。

3. 根据你毕业就业所在地的物价水平，测算你要赚多少钱才能过上想要的生活，实现你的愿望？

课后思考

1. 大学生创业的意义是什么？创业与职业规划的关系如何？

2. 你会选择创业吗？选择的理由是什么？不选择的理由是什么？请与同学们交流自己的看法。

04 第4章 创业者和创业团队

> 汪同学第一次被同学指引进入网上购物，就发现网上购物方便、快捷，而且购物环境安静，于是他就开始留心起网店的开设。观察了一年后，2010年4月，大三的他在网上商城注册了自己的账户，开始做卖家，专门经销学校所在城市的土特产。随着业务量增加，2个月后他开始招聘第一名员工，目前已拥有一个专业团队。团队分工明确，有网上客服、计算机技术人员、库管人员、派送人员、财务等。团队的有效协调和合作，使汪同学在业务不断激增的同时，也收获了友谊。汪同学回想自己的创业过程，认为一个职业化的团队关键是把人留住，并且发挥各自专长，特别是在网店发展过程中，要不断做思想沟通，根据员工个性来引导他们向共同的目标前进。

创业者除了自己应具备辨识创业机会的能力和营销管理能力，创建团队也很重要。因为创业是一场没有硝烟的战争，你不可能孤军奋战。招募一些和你志同道合的人加入你的团队，你的实力会得以增强，在这场战争中的胜算也就增大。

创业者和创业团队之间是相辅相成的。创业者的能力和思想意识从根本上决定了是否要组建创业团队、团队组建的时间，以及由哪些人组成团队。而对创业团队所确定的创业目标的认同，是创业者成功的前提。如果创业团队成员不认可创业目标，则势必会影响团队的发展方向，最终导致创业失败。

4.1 创业者

4.1.1 创业者的基本概念

创业者一词由法国经济学家理查德·坎蒂隆于1755年首次引入经济学。1880年，法国经济学家让·巴蒂斯特·萨伊首次给出了创业者的定义，他将创业者描述为将经济资源从生产率较低的区域转移到生产率较高区域的人，并认为创业者是经济活动过程中的代理人。美国经济学家熊彼特则认为创业者应为创新者。这样，创业者概念中又加了一条，即具有发现和引入新的、更好的能赚钱的产品、服务和过程的能力。

对创业者的定义有很多种，香港创业学院院长张世平是这样定义的：创业者是一种主导劳动方式的领导人，是一种需要具有使命、荣誉、责任能力的人，是一种组织和运用服务、技术、器物作业的人，是一种具有思考、推理、判断能力的人，是一种能使人追随并使追随的人获得利益的人，是一种具有完全权利能力和行为能力的人。

4.1.2 创业者的素质与能力

大学生若想成为一名成功的创业者，必须具备以下基本素质。

1. 立志创业，目标明确

只有拥有远大抱负、目标明确的人才能创业成功。你未来5年的目标是什么？未来10年的目标又是什么？创业者必须对这些有详细的计划。正所谓有志者立长志，无志者常立志。只有朝既定的目标前进，所有的努力才不会偏离自己的目标，最终才能取得成功。而没有目标的人，则很难成功。

创业者的类型

◉ 案例

在宁波某大学商学院有一个由10名大学生组成的创业团队，带头人是2005级学生王同学。在公司创办之初，他们就把公司定位为考证培训服务类公司。他们对于成员的要求非常严格，对于女生要求获得一等奖学金，对于男生要求获得二等奖学金以上。刚开始创业的时候，他们这些"天之骄子"都放下面子去发传单和广告。

因为在创业初期缺乏经验，他们最初只做一些小语种培训。缺乏师资力量，他们就托朋友找关系，还聘用过一些留学生和日韩企业的员工，就这样，他们的第一个项目——语言培训班顺利为他们赢得利润。

接下来就容易一些了，因为团队成员专业知识扎实，他们就开了一些专业培训班，如公共关系职业资格认证、文员（秘书）职业资格认证等考证培训班。因为考证效果好，报名的人越来越多。

2009年毕业时，团队成员都在为继续留守还是就业而踌躇，但最终绝大多数都留了下来。3年后，王同学所带领的团队将事业越做越大，公司也成了当地最大的培训公司。

2. 善于创新，发现商机

要想成功创业，必须富有创新意识。只有创新，才能使事业独树一帜。即使和别人做同样的事，也要另辟蹊径，走出一条与众不同的经营之路，靠特色赢得成功。

◉ 案例

学艺术设计的小徐在大四的时候，他从市场上花100元买了一张小牛皮，用这块牛皮做了两个挎包，因为设计新颖，周围的同学就以每个100元的价格买了下来。他又利用剩下的边角料做了两个小钱包，以每个50元的价格卖给了同学。他的第一笔生意就这样赚了200元。从那时起，小徐的脑海里就构造了一个创业梦，那就是手工皮艺。他在学校创业孵化园里申请到了一个大学生创意集市的摊位，一到晚上，他就把自己手工制作的皮包、饰品等放在集市上卖，顾客也可预约定做。现在他有了自己的淘宝店，平时，他除了接做线上线下的订单，还与北京、广州的一些客户进行合作，接做一些小订单。

3. 自信乐观，百折不挠

创业者必须有抗挫折的能力。做任何一件事都不可能平平坦坦就走向成功。在前进的路上虽然有荆棘和困难，但只要自信乐观，把困难当作磨炼，就能走向成功的彼岸。

👁 **案例**

在安徽一所大学里，王伟和同学们一起开了一家回收公司，说得好听点是回收公司，说难听点就是"校园里的破烂王"。创业之初，社会各界褒贬不一，质疑者众多。许多人认为，大学生创业却选择了在学校里"收破烂"，有些令人难以接受，是不是为了赚眼球呢？

面对社会各界的不同声音，王伟和同学们并没有退缩，他们相信自己是在做一番事业。为了公司的正常运营，这群带着梦想的学生们从最基础的废品回收加工做起。经过半年的发展，公司已经在校内各宿舍楼设置了30余个回收点。校内还设置了绿色回收亭，方便学生丢弃不需要的东西。校内的超市和水果店等积攒的纸盒，他们也会推着三轮车带着电子秤去定期收购。

慢慢地，公司开始盈利，但员工们却因为毕业面临是去还是留的选择问题，王伟说他不干涉员工的选择，但这个事业他一定会做下去。

4. 团队精神，善于合作

一名优秀的创业者要具有团队精神。一个人的智慧是有限的，众人拾柴才能火焰高。要想成功，更要掌握与人交往、与人合作的能力。善于合作会令创业者事半功倍。

👁 **案例**

王朕和他的团队是桂林某高校设计系大三的学生，他们成立了一家设计传媒公司，主要从事动画设计、影视包装、VI设计等业务。对于创业的结果，不管成功或失败，王朕都认为这是一个很好的学习过程，所以他很珍惜这次难得的机会，与团队一起激情洋溢地创业。他说："现在刚开始，创业园和学校对我们帮助很大，在政策和社会经验等各方面都进行引导和培训。一些我们在学校很难学习到的知识，如与客户接洽的技巧、公司的运作、一个项目的操作流程、市场的运行机制等都能在创业园学到。而在实践过程中，我们又把在学校学到的知识转化成了生产力。""我们的优势在于，我们在设计方面的实力比起市场毫不逊色，而且人员配置灵活，成本比成型的公司要少得多，在收费上客户可以得到优惠。"

5. 诚信正直，精力充沛

许多成功的创业者都信奉诚信二字。诚信是立身之本。没有诚信作为根基，就无法赢得客户的信任，同样也无法获得合作伙伴的信赖。强健的体魄、充沛的精力也是创业者必不可少的素质之一。在创业的初始阶段，资金、人力往往不足，这时创业者有可能一个人要承担几个人的工作量，没有强健的体魄，恐怕难以保证创业的成功。

👁 **案例**

大学毕业后，于娜回到家乡成了一名公务员，不久就和家乡中学的一名老师组建了幸福的家庭。

在大学期间，于娜就对创业很有兴趣。工作后，她想在业余时间做些小生意。后来，在丈夫的建议下，她决定开一家网上的副食品店。她特意在网站上注明营业时间为工作日的晚六点至九点和周末，而且购物超过20元的还可以送货。

为了宣传副食品店，于娜用了一个月的时间在县城的各个社区发传单。一个月跑下来，人瘦了 5 斤。不过她的精神头倒更足了，每天坚持更新店里的商品，甚至忙到深夜。丈夫有时开她的玩笑："看你这身体比个小伙子还结实。"

于娜的敬业和认真慢慢地换来了网店生意的红火，最开始她一天只能卖几十元钱的货，现在每天的销售额已经达到几百元。

看着她的店越来越红火，一些人开始打她的主意，有一个面包批发商找到于娜，提出合作销售过期食品的要求。"你这个是网点，别人也找不到你，卖一点没关系的，而且我给你的货价格也低，你可以多赚点。"批发商说。但于娜不假思索地拒绝了他的要求。

于娜诚信服务、守法经营的努力没有白费，现在她的副食品店成了县城里人尽皆知的网店，很多懒得出门的人都在她的店里买东西。繁忙的生意让娜的业余生活充实起来了，当然也给她带来了一笔额外的收入。

6. 忍耐奋进，自强不息

创业过程存在许多创业风险，创业者需要审时度势，克服困难，达成目标。

◉ **案例**

小吴和很多年轻人一样，在闲暇时，手机就是他最大的娱乐工具。他会下载一些电影到内存卡里，越下越多，有的电影又舍不得删除，渐渐地，内存卡空间不够用了。于是他就到网上了解内存卡规格、价钱等。他准备创业，销售内存卡。小吴经过考察，通过网络找到了代理公司，并拿到了一批货。在他把第二批货款交完后，货却迟迟未到，几经交涉，他知道被骗了，损失几千元。小吴冷静思考失败的原因，他没有退缩，他选择了信誉度高的公司并签订了认购合同，在销售时也规范程序，业务慢慢有了起色。

4.1.3 创业动机的含义与分类

1. 创业动机的含义

创业动机是推动个体或群体从事创业实践活动的内部动因，是使主体处于积极心理状态的一种内驱力，具有较强的选择性、倾向性和主观能动性。了解创业动机有利于认清创业行为，提高创业的积极性，培植创业种子，提高社会创业频率。

我们也可以把创业动机理解为驱动个体创业的心理倾向或动力。它是个体在环境的影响下，将自己的创业意向付诸具体行动的一种特殊心理状态。它是激励创业者去寻找机会，把握机会，并最终实现创业成功的动力。

2. 创业动机的分类

大学生创业者创业动机千差万别，也很复杂，但并非无规律可循，大体上可以从经济需要和社会需要两个层面来进行分析。出于经济需要的创业动机主要是指创业者为了满足个体生理和安全方面的需要而进行的追求财富的一种创业动机，这是大学生创业者原始和基本的动机。出于社会需要的创业动机主要是指在经济需要得到满足或基本满足后，创业者希望得到社会地位、社会认可、社会赏识、获得成就感、实现自身价值等而进行创业。按照上述原则，创业动机可分为就业驱动型、兴趣驱动型、成长需求型和价值实现型。

（1）就业驱动型

创新是社会进步的灵魂，创业是促进高质量就业的源头，就业的优质途径之一就是"大众创业、万众创新"。随着各地密集谋划"双创"带动就业新政，健全奖补、税收、融资等一揽子支持政策，加快出炉更多支持新业态的配套细则，很多大学生不断涌入创业的浪潮，努力去实现自身价值。

案例

是创业还是就业？两者均是令很多大学生"纠结"的选择。学美术教育的小农说："父母希望我去学校工作，当老师无疑是我最好的选择。"他的父母一直从事布鞋的批发生意，深知做生意的不易，所以他们一直认为教师这个职业是一辈子的"铁饭碗"。而小农却有自己的想法，"当时就想着自己当老板，但也知道自己刚刚走出校门，缺乏社会经验，就决定先去工厂打工，给自己充充电。"他毕业后便到一家服装厂打工，从工人开始做起。不顾自己大学生的身份从最底层开始做起，工作中任劳任怨的小农得到了老板的赏识，不久便从一名普通的工人升为部门主管。不到两年的时间，他通过自己的努力，成为服装厂的办公室主任。他说："在服装厂干了近两年的时间，觉得时机成熟了，该是自己创业的时候了。"他辞职回家，开始琢磨如何创业的问题。他先从父母经营的店铺入手，决定把自己家的布鞋批发生意做大。有了创业项目，启动资金怎么办？通过咨询，小农到所在地人力资源和社会保障局申请办理了小额担保贷款。随着业务越做越大，小农后来创立了自己的品牌。

【点评】

随着扩招力度的不断加大，毕业生就业问题成了高校的一大难题。在这种情况下，有一部分大学生选择了创业，以期解决就业问题，获取更多的经济收入，他们中有不少人也获得了成功。事实证明，只要方向对，肯努力，大学生创业一样有光明的前景。而且从政策角度着眼，目前，各级政府也出台了许多鼓励大学生创业的政策，这也为大学生创业提供了很好的外部环境。

（2）兴趣驱动型

每一个人都有自己的兴趣，有些人可能兴趣广泛，有些人可能兴趣单一。无论你是哪种，如果你能将你的兴趣转化为商业行为，创业或许就是一件很轻松的事了。

案例

小金是哈尔滨某大学大三学生，与几名大学生一起成立了一家公司，销售同学们制作的鱼皮画。对创业的兴趣，源于大一时他就加入了学校的创业团队，但是一直没有找到合适的创业项目。他和几名同学在学校里听了一场黑龙江省非物质文化遗产传承人关于鱼皮文化的讲座，了解到现在专门从事这种古老手艺的人越来越少，如果再不加入现代的创新理念很可能在不久后导致失传。几个人经过深入讨论研究和相关咨询，一致认为鱼皮画这个项目很适合创业。小金心想："把鱼皮画打造成黑龙江特色旅游产品，既传承了民间艺术，又有非常大的盈利空间。"嗅到了商机的小金，成立了"鱼福满满"项目组，传承黑龙江省非物质文化遗产，同时帮助在校大学生创业。

兴趣是最好的老师。它可以调动人的潜能，是大学生创业的重要动因之一。创业者如果对一件事物产生了兴趣，就会投入时间和精力去了解、去体验，而且不管遇到什么困难，都会一如既往地坚持下去。因此，可以说兴趣是创业起步的动力源泉。

（3）成长需求型

具备成长型思维的人相信人的性格、能力等是可塑的，可以通过学习得到发展和提升，倾向于采用导向性行为策略，愿意付出额外的努力、承担更多具有挑战性的任务。创业是一项高压力、重负荷、具有挑战性的活动，大学生个体的思维和心智对于创业活动的顺利开展至关重要。具有成长型思维的大学生在观察他人成功完成一项任务时，倾向于感知到自己也具备这种潜力，同时使用建设性反馈来提高实施创业行为的意愿。

👁 **案例**

小沈是某理工大学的大三学生，一年冬天，在家过寒假的他买了一台2000瓦的油汀电暖器。使用了一个月，电费将近1000元，供暖效果却不尽如人意。他发现，市面上的电暖设备，不但耗电，而且热量散发不充分。我国北方供暖前和停暖后的一个月室内阴冷；南方冬天无集中供暖，取暖主要靠空调，耗电量非常大。"要是有省电、供暖效果好的电暖器，肯定有市场。"想到这里，他拿定了主意，就研究电采暖，开创一份属于自己的事业。小沈一边攻读学业，一边在老师的帮助下和电器制造公司联合攻关，组建了自己的研发团队。经过几番研究，碳纤维发热材料闯进了小沈的视野，这种材料具有发热和节能两种性能。经过半年的时间，小沈研发的电暖器问世了。碳纤维电暖器是新型节能电采暖产品，采用铝合金结构和速热发热材料，具有节能、环保、智能控制的特点，而且在同类产品中率先通过3C认证。由于市场需求把握得准确，产品一经上市就得到了用户的欢迎和代理商的青睐。

心理学研究成果表明：年龄在25～29岁的人正处于创造能力的觉醒时期，创造力最强，他们对创新充满渴望和憧憬。而大学生很多都处于这个年龄段，他们出于丰富实践经验、增加社会阅历的动机，或者为了今后的发展或实现自己的某个目标做好经济上、经验上的准备，在条件成熟的情况下也会积极利用课余时间走上创业的道路。这个类型的创业者往往以锻炼为目的，承受失败的能力较强。

（4）价值实现型

创业的价值除了单纯的商业价值，还有就是受到社会的尊重。许多大学生选择去创业，为的是最大限度实现自我满足感，能利用自己的创业成果为社会创造价值，获得不断前进的动力，进而在事业上更成功。大学生要让创业成为实现人生价值的生动命题，走出一条属于自己的创新创业之路，让人生的价值在创业中得到灿烂的诠释与体现。

👁 **案例**

"创业是自己的研发成果最好的转化模式，能自己运作自己的产品，是一件十分高兴和有成就感的事。"说此话的是李晓欢。他是桂林电子科技大学研究生二年级学生，还是桂林市国宏生物科技有限公司的总经理。桂林大学生创业园正式启动后，国宏生物科技有限公司正式成为入园孵化的大学生企业。国宏生物科技有限公司有固定员工3人：总经理、总工程师和市场经理。李晓欢说："我们公司现在的人员只是按需配置，在公司慢慢壮大后，人员会逐渐增多。"李晓欢对自己的公司前景充满期望，他说："我们志在研发自己的生物科技产品，拿下技术认证，推广市场。如果可以，再研发其他产品，或者帮助学校其他同学推广他们研发的产品，帮助他们创造产品的价值。"

大学生思维活跃，创新意识、自我意识较强。"希望有一番自己的事业，而不是一辈子给别人打工"是许多当代大学生的现实想法。而选择自主创业，不但可以挑战自我，实现自我价值，还可以证明自己的能力，得到社会的认可。

4.1.4　产生创业动机的驱动因素

创业行为的发生是创业动机萌芽和不断强化的结果，那么是哪些因素在影响和决定创业动机的产生呢？经过长久的研究和争论，人格特质、自我效能感、目标、环境因素等被认为是影响创业动机产生的驱动因素。研究和分析这些因素对于创业实践有重要意义。

1. 人格特质

人格特质是一个心理概念，受到文化、组织价值，以及组织特征的影响。在中国文化背景下，创业特质主要包括创新性、外向性、开放性等。大多数的人格特质都与个体创业倾向显著相关，如开放性和外向性都与个体创业倾向存在显著相关。

👁 **案例**

任正非有一句名言："自律永远是最低成本的管理。"众所周知，军人出身的任正非向来以自律著称。他自创建华为之日起，就严于律己，凡是要求干部做到的，他自己率先做到，从不搞特殊化，并制定了《华为干部改进作风八条要求》，规定：绝不搞迎来送往，严禁讨好上司、以权谋私，把精力放在为客户服务上。2013年，任正非去日本出差，回来后不小心将100多元的洗衣费放到差旅费用中报销了，被审计部查出后，任正非不仅退还了多报的费用，还在全公司通报批评自己。任正非在华为公司没有专车、没有保镖，更没有私人飞机和游艇。他现在出差，还坐商务舱和经济舱，下飞机后仍自己乘坐出租车，拒绝下属和客户接机。

在管理中，任正非铁面无私、严于律己，在处罚下属的时候，甚至会先惩罚自己。2018年，华为公司在进行内部审计时发现有业务造假行为，任正非带头自罚100万元，4位高管每人罚款50万元。

"打铁还需自身硬""正人先正己"。纵观企业界，但凡有所成就者都是严于律己的人。正如孔子曰："其身正，不令而行；其身不正，虽令不从。"对管理者来说，若要安天下，必须先正其身，越是管理者越需要克己、自制、自律。只有这样，才能形成一种上行下效、上治下仿的氛围，拥有高效的执行力，实现真正的低成本管理。

2. 自我效能感

自我效能感的概念被创业研究领域引入后，成为预测创业行为的重要变量，也有人称之为"创业自我效能感"。自我效能感是指个体相信自己能够成功扮演各种创业角色，并完成各项创业任务的信念强度。它是创业者的一种信念和自信，具体是指创业者对其能力能够影响所处环境并通过相应行为获得成功的自信。高自我效能感的个体具有高创业倾向。

👁 **案例**

整个公司空荡荡的，只有王睿一个人了。他用手机在办公室发出了最后一条微博："我创立的第五家公司，今天正式倒闭了。在最后的一刻，和自己说一声'加油！一定会成功的'。"然后离开了这个他曾经战斗过的地方。

"不要难过，家里的事情你不要担心，有我呢。"王睿的妻子总是那么善解人意，她因为担心而劝慰自己的丈夫。

事实上，王睿根本没有被命运的不济打倒，他此刻正在盘算如何东山再起。他打算先找一家公司上班，以便了解电子显示屏加工出口的动态，然后寻找机会再打个翻身仗。一年之后，一位老客户找到王睿，要他帮忙采购一批电子显示屏，当得知他的公司失败后感到十分惋惜。王睿意识到，这可能是一个再次创业的好契机。于是，他向客户说出了自己的想法，这位老客户对他百折不挠的精神十分赞赏，并答应只要他的公司在，以后的订单都会交给他。这样王睿开始了新的创业征程。他吸取了以前的教训，重新与以前的合作单位建立了联系，公司很快步入正轨。

"这次我很有信心，虽然失败了那么多次，但我学到了教训。我会把这些教训运用到今后的公司管理、运营当中。"王睿雄心勃勃地和妻子说。

时光飞逝，转眼间过了一年，王睿的公司规模扩大了一倍，业务量也大幅度上涨。他每天都忙得不可开交，却异常地充实和满足。

【点评】

高自我效能感的个体为了实现特定目标会投入更多的努力，挫折不能让他们动摇，失败不能让他们沮丧。相反地，他们会设置更高的目标，并坚定地向着目标前进，因为他们有与生俱来的自信心。王睿的成功源于他本身所具有的高自我效能感。没有舍我其谁的气势，他怎能开始属于他的第6次创业，开启人生的新篇章。

3. 目标

目标是一种心理表征，它具有指导性、激励性，且会对毅力产生影响。它能够促使个体实现目标的策略得以唤醒、发现和产生，使创业者不放弃理想，为了目标而坚持不懈。因此，目标能使创业者投入创业行动。

案例

工地上，机器的轰鸣声不断，隔着三五米说话都要喊破喉咙，要不根本听不见。小赵大学毕业已经两年了，自从到某省建筑设计研究院工作后，他就被派到各个项目现场，负责与施工方沟通、协调。每天起早贪黑地干活，周末都没有时间休息。

可就是在这样的环境下，小赵还是干得有滋有味。父母都劝他换个工作，可是小赵不同意，为这事女朋友还和他闹过几次别扭。每当有人劝他换工作时，他都会说："做建筑设计是我的理想，现在是比较苦，可是总有苦尽甘来的一天。"就这样日复一日，在施工现场待的时间长了，小赵对设计和施工有一套自己的想法。

半年之后，小赵被调回了研究院参与某大型项目的建筑设计工作，他提出的很多见解都得到了总设计师的肯定。在参与设计工作的同时，小赵还不忘继续提高自己，他对设计难题不但要知道解决的办法，而且要钻研是不是有更好的解决方法，工作起来依然是没日没夜。

无论在什么岗位，小赵都没有忘记自己设计师的梦想，它像一盏明灯照亮了小赵前进的路。

3年之后，小赵看到自己设计的大楼挺立在市区的繁华街道，而设计单位正是他创办的建筑设计公司，他的梦想最终成了现实。

【点评】

目标对于创业者有重要的引导作用。它能指引个体的注意力和努力朝向目标相关的活动，而远离不相关的事项；它能激励创业者，为了实现目标而付出更大的努力。小赵之所以会安于艰苦的工作环境，不计辛劳地工作，和他心中有远大的目标和理想是分不开的。因此，可以说目标能影响一个人的毅力和创业行为。

4. 环境因素

创业不是个体行动的结果，诸如经济形势、经济政策、家庭，以及学校等外部因素也有重要作用。尤其对在校大学生而言，利用自己所学专业，主动参加老师的课题，在老师的指导下产生新创意，甚至发现新商机，是最为"经济"的创业路径。

👁 案例

> 南京某林业大学的学生小李大二去黄山参加树木学实习。在秀美的山溪边，他第一次见到了叶如碧玉、果似铜钱的青钱柳。经老师介绍，他知道青钱柳又叫"甜茶""神茶"，老百姓千百年来都采用它的叶子做茶，于是他对青钱柳产生了兴趣。回到学校后，小李就找到了学校森林培育学科专门从事青钱柳资源开发、利用的教授，详细了解了青钱柳产业化现状，并于2011年下半年开始参加导师关于青钱柳的多项科研课题。随后，在家人、学校的支持下，他组建了一家生物科技有限公司，自创"林之缘"品牌，开发青钱柳保健茶。他翻山越岭寻找适合开发的种源并研发天然植物材料调试配方，将青钱柳制成无菌、安全、适合老年人服用的粉末制剂，同时开发出适合青年人口味的泡腾片。公司的产品受到了消费者的喜爱。

4.2　创业团队

4.2.1　创业团队及其对创业的重要性

1. 创业团队的概念

创业团队是指在创业初期（包括企业成立前和成立早期），由一群才能互补、责任共担、愿为共同的创业目标而奋斗的人所组成的特殊群体。

一般而言，创业团队由4大要素组成，即目标、人员、角色分配和创业计划。其中，目标是指将人们凝聚在一起的主要因素，是大家所达成的共识。人员是指创业团队中实际运作的人，任何一项具体的工作都需要通过人来完成，而人又是知识的载体，在创业团队里，他们对团队所做的贡献决定了团队的总体命运。角色分配是指明确每个人在团队里的责任和义务。创业计划即在创业的每个阶段制订的每个成员所要进行的计划。

创业团队可分为3种类型：星状创业团队、网状创业团队和从网状创业团队中演化来的虚拟星状创业团队。

星状创业团队一般在团队中有一个核心主导人，充当领军的角色。

网状创业团队的成员一般在创业之前都有密切的关系，如同学、亲友、同事、朋友等。一般是在交往过程中，共同认可某一创业想法，并就创业达成了共识以后，开始共同进行创业。

虚拟星状创业团队由网状创业团队演化而来，基本上是前两种的中间形态。在虚拟星状创业团队中，有一个核心成员，但是该核心成员地位的确立是团队成员协商的结果，因此，核心成员从某种意义上说是整个团队的代言人，而不是主导型人物，其在团队中的行为必须充分考虑其他团队成员的意见。

2. 创业团队在创业中发挥的重要作用

俗话说，三个臭皮匠，顶个诸葛亮。在当今激烈的市场竞争中，仅凭单个创业者的力

量很难取得成功。许多创业成功的范例都是由拥有不同专长、形成优势互补的创业团队创造的。一个好的创业团队对企业的成功起着重要作用，主要体现在以下几个方面：满足创业需要、获取外界投资、激发创业者的斗志和灵感、缓解创业初期矛盾。

（1）满足创业需要

创业是一项系统工程，涉及的事务繁杂，总有你不擅长的地方，这就需要团队成员之间相互配合。即便当前社会分工很细致，很多自己或团队成员不擅长的工作还可以外包一部分，但是外包也需要经常沟通反馈，这些事务一增多，你就会发现自己时间不够、精力不够。因此，拥有一个分工明确、高效运转的创业团队非常重要。

案例

2012年9月，一款名为"掌上课表"的手机应用软件推出市场，该软件具有课表查询、考试查询、成绩查询、上课提醒等功能，在广西许多高校都受到了学生的追捧。"掌上课表"支持安卓和iOS系统，通过在软件中内置一个小型浏览器，将软件与各高校教务系统对接，可读取学生课程信息，方便学生查阅。该软件由"掌上课表"团队推出，团队成员大多来自桂林某高校计算机学院。团队中有人负责技术研发，有人负责产品推广，有人负责资源保障，通过共同合作，大家一起品尝创业的酸甜苦辣。

创业者要想成功，就要具有专业技能、经营管理能力、处理人际关系的能力等不同方面的能力。但一个人很难拥有所有这些能力，因此，组建创业团队，由具有不同知识结构和专业背景的人共同创业，可最大化地满足创业项目运行的需要。

（2）获取外界投资

个人创业的"奇思妙想"要付诸实践，需要团队的合作和共同奋斗。在创业过程中，创业者需要和投资公司等洽谈，对方会考虑创业项目规模、运营安全和管理效率等，回答并解决这些问题离不开一支有创业激情、团结奋斗的创业团队。

案例

桑吉来自青海省，就读于湖南一所农业大学。他所在的果洛雪山是全球三大虫草产地之一，一次偶然的机会他发现市面上的虫草价格比自己家乡的高了不少，品质却差了很多，于是他就思考如何推销自己家乡的虫草。在老师的建议和支持下，他建立了创业团队，并回到家乡将藏民采集虫草的全过程用手机拍摄下来，在网上展示，并开设网店。价廉物美的优势逐渐凸显，他的网店第一个月销售额是3000元，第二个月达到8000元，7个月后销售额达到50万元。通过参加省级的大学生创业大赛，桑吉的创业计划吸引了投资者的关注，意向投资金额达300万元。目前，桑吉的团队已经在桑吉的家乡建立了冬虫夏草产品基地，采用公司+农户的运营模式，通过签订相关协议，实现对虫草的生态开采。

创业者对于资金的渴求，就像大旱的天气下盼望雨水一样，但投资者的头脑并不糊涂，没有好的项目、没有好的管理团队，他们宁肯把自己的钱放在腰包里。在这样的情形下，创业团队的作用至关重要。好的创业团队往往会用自己的管理能力、运营能力征服投资者，获得投资，开创事业。

（3）激发创业者的斗志和灵感

创业成功不是靠一时的"兴趣"，需要付出艰辛的努力。创业团队成员之间的相互激励、鼓励对创业项目的顺利推进非常重要，没有良好的沟通，团队的整体潜力就不能得到充分发挥。团队成员之间相互传递正能量，对创业项目的顺利推进具有重要意义。

案例

> 小王参加学校学生会的素质拓展时，对团体素质拓展活动项目产生了兴趣，于是和几个同学创办了一家拓展训练公司。刚开始，利用学生会的资源，公司接手了几单业务。但随着学生会换届，加上市场开拓不力，不要说盈利了，连基本的办公开支都不够。团队的有些成员有点坐不住了，甚至有人提出要放弃或者转行。小王鼓励团队成员，只要我们坚持，认真做，总会有成功的一天。团队中其他几位比较乐观的同学也互相鼓励。大家的斗志慢慢恢复，积极想办法扩展业务，公司运转越来越好。

创业是一场持久战，需要有超凡的勇气、智慧和毅力。而创业团队之间的相互鼓励和支持恰恰能使创业者的这些品质得到最大限度发挥，促进创业成功。

（4）缓解创业初期矛盾

创业团队成员间的分工合作、相互支持非常重要。尤其在创业初期，项目推进、外部关系协调等方面会遇到意想不到的困难，这就需要成员之间相互理解，主动承担任务，一起战胜困难。

案例

> 在北京某大学就读的葛芸和冯胜南是来自云南的老乡，她们对自己家乡的米线都是百吃不厌。
>
> 一次她们两个结伴来到一家商场的过桥米线店一饱口福，看了菜单之后，冯胜南照例说了一句："这个价格要是再打个五折的话，我就可以多来几次，喂饱肚子里的馋虫了。"虽然话是这么说，可是她自己也知道，这是不可能的。
>
> 大饱口福之后，两人回到了学校，葛芸提议在学校附近的小市场逛一下。"那家店又关了，看来他做的东西不合学生的胃啊。"葛芸指着远处一家挂着转租牌子的小吃店说。"那个地方要是开个米线店就好了，别的学校旁边都有米线店，就咱们学校四川、云南的学生多，偏偏旁边没有米线店。"冯胜南抱怨说。说完，她们边聊边逛，一会儿就进了校门。
>
> "你刚才说四川、云南学生多，但偏偏没有米线店？"葛芸重复着冯胜南的话，这时一个创办米线店的想法在她的脑海里反复盘旋。当她把这个想法告诉冯胜南时，冯胜南着实吃了一惊："这怎么可能，咱们还上学呢。"
>
> "我们可以找一个云南厨师，然后在同学里多找几个老乡，大家一起做。"葛芸说出了自己的想法。
>
> 做事风风火火的葛芸第二天就开始筹办米线店的事了，经过一番努力，她先租下店面，然后又找到两个老乡和她们一起经营这家米线店。
>
> 开始时，创业团队经过商讨，决定将买原材料、运输、洗菜、刷碗等工作进行明确分工，这样，他们就都亲自动手参与经营。几个在家里娇生惯养的大学生，在自己的店里倒是忙得不亦乐乎。不过就算再苦再累，他们几个人也没有想过放弃，因为他们实在太享受这种自己享受美味又可以挣到钱的感觉了。两个月后，米线店步入正轨，创业团队的人数也从4人增加到7人。
>
> 葛芸、冯胜南两人一直做到毕业，才将店面转给了一位在北京打工的老乡，参与创业的几个老乡也因为经营米线店攒下了人生的第一笔积蓄。
>
> 【点评】
>
> 在创业的初期，往往存在人员紧张、组织结构不完善、职能划分不清等问题，创业团队可以有效解决这些问题。葛芸一个人不可能完成创办米线店的所有工作，而如果不集中团队智慧进行分工，各司其职，那么米线店的经营也很难在短时间内步入正轨。

4.2.2　创业团队的优劣势分析

1. 创业团队的优势分析

（1）团队成员间优势互补

好的创业团队应当是成员间优势互补、不同专业能力完美搭配的。在创建团队时，最重要的是实现成员之间在知识、资源、能力或技术上互补，这种互补将强化团队成员间的合作。

> **案例**
>
> 　大学毕业后，张毅和李海波创办了一家电源设备生产公司。
> 　张毅在大学学的是电器设备生产，因此公司创立后，他负责技术层面的工作，带领技术创新团队进行产品研发。李海波负责日常管理，虽然他并没有行政管理等相关专业知识背景，但在大学的社团活动中他表现出的管理能力让张毅很钦佩。就这样，两人分了工，开始为这家公司的发展努力。
> 　经过几年的努力，张毅研发的产品每年的销售额少则几百万元，多则上千万元。而李海波在实践中也不断学习，提高自己的管理能力。虽然他不苟言笑，却能够以独到的管理方式把公司管理得井井有条。
> 　经过两人不懈努力，他们的公司年销售额已经超过3000万元。但他们仍不满足，年销售额突破1亿元是他们新的目标。

（2）创业者快速成长

创业也是一种学习，团队中不同的成员有不同的知识、经验和思想，置身于一个团队，就像到了一所大学，观点的碰撞、意见的争论都会使团队成员眼界开阔、见闻增长、能力提升。

> **案例**
>
> 　小夏发现印有企业或者单位Logo的记事本、杯子等特制产品很有市场，就和同学成立了一家文化印务公司。成立之初公司经营印务咨询。客户印刷一本带有企业Logo的记事本，通常他需要和皮具厂、刻模厂、印刷厂等至少五六个单位进行联系，而小夏的公司凭借掌握的几十家印刷厂、广告公司等的资讯，为客户量身选择合适厂家，在保证质量的同时让客户付最优惠的价钱，很快受到市场欢迎。在经营印务咨询时，小夏的团队逐渐对制作工艺、印刷、广告、发行等行业熟悉起来，慢慢就介入进去。如今公司经营项目已扩展到文化咨询、图书选题策划、广告图文代理等。公司在短短一年里从7个核心成员发展到如今的200多名兼职大学生员工，实有资本已达500多万元。

2. 创业团队的劣势分析

相较于创业者个人来说，组建创业团队确实有诸多优势，如团队可以扩大企业的工作量、业务量等。但有些时候，假如创业者管理不善，创业团队也可以滋生出更多的危机和风险。有句古话叫"破鼓乱人捶，墙倒众人推"，当低水平的管理者遭遇挫折时，可能递过来的不是一双双援手，而是一只只踩你的双脚。

（1）负激励作用

"激励"一词在《辞海》中的解释是"激发使振作"，即激发人的动机，诱导人的行为，使其产生向上的动力。负激励的作用指的是通过激励，将团队成功引向一个与向上相反的方向，从而给团队造成更大的伤害。

案例

　　钱美舟焦躁不安地望着桌上摆着的服装设计图，没心思修改。近来他们创业团队中低沉的士气让他有了深深的危机感。

　　钱美舟知道不想个办法应对这种局面，他们的创业就会失败。但办法哪这么容易就能想出来的，光靠说教是不会起什么作用的，在人心惶惶的时候更是这样。所以经过深思，他打算来点厉害的招数——自己再投入一部分资金。这件事却并不容易，创业之初，父母就竭力反对，现在再去寻求经济援助实在太困难了，但也顾不了这么多了，公司形势危急。当然，最后父母还是妥协了，他们不愿看着儿子失败。

　　当他把8万元摆在同伴面前时，同伴们惊呆了。但是他们想的不是重整旗鼓，很多员工要求先把这段时间公司拖欠他们的工资给发了。公司会议上，绝大多数员工都有这样的想法。本来钱美舟是打算拿这8万元打翻身仗的，但是见这么多员工摆出一副"逼宫"的架势，钱美舟也只好随了民意，把拖欠大家的工资给发了。钱发得一干二净，钱美舟打翻身仗的愿望也破灭了。

　　（2）成员间存在利益或权利冲突

　　一个团队是一个整体。但创业团队同样存在权利和利益分配的问题，如果处理不好就可能会产生冲突，影响创业的正常进行。况且团队成员的工作职能有时可能会有交叉，管理权限可能会有碰撞，在这种情况下，如不及时调整对团队的影响就会更大。

案例

　　"凭什么张培荣年终奖比我多10万元？在业务拓展方面，我的功劳最大。"不满分配结果的小李对带领他们一起创业的大师兄王峰抱怨着。

　　事实上，王峰已经意识到这个问题了，但好运来得太快，去年下半年的业务量猛增，所有创业团队成员都铆足了劲工作，等到最后一结账才发现去年的利润竟然超过了200万元。于是在年终分配时，大家就按照创业时定下的老规矩：50%留作公司发展用，剩下的按照出资比例分配。

　　可是这一分配王峰就发现，做出最大贡献的小李分到的最少。年后的一次会议上，王峰提出应当给创业团队中做出突出贡献的人予以褒奖，这个意见得到了大家的同意。张培荣私下里也主动向王峰表示："大家都是一个学校出来的师兄师弟，虽然当时出资时我多出了一些，但现在分配时还是要照顾团队的稳定性。"

　　"不愧是师兄啊，你还真有点气量啊。"说完王峰笑了起来。后来，团队一致同意在利润分配中加入贡献因素的方案，比例为5%，每年由大家投票选举获奖人。这一方案通过后，小李更加勤奋地工作，年终也顺利拿到了这个奖。

4.2.3　组建创业团队的策略及其后续影响

1. 组建创业团队的策略

　　组建创业团队的策略主要有以下3种。

　　① 互补策略。创业者寻求团队合作的目的在于弥补创业目标与自身能力间差距。只有团队成员间的知识、技能、经验等方面实现互补时，才有可能通过优势互补发挥出1+1>2的协同效应。

　　② 精简高效策略。在创业初期，资本往往较少，因此，在保证企业能高效运作的前提下，应尽量精简创业团队，减少运作成本，使成员获得最大比例的成果。

③ 动态开放策略。创业过程充满了不确定性，由于能力、观念等多种原因，团队中可能不时有人离开或加入。因此，在组建创业团队时，应坚持使团队具有动态性和开放性，把最适合团队需要的人吸收到团队中来。

2. 组建创业团队策略的后续影响

（1）组建互补型团队

有些创业者按照"相似性导致喜欢的原则"，倾向于选择在背景、教育、经验上与自己非常相似的人，许多新企业的团队成员也来自同一行业、同一地域，这样的团队缺乏差异性、互补性，难以给企业的发展提供多样化和强有力的人力资源基础。

👁 **案例**

姜华的创业团队创立公司一个月，就遇到了麻烦事。当时他组建创业团队时，考虑到将来以日化产品销售作为公司的主营业务，因此就在市场营销专业发掘合作伙伴，团队组建很顺利。大学毕业后，他便创立了现在日化产品销售公司。

在公司运行了一个月后姜华发现，他们的团队太需要一个懂财务的成员，因为银行汇票、会计账册这些财务方面的知识，团队中没有一个人懂。"早考虑到这一点就好了，团队成员的背景应当多元化一些。"姜华后悔自己当初组建团队欠缺考虑。

后来，经他的老师介绍，有一位会计专业的师弟加入他们的团队，解决了他们的难题。

（2）创业成员利益最大化

创业团队保持一定的稳定性，对于企业的发展是至关重要的。而要保持创业团队的稳定，合理地进行利益的分配是关键一环。团队成员在创业过程中所付出的劳动和取得的业绩是不同的，所以利益分配可以有所区别，但差别的程度应当处在合理范围内，否则就会引发团队的动荡。

👁 **案例**

在创业之初，某培训机构一直保持合作伙伴分管一方，不在学校拿工资，各自划定地盘，除去上缴15%的管理费，其余归己的潜在分配模式。但自从股份改革后，合作伙伴转变成为股东，该机构同时也要求他们将经营权统统上缴，收益按照股权的比例分配。

后来，该机构成功登陆纽约证券交易所，主创始人拥有该公司约1/3的股权。随后，在学校发展壮大中，元老们频频出走，他们或自立门户，或另投他主。有人认为，导致主创始人和元老们矛盾激化的关键原因，是该机构股份制度改革对股东既得利益的重新分配。

（3）造就完美团队

大学生创业首先要学会和别人合作组织团队，再者要吃苦耐劳、持之以恒地坚持下去，不能轻言放弃。如果不能组建一个完美的创业团队，创业成功的概率就会降低。

👁 **案例**

大三的小海在校内与8个同学一起合伙经营小商品销售。"现在合伙经营的同学越来越多，每个人都有自己的想法，意见不统一，在管理团队上有什么更好的办法呢？"带着这个疑问，小海主动到创业导师那里咨询。老师在了解了小海的团队和经营情况后指出："你们一起合伙经营小商品，我认为只能称得上'团伙'。我先帮你区分两个概念，'团队'与'团伙'。团队是一个制度比较完善的组织，虽然团队中每个人的想法和主张有所不同，但当领导人决定某项计划时，团队其他成员就应该义无反顾地去执行。而团伙是把几个人聚集在一起做事，这些人都有大概相同的目标，但管理上比较松散。团队和团伙有本质的区别，一个有鲜明的纪律，而另外一个没有任何纪律可言。俗话说，没有规矩不成方圆。没有纪律，就不能成为一个有凝聚力的团体。如果你想在经营上能够统一意见，按照规划好的发展道路走，就该把团伙慢慢地转变成团队。这就要求有相对完善的制度、用人标准等。"听了老师的建议，小海着手加强团队建设，争取创业的更大成功。

4.2.4 创业团队的管理策略和技巧

1. 创业团队的管理策略

创业团队的管理策略主要包括以下3个。

① 系统管理策略。将创业团队看作一个完整的系统，团队每个成员都是系统中的一部分。要从宏观着眼，保证各个团队成员相互协调地发挥功能，以促进团队系统的正常运转。

② 目标管理策略。对团队的整体目标进行细化分解，明确每个团队成员应当完成的工作目标，使团队整体目标转换为团队成员各自目标。

③ 参与管理策略。团队的任何决策都要邀请团队成员集体进行，高参与度将带来高认可度，有利于团队决策的贯彻落实。

2. 创业团队的管理技巧

（1）与团队成员进行主动沟通

团队成员一般会有对于管理者的请示或汇报。请示、汇报之后，管理者一般很少了解后续的情况，而这些情况可能会影响、制约团队的未来。这就需要管理者与团队成员主动进行沟通，帮助团队成员解决工作中遇到的实际问题。

案例

与同伴们创立了电磁炉生产厂后，周伯韦就一门心思地搞研发。他觉得产品科研是企业发展的龙头。这个搞不好，产品质量上不去，企业永远只能原地踏步。久而久之，与同伴们的沟通就少了。每次开会时他照例讨论技术研发的相关问题，而对于市场销售、客户反馈、团队成员关系等信息关注不够。"我想我还是退出团队吧！"当一位团队成员向他说起这个想法时，周伯韦感到很诧异。后来他才了解到事情的详情。原来，两个团队成员间由于经营意见不合一直有些矛盾，而后来由于周伯韦的支持，其中的一位成员开始全面负责市场营销工作，导致另一位成员工作无法开展。

这件事情让周伯韦有了很深的反思。他意识到自己与成员沟通太少，竟然使事情发展到流失团队成员了，他才知晓。此后，他改变了只重科研而轻视其他方面的工作风格，尤其注重与团队成员的沟通，了解情况，及时排除创业团队中存在的一些问题。

（2）对团队成员进行激励

在创业实践中，一个人可能用了几个月或几年都没有成功，他的内心可能会倦怠、消沉，这时就需要管理者适时地进行激励。激励不一定是物质的，有时精神激励也会让团队成员对工作充满信心。

4.2.5   创业领导者的角色与行为策略

1. 创业领导者的角色

创业领导者是创业团队中的领袖，他们的思想、视野、观点对创业的成功起至关重要的作用。作为产品生产的核心，他是专家；作为企业未来的规划师，他是一个理想主义者；作为带领团队前进的人，他又是一个实干家和领导者。一般而言，创业领导者的作用主要体现在把握方向、提升士气、调节团队冲突、代表企业形象等方面。

2. 创业领导者的行为策略

（1）合理使用人才

合理使用人才是创业成功的关键之一。作为创业领导者，应当注重如何用好人才，这也是对每一位创业领导者的一种考验。

◎ **案例**

"只要在某一岗位上的工作时间达到一年，如果公司内部有岗位空缺，员工可以通过人力资源部的内部招聘信息，根据自己的爱好和个人发展目标提出转岗申请。"作为创业团队领导者的曾晟在人力资源会上宣布了他的决定。

在读大学时曾晟就知道了人才对于一个创业团队的重要性。但有了人才用不好，也无济于事。"知人善任"，短短4个字，看似简单，但要真正做到就很难了。曾晟想要通过工作轮换制度，培养团队成员跨专业解决问题的能力，也便于团队成员发现最适合自己兴趣与能力的工作岗位。

在最适当的时间，把最优秀的人才放到最合适的位置，一直是曾晟对自己的严格要求。多年来，他带领的创业团队之所以能够平稳发展，与他在用人方面的努力是分不开的。

（2）科学利用时间

许多创业领导者常常由于摆脱不了事务主义的圈子，终日被琐碎事务纠缠而影响工作的效率，甚至误了大事。创业领导者在创业过程中，要有意识地冲出事务主义的"怪圈"，科学利用时间，提高领导工作效率。

◎ **案例**

周坤鹏和刘名扬是武汉某大学的大二学生。来自农村家庭的他们在家境并不宽裕的情况下，从大一入校开始，就在校内做勤工俭学，后来他们还利用周末的时间在校外做些兼职。

一次偶然的机会，他们看到学校附近尚无专门卖鲜花的商店，作为同班且同寝室的好友，周坤鹏和刘名扬两人经过商量后，决定每人都拿出大学课余时间打工积攒的5000元，开始创业。

新学期开学后的近两个月时间里，他们两人课余时间一直奔波于花市和学校之间，一方面进货，了解相关信息和知识，另一方面学习自己的专业知识。可是几个月下来他们感觉有些疲于奔命，从早上5点开门到晚上10点多关门，白天既要上课还要进货，有时候实在忙不过来。总是顾了学习，顾不了花店的经营，时间只有那么多，很难兼顾。

发现了这个问题之后，他们两人开始思考怎样才能在有限时间内兼顾创业与学习。首先他们得出一个结论，两人如果要做到学习与创业兼顾有点不太现实，所以他们决定聘用一个人帮忙，很快他们请了一位原先在附近开花店的汤女士加盟经营，并请她负责下午看店。

同时，他们对两人的时间也做了合理安排。以往都是两人同时进货、看店，造成了时间的浪费。重新安排之后，两人分别行动，上午轮换着去进货和看店。同时，他们还为花店做了网站，在两人都要上课的上午或晚上，关闭店门并在店门挂上网站的网址，请顾客上网购买，然后在指定的时间完成送货。这些办法实行后，他们总算摆脱了分身乏术的困境。

【点评】

在现实中，没有一个创业者的时间是足够使用的。作为创业者，更是处于疲于奔命的状态。这时，如何利用好时间，用最短的时间解决最多的问题就至关重要了。

4.2.6　创业团队的社会责任

◎ **案例**

王辉一手创办的四川特色产品公司成立后，已经吸纳了50多名残疾人就业。作为一家设计、制作、销售四川特色产品的公司，王辉说他将把公司打造成中国残疾人第一品牌。中文专业毕业的王辉曾经在广告公司做过业务员，30岁的时候他自己创办了一家广告公司。出于内心强烈的社会责任感，他喜欢聘请残疾人。

2006年3月开始，王辉先后在各街道设立助残工作点，安置了7名残疾人就业，主要做一些文具配送工作。但是残疾人去干普通人也在做的事，肯定不是出路。王辉和自己的广告公司的设计师沟通，并在区、市残联的帮助下，于2008年成立了这家四川特色产品公司，包括蜀心茶叶、残疾人工艺品、蜀绣、竹编、布艺等。

现在，他的公司在成都已经有几家连锁店，每年的产值虽然只有50多万元，却直接、间接地帮助了50多名残疾人就业，平均每个人的月收入都在1000元左右，高的甚至可以达到三四千元。

的确，社会责任并不只是创业成功的企业才有，处在初期的创业团队同样有这样的责任。但这时，他们承担社会责任的方式并不是捐款、修路、建学校，而是真正为社会缔造一个成功的企业，向社会提供新的就业岗位。

◎ **案例**

2008年7月，重庆某大学传媒艺术系的大二学生金操与庞海洋跟着老师搞暑期调研。金操发现，重庆很多只有十几个人的品牌设计公司生意都不错，于是他萌生了办工作室的想法。听到金操的想法，早想创业的装潢专业的庞海洋立即表示赞同。但租场地的资金首先让来自农村的金操和庞海洋犯了愁，两人就向老师求助，想让他帮着出出主意。老师告诉他们只要负责找到新同事就行，房子的事情他来解决。金操没想到，有创业激情的人其实并不少，仅仅一周的时间，整个团队的主创人员已全部确定下来。工作室的成员各有所长：在大学生机器人比赛中认识的大三学长胡斌动手能力强；参加辩论赛认识的大三学姐严莎莎以口才见长；大一的学弟黄勇计算机玩得转，软件技术好；有在广告公司打工经历的丘斌以创意见长；中文系大三学生刘文则写得一手好文章，擅长把握品牌的文化定位和人文精神；还有刘德海，擅长编程并曾获得过微软编程比赛大奖……他们抱团在一起，正好是一个设计公司完整的人员配备。

在老师的协调下，学校答应把一间80多平方米的教室免费提供给他们用。一个月后，工作室正式亮相。他们给自己"封官"：设计总监、策划总监、行政总监……工作室10个人，人人是老板。

为了解决资金问题，大家轮流出去跑业务，拜访客户的脚步一分钟也舍不得停下。在得知家庭连锁洗衣店"衣能净洗衣"要做企业形象设计时，很感兴趣的金操直接找到这家企业。经过几次沟通，这家洗衣店老板最终拍板："我不管你们公司是大还是小，只要设计出来的我们满意，价格合适，我们就放心给你做。"

接下这笔单子后，每个人都格外珍惜这次挑战。为了让设计与众不同，金操和同事们到洗衣店的市场一线了解和观察消费者的购买行为，查阅了大量资料。最终他们拿出了两套设计方案，而两套方案都得到了客户的认可。

2010年，金操和庞海洋这些2007级的学生即将毕业，但学校承诺仍然让他们免费使用这间教室。

2010年6月，重庆市政府出台征求第八届中国（重庆）国际园林博览会吉祥物的公告，金操和庞海洋创立的工作室格外重视这个机会，仔细查看客户的项目要求，苦苦思索：吉祥物要是重庆市整体精神的抽象体现，要有地域特色，还得反映出这个可爱城市的面貌……终于，根据重庆别称"山城"设计出了两个可爱的吉祥物——珊珊和诚诚。

2010年7月，第二届西部国际动漫节在重庆举办。在学校的支持下，工作室承担下了本学校展厅的装修方案，这是他们首次接下的大型展会项目。他们充分利用从学校湖里捞上来的鹅卵石，艺术学院用剩的废纸箱，从学校附近捡的碎木块，营造出了别具一格的视觉效果。这次布展，他们没花多少钱，却换来了10万元的意向订单。

接着，一个好消息传来，重庆市"刮起了"大力发展微企的政策"旋风"。2010年8月，工作室向有关部门提出申请；9月中旬，公司获批成立，2010年9月底，他们的工作室变成了公司。10万元注册资金中，财政出了4万元，按照相关政策，他们还得到税收减免和金融支持，3年内工商执照审验费用全免。

2011年，公司半年的业绩突破500万元，纯利润50多万元，令同行对这些"毛头孩子"刮目相看。到了2012年，他们的业务已经遍布深圳、东莞、北京、福建等地，客户中不乏雀巢公司、上海采瑞化妆品有限公司等大型企业。

【点评】

上述案例中大学生创业成功的原因可以归结为以下几点。

① 他们都拥有一个共同的梦想：拥有一家属于自己的企业。无论是倡导创立工作室的金操还是后来加盟的9位同学，都有着火热的激情。工作中，这种激情更转换为灵动的创意，为工作室的发展增添了动力。

② 团队成员各有所长，组建了一个较为完美的团队。设计总监、策划总监、行政总监……工作室10个人，人人是老板，但都各有所长，各司其职，共同为工作室的发展贡献自己的力量。

③ 利用优惠的创业政策，使事业腾飞。如果不是发展微企的政策"旋风"，如果没有税收减免和金融支持，他们的工作室很难成立，更难以获得迅速发展。

素质拓展

表4-1所示为企业经营能力和素质调查表，其中在A栏和B栏中各有一些表述，如果A栏里的表述符合你的情况，请在A栏下面的空格里填写2；如果B栏里的表述符合你的情况，请在B栏下面的空格里填写2（在自我评价时要诚实，这些练习针对你个人，它将帮助你评价自己是否具有成功经营企业的技能、经验及素质）。

表4-1　企业经营能力和素质调查表

创办企业的动机			
A		B	
我有一份工作		我没有工作	
在决定创办自己的企业之前，我有一份好的工作		在决定创办自己的企业之前，我没有一份好的工作	
我从自己干过的每一份工作中都学到了一些东西，我发现工作很有意思		我工作只为赚钱。工作没有什么乐趣，我对工作兴趣不大	

创办企业的动机	
A	B
我想让我的企业成为我终生的事业	我想创业,是因为没有其他选择
我想拥有一家企业,这样我能够为我的家庭提供更好的生活方式	我想创办企业是因为想取得成功。富人都有自己的企业
我坚信,我的成功与否更多地取决于自己的努力	一个人不论做什么,要想成功,都需要其他人的许多帮助
总计	总计

风险承受能力	
A	B
我坚信,要在生活中前进必须冒风险	我不喜欢冒风险,即使有机会得到很大的回报也是这样
我认为风险中也蕴含机会	如果可以选择,我愿意以最稳妥的方式做事
我只有在权衡了利弊之后才会冒风险	如果我喜欢一个想法,我会不计利弊去冒风险
即使投资于自己企业的资金亏掉了,我也愿意接受这样的现实	投资于自己企业的资金可能会亏掉,我难以接受这样的现实
不论做任何事,就算我对这件事有足够的控制权,我也不会总是期待完全控制局面	我喜欢完全控制自己所做的事情
总计	总计

坚韧不拔和处理危机的能力	
A	B
即使面对极大的困难,我也不会轻易放弃	如果存在很多困难,真的不值得为某些事去奋斗
我不会为挫折和失败沮丧太久	挫折和失败对我的影响很大
我相信自己有能力扭转局势	一个人能自己做的事情是有限的,命运和运气起很大的作用
如果有人对我说不,我会泰然处之,并会尽最大的努力改变他们的看法	如果有人对我说不,我会感觉很糟并会放弃这件事
在危急情况下,我能保持冷静并找出最佳的应对办法	当危机升级时,我会感到慌乱和紧张
总计	总计

家庭支持	
A	B
我会让家人参与对他们产生影响的企业决定	我不会让家人参与对他们有影响的企业决定
对企业的全心投入,使我不能用很多的时间和家人在一起,他们会理解我	对企业的全心投入,使我不能用很多的时间和家人在一起,他们会感到不快
如果我的企业最初不是很成功,并且给家人带来经济上的困难,他们愿意忍受	如果我的企业最初不是很成功,并且给家人带来经济上的困难,他们会十分生气
家人愿意帮助我克服企业遇到的困难	家人可能不愿意或者没有能力帮助我克服企业遇到的困难
家人认为,我创办企业是一个好主意	家人对我创办企业感到担心
总计	总计

主动性	
A	B
我不惧怕问题,因为问题是生活的组成部分,我会想法解决每一个问题	我发现解决问题很难。我害怕这些问题,或者干脆不想它们
当我遇到困难时,我会尽全力去克服困难。困难是对我的挑战,我喜欢挑战	如果我遇到困难,我试图忘掉它们或等待其自行消失
我不会等待事情的发生,而是努力促使事情发生	我喜欢随波逐流并等待好事降临
我总是尝试做一些与众不同的事情	我只喜欢做我擅长做的事情
我认为所有的想法可能都会有用,因此,我会尽可能地寻求想法,并看其是否可行	人会有很多想法,但是一个人不可能做所有的事情。我愿意坚持自己的想法
总计	总计

续表

协调家庭、社会和企业的能力	
A	B
在企业能够承受的范围之内，我从企业拿出钱来供我和家人使用	我的家人需要多少钱，我就从企业拿出多少钱
如果我的朋友或家人有经济困难，我只会用预留给我个人的钱来帮助他们。我不会从我的企业拿钱	如果我的朋友或家人有经济困难，我将帮助他们，即使这样做可能会损害我的企业
我不能把大量的工作时间用在家人和社会关系上面而忽略我的企业	我会优先考虑家人和社会关系，他们高于企业
家人和朋友必须像其他顾客一样，为使用我企业的产品、服务或资产付钱	家人和朋友将从我的企业得到特殊的好处和服务
我不会因为顾客是我的朋友或家人就允许他们赊账	我会常常让我的朋友和家人赊账
总计	总计
决策能力	
A	B
我能够轻松地做决定，我喜欢做决定	我发现做决定很难
我能独立做出艰难的决定	在我做出艰难的决定之前，我会征求很多人的意见
一旦需要做出决定，我常能尽快地决定做什么	我尽可能长地推迟做决定的时间
在做决定之前，我会认真思考并考虑所有可能的选择	我凭感觉和直觉做出决定，我只知道眼下要做什么
我不怕犯错误，因为我可以从错误当中吸取教训	我经常担心会犯错误
总计	总计
适应企业需要的能力	
A	B
我只提供顾客需要的产品或服务	我只提供自己喜欢的产品或服务
如果我的顾客想要更便宜的产品或服务，我将想办法满足他们的需求	如果我的顾客想要更便宜的产品或服务，他们只得找其他的企业
如果我的顾客想赊购，我会想办法用最低的风险为他们提供赊购服务	我不会向任何人赊销我的产品或服务
如果将企业迁到其他地方会使生意更好，我准备这样做	我不准备重新选择企业地点，我的企业在哪里，顾客和供货商就必须到哪里
我将研究市场趋势，并力图改变工作态度和方法，以跟上时代的发展	最好按照我已经知道的方法去工作，跟上时代的发展太难了
总计	总计
对企业的承诺	
A	B
我善于在压力下工作，我喜欢挑战	我不善于在压力下工作，我喜欢平静和轻松
我喜欢每天工作很长时间，我不介意占用业余时间	我认为工作以外的时间很重要，人不能长时间工作
我愿意为自己的企业而减少与家人及朋友在一起的时间	我不愿意为自己的企业而减少与家人及朋友在一起的时间
如果有必要，我可以把社交活动、休闲娱乐和业余爱好放在一边	我认为在社交活动、休闲娱乐和业余爱好上多投入时间是很重要的
我愿意非常努力地工作	我愿意工作并做必须做的事情
总计	总计
谈判技巧	
A	B
我喜欢谈判，并且经常在不冒犯任何人的情况下达到目的	我不喜欢谈判。按照别人的建议去做更容易
我与别人沟通得很好	我与别人沟通有困难
我喜欢倾听别人的观点和选择	我对别人的观点和选择一般不感兴趣
谈判时，我会考虑什么对自己有利，什么对别人有利	如果参加谈判，我更愿意作为一个听众并旁观事态的发展
我认为，在谈判中达到目的的最好方法是努力寻找一个使双方都受益的方案	因为企业是我的，所以我的意见最重要。谈判中总有一方会失败
总计	总计

通过上面的练习，能够评估你在企业经营方面的强项和弱项。很多人不适合自己创办企业，他们具备其他的能力和素质，而这些能力和素质使其更适合做医生、秘书、艺术家、技师或教师。请选择并标出那些符合你自己情况的表述，分别将A栏和B栏里的得分相加，然后把这些分数填入表4-2中。

① 如果你的A栏得分为6～10分，说明你在这些方面的能力和素质是你的强项，请在表4-2中"强"下面画"√"。

② 如果你的A栏得分为0～4分，说明你在这些方面的能力不太强，请在表4-2中"不太强"下面画"√"。

③ 如果你的B栏得分为6～10分，说明你在这些方面的能力或素质是弱项，请在表4-2中"弱"下面画"×"。

④ 如果你的B栏得分为0～4分，说明你在这些方面的能力或素质有点弱，请在表4-2中"有点弱"下面画"×"。

表4-2　企业经营能力和素质综合评分

素质/能力	A		B	
	强 （6～10分）	不太强 （0～4分）	有点弱 （0～4分）	弱 （6～10分）
创办企业的动机				
风险承受能力				
坚韧不拔和处理危机的能力				
家庭支持				
主动性				
协调家庭、社会和企业的能力				
决策能力				
适应企业需要的能力				
对企业的承诺				
谈判技巧				
总分				

⑤ 如果你A栏的总分为50分或更高，你就具有一个好企业主所应具备的各项素质。

⑥ 如果你B栏的总分为50分或更高，你需要对自己的弱项加以改进，将弱项转变为强项。

⑦ 如果你缺乏创办企业必备的素质和能力，有以下方法可以提高你的企业经营技巧并增强你的素质。

- 与企业人士交流，向他们学习。
- 参加一个培训班或学习班，接受培训。
- 做一个成功企业人士的助手或学徒。
- 阅读一些可以帮助你提高经营技巧的书籍。
- 阅读报纸上关于企业的文章，想想这些企业的问题及它们解决问题的方法。

⑧ 也许你应该考虑不是一个人"去战斗"，而是加入一个团队共同创业，实现梦想。

课后思考

1. 假如你要创业，你觉得自己的心理素养还有哪些欠缺？如何培养？
2. 如果让你为创业素质与能力排序，你如何安排？为什么？
3. 如何组建一支创业团队？

05

第5章
创业机会与创业风险

　　吕能在毕业之后回到了自己的家乡进行创业。他本来有一份不错的工作，待遇也好，以后的发展也不错。但是，他觉得这样生活很没劲，他希望过一点有挑战性的日子。为什么要回到自己的家乡创业呢？因为他发现，他的家乡没有直接通铁路，小县城的快递业务也不发达，面对现在日益发展的快递行业，他觉得前途无量，他想好好地把这一行在家乡发展起来。之后，当大型的快递企业进来的时候，他就可以选择被收编，这样是非常不错的一个战略。还有非常重要的一点，就是国家对于他所从事的物流行业的扶持政策：自开业之日起，国家对于该行业第一年是免征所得税的，而第二年可减半征收所得税，这对于成本的控制有非常大的帮助。而他现在只需要苦干实干，把家乡县城的快递业务拿下来即可。经过一年多的打拼，他的公司拥有了10辆面包车、30辆电动车，员工60多人，面包车主要负责乡镇到县城的包裹运输，电动车主要负责从乡镇到村庄的运输。正如他所预料的一样，申通快递、圆通快递等也准备开始向他所在县城扩张，而他也和双方达成协议，同时为双方服务，公司的发展将会越来越大。

　　21世纪以来，我国的高等教育已由最初的大学精英化逐渐向教育大众化的方向转变。同时这一转变也造成了大学生毕业之后就业压力的增加，因此，也就出现了许多毕业生从就业转而创业的择业变化。相对于就业，选择创业对大学生则提出了更高的要求。虽然在校深造期间，大学生掌握了一些较高理论性的知识，但创业则更多考验的是大学生的一种综合能力。如何看待自己的创业问题，如何正确地选择创业机会，这是当代大学生不得不去认真思考的问题。

5.1　创业机会的识别与开发

　　机会都是靠人自己去创造的，等着机会从天而降的人注定只能是一个生活的失败者。善于在问题中发现机会，这是一个优秀的创业者所必须具备的一项素质。

5.1.1　创业机会的五大来源

1. 从"需求"中挖掘机会

创业的根本目的是满足市场和客户的需求。优秀的创业者能及时发现这样的问题，并且利用这样的问题作为自己的创业项目。

案例

　　小谭在学校主办的一次书法展中偶然发现，大家都从大学城当地商铺买纸笔，100 张宣纸的价格在 500 元左右，而在市区书法用品专卖店，同样的纸张售价仅为 200 元。在大致摸清楚各个高校纸张的需求量之后，小谭决定创业——卖书法学习必用的笔墨和宣纸。创业资金则是从生活费中省下的 4000 元。首先，他跑到市区，请当地商户以更便宜的价格卖给自己。其次，他复印了几百份传单，发给自己熟识的书法协会会长，从而有了第一批顾客——各高校书法协会的会员。再加上售价低于大学城当地商铺，他的生意一开始就比较顺畅。为了节约成本，几乎是每隔两天，小谭就要根据订货的要求到市区去取货，有时要抱着半人高的货物挤公交车。苦和累他都忍了下来，卖了两学期笔墨和宣纸，小谭赚到了自己人生的第一桶金。

2. 从"变化"中把握机会

　　当市场结构和需求发生重大变化时，必然会产生一些市场空白。而这些市场空白就是可利用的最佳创业机会。世界知名的管理大师彼得·德鲁克曾经说过："成功的创业者，就是那些善于在市场上寻找变化，并能随着这种变化做出及时积极回应的投资人。"这种变化或许来自国家政策的调整，或许来自某行业的结构调整、市场重新整合，也或许来自人口结构的变化及人们精神上的需求变化等。例如，随着私人轿车拥有量的增加，衍生出代驾、汽车销售和保养维修、二手车买卖等诸多创业机会。

案例

　　20 世纪中期，美国的一个城市曾塑有一座巨大的铜质女神雕像。当地许多居民都以拥有这座雕像而为自己的城市感到自豪。但是由于政府对城市进行重新规划，这座雕像不得不接受被推倒的厄运。当地许多人都为此深深叹息，他们为以后再也看不见这座雕像而感到伤感，似乎这座雕像就是他们的精神寄托。

　　而一位在当地上学的大学生敏锐地发现了这里面蕴藏的巨大商机。他四处筹钱，从政府手里，以非常低廉的价格买下了雕像残骸（对于这堆废铜烂铁，政府正愁没法处理）。然后这名大学生租用了一家冶炼厂的车间，他将雕像上的废铜烂铁重新入炉，制作出一个个和原来雕像一模一样的小人像进行兜售，还利用雕像上面的铜制作出一套女神雕像纪念币发行。为了增加销售效果，这位大学生打出广告："您花上一点点的钱，买下一座小人像，就能将女神永远留在您的家里。购买一套纪念币，就能将您曾经的美好回忆永远保存"。果然，这样的宣传方法起到了巨大的效果，短短 3 个月，小人像和纪念币被当地人抢购一空，而这名大学生也因此狠狠地赚了一笔。

3. 自主发明创造机会

　　如今是一个高速发展的时代，各行业的创新产品都在源源不断地涌入市场。假如你自信自己有这样的实力和潜力，关注一下创新行业，在创新产品上多下功夫，这也不失为一种不错的创业选择。

这方面最典型的人物当数曾经的世界首富比尔·盖茨。比尔·盖茨在哈佛大学就读时，计算机也还只是一个新兴行业，而他却疯狂地迷恋上了这个当时的"新鲜玩意"，索性大学还未毕业，就主动退学开始了自己的创业之路。由于比尔·盖茨在计算机行业的开发和研究，从而有了后来的计算机走进千家万户的盛况。也正是因为比尔·盖茨较早地发现了计算机行业的潜力，这才有了后来的"计算机王国"——微软公司。

比尔·盖茨靠自身的发明创造，造就了自己的商业帝国。但是在此提醒在校大学生们，每个人的成功都是有特定的时代、地域、人文背景的。比尔·盖茨的成功，不仅仅因为他是一个计算机天才，还因为他所在的时代背景和环境，不是人人都可以成为比尔·盖茨，也不是所有人都可以像他一样未完成学业就可以去创业。

4. 从竞争中"劫取"机会

同一行业的参与者必然有水平高下之分，又或者在业务水平和经验上参差不齐。一个有实力的创业者面对行业竞争对手时，若能吸取竞争对手的长处，弥补自己的短处，便能逐渐使自己的优势凸显。所以不妨看看自己的同行，他们能给客户提供哪些更优质、更迅捷的服务，这些是否自己能做到。如果自信的你觉得没有问题，或许你已经发现了一个相当不错的创业机会。

5. 新生知识、新生技术里藏有机会

随着生活水平日益提升，人们对于各自的生活质量有了更高的要求。伴随而来的就是产生了许多新生知识、新生技术的开发。或许这些行业平常很少受人关注，但随着社会的发展，这些行业将被绝大多数人所熟知，如生态环保、资源再造利用等，这些关系我们每个人生活的新兴行业里，藏有大量的有待开发的创业机会。

安璇是一名刚大学毕业的学生。她不像大多数的毕业生那样，一头扎进就业大军中，而是开始一门心思捣鼓自己的事业。由于社会经验不足、资金有限、没有进行市场调查等因素，她好不容易开起来的一家创意玩偶店，只开业短短3个月的时间，惨淡的经营业绩让她几乎失去撑下去的勇气。

一次，70岁的外婆戴着老花镜，边看报纸边狐疑地问："妞妞，你那个店里有最近很流行的'神马'吗？明儿也带来让姥姥看看"。明知是网络用语的安璇为了不让外婆失望，斩钉截铁地说："有！"

可是连安璇也没见过的"神马"到底是什么样子的？一回到家，安璇立马到网上搜寻，原来这个"神马"是最近流行的网络用语。有些网友甚至发挥自己的想象力，给"神马"设计出了一个样子：外观似骡子，颈长而粗；头较大，耳呈扇状；体背平直，尾短似球，四肢细长；背毛长达60～80厘米，呈黑色、浅灰或驼色。她灵机一动，依葫芦画瓢，立马手缝一个活灵活现的"神马"。当安璇第二天带着可爱的"神马"到外婆家时，被90后的小表妹看到了，平时就爱稀奇古怪玩意的她央求着要带"神马"到学校去。

次日，表妹就告诉安璇一个好消息，同学们太爱这个"神马"了，都想买一个回去。可数量太多，十分为难的安璇躺在床上辗转反侧，一个想法在她的脑海里闪现。后来，安璇找到一家玩偶生产厂家，经过和厂家细致地沟通，安璇一口气订了1000只"神马"，标码50元的玩偶刚

出炉就被一抢而空。尝到创业甜头的安璇，又赶紧加急订了一批，并且进行了性别角色区分，这给本来就抢手的玩偶更是加了一把力。

　　细心的安璇注意到最近几个月的销售数量有了明显的下滑，在调查中有不少人反映玩偶太过单一。为了改变现状，安璇开始在网上找了更多的网络名字：鹳狸猿（管理员）、鹑鸽（春哥）、萌萌等。这下，安璇的小店又开始红火起来了。现在的她，在网络上广发英雄帖，征集网友们笔下的各种"神兽"，一旦被选中，还会给网友发奖金。这样，源源不断的创意玩偶层出不穷，也给安璇带来莫大的财富。

【点评】

　　在很多人看来，一个简单逗趣的网络用语只是平时玩笑话，但是说者无意，听者有心。安璇的成功更加说明，一个创新的创业项目对刚创业的大学生来说是多么可贵。

5.1.2　创业机会的识别

　　如今发现创业机会并不是什么难事，但是适合他人的机会并不一定适合自己，所以如何去识别创业机会是每一名大学生创业者的必修课。

　　能否准确识别正确的创业机会是能否创业成功的重要前提之一。从创业的角度说，它是创业的起点，也可能是创业的终点。在一个错误的机会里谋求发展，那你所做的一切努力都注定是徒劳的。尤其是对于大学生创业者，本身他们所能支配的创业资金就非常有限，而且大多是借贷来的，如果将这有限的创业资本投入不合时宜的创业项目里，那失败对于大学生创业者的打击将会被放大很多倍，甚至从此失去再次创业的信心。因此，那些希望自主创业的大学生，事先必须对所出现的创业机会有一个比较客观、准确的甄别。大学生对于创业机会的选择，通常可以从以下几个方面考虑。

1. 创业时机是否成熟

　　每名创业者对于时机的把握是具有很大主观性的，这样就需要创业者首先对自己有一个全面、客观的认识，因此在选择创业之前，不妨先问问自己以下几个问题。

　　① 你了解你将要介入的行业吗？

　　② 你有不同于竞争对手的特点吗？

　　③ 你所能协调的各种资源能满足这个项目的需求吗？

　　④ 你是否充分做好了吃苦耐劳的心理准备？

　　⑤ 你是否能接受创业带给你的各种失败和打击？

　　假如你的答案都是肯定的，那你就具备了把握创业时机的主观条件。在创业的过程中，你可以自信地许下承诺，即便失败也有接受这种现实的能力。

案例

　　周伟毕业于北京某艺术学院，毕业之后一直在寻找工作。偶然的机会，周伟结识了一位善于做展览模型的朋友。或许是自己艺术生出身的缘故，周伟慢慢地喜欢上了这位朋友的工作。而且，在向朋友学习的过程中，周伟发现，小小的展览模型里蕴藏巨大的商机。于是跟着这位朋友学习了半年之后，周伟招聘了两个员工，开办了一家模型制作工作室。

　　不久，周伟的工作室就接到了一家大型企业的制作订单。因为是第一次合作，而且这次又是一个大客户，所以周伟对于这个订单格外重视。不过事有不巧，在制作的过程中，制作机械出现了客观故障，导致即将完成的模型功亏一篑。眼见明天就是约定的交付期限，此情此景让两名员工一筹莫展。

但是焦急的周伟并没有绝望。他给客户打电话，真心实意给顾客道歉的同时，又向客户解释了模型制作失败的原因。最终，客户被周伟的诚意所打动，同意再给周伟3天的时间。听到客户说时间可缓，周伟的眼睛又亮了。这次在更换新设备后，周伟对于每一个制作过程不敢有丝毫松懈。在连续工作三天三夜之后，周伟如期将一件质量上乘的模型交给了顾客。交货的时候，顾客见周伟的眼睛里布满了血丝。优质的模型，再加上真诚的态度，换来了客户的赞赏。此后这家企业不仅多次在周伟这里制作模型，还将周伟的工作室推荐给了多家企业。

【点评】

一个看似就要失败的生意，为什么最后能奇迹般地顺利做成呢？以自己的真诚和客户交流，打动客户；面对失败永不言弃及坚韧的吃苦精神，这就是一个成功创业者所具有的品质。

创业时机是否成熟，客观因素也是不得不考虑的。另外，对于呈现在你面前的创业机会，你是否发现了其中蕴藏的巨大商机，而且这种商机里的潜力是否足够巨大。假如这些外在的条件并没有达到你的预期，那你就得再三掂量一番。只有将创业能力和创业条件进行一个综合的考量，你才能确定这是不是一个最佳的创业时机。

2. 对市场信息和变化规律的掌握是否充足

市场环境往往决定了你的创业构想是否可行。尤其是在如今变幻莫测的市场里，"昨天的老皇历并不一定适用于今天"。创业者必须做到随时掌握市场的动态信息，才能长久地立足于不败之地。特别是对大学生创业者来说，在学校所学到的只是一些常规知识，而市场里大多考验的是创业者随机应变的能力。跟不上市场变化的节奏，你很有可能会被市场无情地淘汰。因此，掌握市场动态信息和其变化规律也是识别创业机会的必要参考。

3. 创业机会的选择是否实际可行

我们总是劝人要"量力而行"，这句话同样也非常适用于大学生创业者。假如对于上述两方面，你的答案都是肯定的，但是你所看中的创业机会却极大超出了你所能承受的最大范围，在不切实际的创业选择上一意孤行，这样的创业无异于飞蛾扑火。创业者憧憬成功的同时，也应该考虑到可能到来的失败。试问失败之后，你将何去何从？

◎ **案例**

王静在大学期间就一直经营着一家网店。虽然只是兼职，但是由于王静细心打理他的小店生意，每个月赚一笔生活费还是不成问题的。

大学毕业后，王静也没有上哪个单位应聘，而是选择开了一家卖帽子的小店。虚拟加实体店的经营方式，很快让王静尝到了创业的甜头，生意也一天比一天好。

积攒了一定的家底之后，王静就计划搞点更大的项目。于是在思考一番之后，王静又做起了童装的生意。王静想的是：童装和帽子都是人们必需的穿戴品，既然卖帽子自己能卖得好，卖童装没理由做不好。

但是真的卖起童装来，很多头疼的实际问题就出来了。首先就是款式问题。帽子基本都是大同小异，对样式的要求相对来说没那么高。而童装的样式却是琳琅满目，进货时样式没选好就没有顾客光顾。另外，童装还有很多的尺寸问题，而王静过去又不是很关注这些问题，所以那些童装的大号小号什么的，把王静的眼都看花了。眼见自己的童装生意日落西山，开张没一个月，王静就不得不关张大吉。

【点评】

像王静这样的大学生创业者，就是没能做到量力而行，冷静、客观地分析自己的创业机会。创业就如同战场，创业者需要仔细考虑创业过程里的天时、地利、人和等因素。王静因为经营帽子的成功，就乐观地以为童装经营也没问题。显然，这样的创业想法本身就带有很大的风险性，所以他的失败也是再正常不过的事情。

对于创业机会的开发，应秉承以下 3 个原则。

（1）正确认识资源平台

长久以来，人们一直认为创业只有在具备了资源平台的前提下，才能顺利地开展。这样的说法也有一定的道理。创业者在决定开发一个创业机会后，一般会努力收集有关方面的可利用资源（人脉关系、社会关系、资金提供者、技术等），从而将所有可利用资源重新整合，以此作为自己创业的基础。可对大学生来说，实际情况使他们很难获得足够的资源。可靠的项目、充足的资金、发达的人脉网，这些是大学生创业者很难具备的。因此，大学生创业者需要转变创业开发的思路。创业并非只有在各种资源齐备的前提下才能进行，资源缺乏的情况下也能找到机会。从创业的本质来说，市场经济无论好坏，始终都有机会，我们要做的就是去发现、利用这些机会。

案例

小陆在读大二时发现代售校园手机卡很有市场，于是应聘为移动公司的校园代理。一个月下来，他卖出了近 30 张卡，赚了 1000 多元。初获成功的小陆开始认真地研究这项业务，并找到了几个同学，开始了他的业务拓展计划。然而，这种商业业务在高校推广并不顺利，摆摊设点得不到校方的批准。碰了几次壁后，小陆突然发现了学生会这一巨大的资源，通过平时在学生会的关系，他们很快就与十几所高校的学生会建立了联系，并得到了他们的支持。这样，高校市场一下子就打开了，月售出 300 多张卡，比第一个月翻了 10 倍多。眼看业务日渐扩大，他想要做更大的代理。他找到了所在城市的移动公司，表达了这个愿望，但考虑到学生的资金实力，移动公司一般不让学生直接做代理。于是，他们把目光投向了县市的移动公司。通过努力，3 个县区的移动公司同意了让他们做代理。他们在大学城租门面，固定地点，扩大经营。市级移动公司得知后，为了扩大校园市场，就前来与他们商量设立代理的事情，曾经被拒绝的美差如今主动找上门来，他们自然就牢牢地把握住了。代理设立后，正好迎来售卡的高峰期——9 月开学，这个月他们售出一万多张卡，一个月就赚了 20 万元。

（2）具有创新理念

对大学生而言，创业本身就是对生活方式的一种创新。因此，创新是大学生创业的动力和发展的源泉。根据相关机构统计，近几年来，全世界平均每年约有 100 万家新公司诞生，而且这些新公司大多数都是那些有意创业，或者找不到工作被逼创业的大学生所开办，规模多在 20 人以下。因此，创新与创业是当代大学生的历史使命，学习创新与创业是我们立人、立家、立业、立国的首要任务。只有具备创新精神的创业者，在市场中才更具生命力和竞争力。

👁 **案例**

　　李洋大学毕业时正赶上金融危机，但这并不是李洋向命运低头的理由。李洋和几名刚毕业的大学生开起了天气生活馆，靠天赚钱。李洋介绍说，店里陈列的商品统称"天气商品"。遇到雨天，店里最显眼的位置放上各式各样的雨具。晴天时，店里的产品就改为太阳镜、太阳帽等。季节变换时，店里也会做出相应的调整，尽量满足客户的需要。为了突出特别，李洋还专门找到厂家定制一些外贸货物，为情侣定制手绘品。这些别出心裁的措施为小店赢来了不少的人气，再加上价格适中，自然吸引了不少客户。

　　（3）尊重个性与兴趣

　　有句话叫"兴趣决定成功"，或者还可以在后面加一句"兴趣包容失败"。当你做一件感兴趣的事时，你可以斗志高昂、乐此不疲地沉浸在努力的喜悦中。即便最后的结果不尽如人意，但是你还是为能拥有这样一次"检验兴趣"的过程而感到欣慰，不会感到一无所获。同样，当你决定实施一项创业机会时，也应该尊重你的个性与兴趣。假如机会与兴趣存在严重冲突，你应该评估一下利润与快乐的损失是否成正比。

5.1.3　创业机会评估

1.　创业机会评估的要素

　　了解了创业机会的基本内容，下一步要思考的问题就是如何来考量和把握这些内容，也即创业机会评估的要素问题。作为创业者，难能可贵的地方就在于他能发现其他人所看不到的机会，并迅速采取行动来把握创业机会并实现创业机会的价值。在很长一段时间里，人们认为一般人群不可能看到创业机会，发现机会并成为创业者的个体具有别人所没有的特殊禀赋，识别创业机会难以模仿，更不可学习。但是，随着学术研究的深入，人们逐渐总结出了一些识别创业机会的规律和技巧。正如物理学教授不可能指望每个人都成为爱因斯坦一样，掌握有关识别创业机会的知识虽然不能保证能够发现创业机会，但确实能给人们的行动提供思路和指导。关于创业机会评估的要素，一般包括以下几个。

　　（1）原始市场的情况

　　原始市场的情况主要是指你想生产的产品目前的市场发展规模是已经非常成熟还是刚刚起步，还是有需求但市场没有满足的产品，还是没有需求也没有市场的产品等。不同的市场情况下，你把握这次机会的方式和方法就不一样。例如，如果你了解计算机的发展历史就会发现，计算机的最初雏形是那么的笨重，那么没有效率，但是它却一步步发展了，直到现在的越来越轻便，越来越有效率。计算机能实现这种发展的原因就是计算机的发明者很好地了解了市场的需求，了解了目前市场的现状。对原始市场没有了解的创业都是盲目的、冲动的、不切实际的。

　　这个市场会存在多长时间是创业者对创业机会进行评估时需要考虑的另外一个问题。商场如战场，很多时候，机会就是转瞬即逝。把握住机会，就能取得这场战役的阶段性胜利。这种例子无论是在生活中还是在市场中都有很多。

　　（2）创业项目的回报率

　　创业之初的创业者都面临的一个发展瓶颈就是资金。因为企业从建立开始，每时每刻都在消费，不管盈利与否，这点对于初创型的企业是一个很大的隐患。一般企业解决这个问题的方法就是快速盈利，积累一部分资金和向外寻求短期的资金支持（寻求天使投资、私募基金等）。而对于初创型的企业比较可能的解决资金问题的途径就是找准机会，及时把握，短期创造高收益。因为其他途径的资金不是难以获得就是其中会有一些附加条件，而从长远发展来看，这些条件很多是不利于企业做强做大的。短期内快速创造高收益的方法就是深入了解自己想开发的项目，看看是否能给自己创造高收益。

（3）机会和创业者之间的匹配度

机会和创业者之间的匹配度主要指的是机会与创业者之间性格类型的匹配度。好机会不是每个人都能利用好的，坏机会也不是每个人都不能用好的。不同性格类型的人对机会的把握能力和利用能力也不同。

创业机会从某种意义上讲，指的就是市场需求，也即价值诉求。而性格类型从某种意义上讲指的就是市场需求的驾驭能力，也即价值创造能力。

（4）创业机会中是否存在致命的缺陷

创业机会中是否存在致命的缺陷主要是指创业机会是否违反法律法规等。任何凌驾于社会法律法规之上的创业探索都是走不长久的。

2. 创业机会评估准则

（1）市场评估准则

市场评估准则主要包括以下几点。

① 市场定位：一个好的创业机会必然具有特定市场定位，专注于满足顾客需求，同时能为顾客带来增值的效果。因此，评估创业机会的时候，可由市场定位是否明确、顾客需求分析是否清晰、顾客接触通道是否流畅、产品是否持续衍生等来判断创业机会可能创造的市场价值。创业带给顾客的价值越高，创业成功的概率也会越大。

② 市场结构：针对创业机会的市场结构进行6项分析，包括进入障碍、供货商、顾客、经销商的谈判力量、替代性竞争产品的威胁，以及市场内部竞争的激烈程度。由市场结构分析可以得知新企业未来在市场中的地位，以及可能遭遇竞争对手反击的程度。

③ 市场规模：市场规模大小与成长速度也是影响新企业成败的重要因素。一般而言，市场规模大者，进入障碍相对较低，市场竞争激烈程度也会略为下降。如果要进入的是一个十分成熟的市场，那么纵然市场规模很大，由于已经不再成长，利润空间必然很小，因此这类新企业恐怕就不值得再投入。反之，一个正在成长中的市场，通常也会是一个充满商机的市场。所谓水涨船高，只要进入时机正确，必然会有获利的空间。

④ 市场渗透力：对于一个具有巨大市场潜力的创业机会，市场渗透力（市场机会实现的过程）评估将会是一项非常重要的影响因素。聪明的创业家知道选择在最佳时机进入市场，也就是市场需求正要大幅成长之际，你必须做好准备，等着接单。

⑤ 市场占有率：从创业机会预期可取得的市场占有率目标，可以评估企业未来的市场竞争力。一般而言，要成为市场的领导者，最少需要拥有20%以上的市场占有率。但如果低于5%的市场占有率，则这个新企业的市场竞争力不高，自然会影响未来企业上市的价值。尤其处在具有赢家通吃特点的高科技产业，新企业必须拥有成为市场前几名的能力，才比较具有投资价值。

⑥ 产品的成本结构：产品的成本结构也可以反映新企业的前景是否亮丽。例如，从物料与人工成本所占比重之高低、变动成本与固定成本的比重，以及经济规模产量大小，可以判断该企业创造附加价值的幅度和未来可能的获利空间。

（2）效益评估准则

效益评估准则主要包括以下几点。

① 合理的税后净利：一般而言，具有吸引力的创业机会至少需要能够创造15%以上

的税后净利。如果创业预期的税后净利是在5%以下，那么这就不是一个好的投资机会。

② 达到损益平衡所需的时间：合理的损益平衡时间应该能在两年以内达到，但如果3年还达不到，恐怕就不是一个值得投入的创业机会。不过有的创业机会确实需要经过比较长的耕耘时间，通过这些前期投入，保证后期的持续获利。在这种情况下，可以将前期投入视为一种投资，以容忍较长的损益平衡时间。

③ 投资回报率：考虑到创业可能面临的各项风险，合理的投资回报率应该在25%以上。一般而言，15%以下的投资回报率是不值得考虑的创业机会。

④ 资本需求：资金需求量较低的创业机会，投资者一般会比较欢迎。事实上，许多个案显示，资本额过高其实并不利于创业成功，有时还会带来稀释投资回报率的负面效果。通常，知识越密集的创业机会对资金的需求量越低，投资回报反而越高。因此，在创业开始的时候，不要募集太多资金，最好通过盈余积累的方式来创造资金。而比较低的资本额，将有利于提高每股盈余，并且还可以进一步提高未来上市的价格。

⑤ 毛利率：毛利率高的创业机会，相对风险较低，也比较容易取得损益平衡。反之，毛利率低的创业机会，风险则较高，遇到决策失误或市场产生较大变化的时候，企业很容易就遭受损失。一般而言，理想的毛利率是40%。当毛利率低于20%的时候，这个创业机会就不值得予以考虑。软件业的毛利率通常都很高，所以只要能找到足够的业务量，从事软件创业在财务上遭受严重损失的风险相对会比较低。

⑥ 策略性价值：能否创造新企业在市场上的策略性价值也是一项重要的评价指标。一般而言，策略性价值与产业网络规模、利益机制、竞争程度密切相关，而创业机会对于产业价值链所能创造的增值效果，也与它所采取的经营策略与经营模式密切相关。

⑦ 资本市场活力：当新创企业处于一个具有高度活力的资本市场时，它的获利回收机会相对比较高。不过资本市场的变化幅度极大，在市场高点时投入，资金成本较低，筹资相对容易。但在资本市场低点时，投资新企业开发的诱因则较低，好的创业机会也相对较少。不过，对投资者而言，市场低点的成本较低，有的时候反而投资回报会更高。一般而言，新创企业活跃的资本市场比较容易创造增值效果，因此，资本市场活力也是一项可以被用来评价创业机会的外部环境指标。

⑧ 退出机制与策略：所有投资的目的都在于回收，因此退出机制与策略就成为一项评估创业机会的重要指标。企业的价值一般也要由具有客观鉴价能力的交易市场来决定，而这种交易机制的完善程度也会影响企业退出机制的弹性。由于退出的难度普遍要高于进入，因此一个具有吸引力的创业机会应该要为所有投资者考虑退出机制，以及退出的策略规划。

5.2　创业风险识别与防范

创业风险是指企业创业过程中所存在的各种风险。由于创业过程中存在各种不确定性和未知性因素，如环境的不稳定、创业机会的复杂、创业团队实力的参差不齐，导致创业的结果也是截然不同的。那么作为大学生创业者，究竟该如何识别创业风险呢？

5.2.1　创业风险的主要类型

创业风险是指由于创业环境的不确定性、创业机会与创业企业的复杂性，以及创业者、创业团队与创业投资者的能力与实力的有限性，而导致创业活动偏离预期目标的可能性。

从创立企业的功能上来说，可以将创业风险分为五大类，即创业管理风险、创业市场风险、创业资金风险、创业技术风险和创业环境风险。

1. 创业管理风险

创业管理，即创业者对机会、资源、团队三者的协调与管理。它要求企业管理层延续注入创业精神和创新活力，增强企业的战略管理柔性和竞争优势。一名优秀的创业者可以不具备优秀的个人技术，但他一定是一名优秀的管理者。发达国家成功的创业企业都是由技术专家、管理专家、营销专家和财务专家所组成的有机结合体。

创业管理风险，即创业者对机会、资源、团队三者任何一方面都有可能出现协调与管理不当的风险。创业管理更强调团队中不同层级员工的协同创业，而不是单打独斗式的创业。

◎ **案例**

2010年，拥有芯片无线传输模块新技术的秦溢创办了自己的公司。这位以才子自居的大学生在同学里面颇有号召力。得到他创办公司的消息，好几个同学院的同学都找到他表示愿意加入一同创业。这些被他吸引而来的人都是平时与他关系较好的同学，好多是在大学期间研讨技术问题时认识和熟悉的，所以说，他的团队，技术实力非常过硬。

公司创立之后，秦溢的主要精力放在了无线传输模块的技术改进方面，公司的管理交给了团队中的一名成员。几个月下来，秦溢发现公司内部纪律不严、员工工作积极性不高，于是他开始留心日常管理工作。这时他才发现公司的财务工作更是一塌糊涂。

他马上意识到不能再这样下去，要不然公司就会垮了。于是，他找到负责管理工作的团队成员谈心，并主动提出要多承担管理工作。

他的这个想法一说出，负责管理的团队成员便长长地吁了一口气，说："我本来就是做技术的，这几个月让我做管理，真是头都大了，还是你来吧。"就这样，秦溢接过了管理的担子，谁知不试不知道，他自己一管起来才发现管理工作难做。又经历几个月的痛苦煎熬，他决定从外部引进管理人才，最后才化解了公司一成立便存在的管理危机。

拥有先进的技术是技术型公司成功的重要基础之一。但仅有技术，而没有得力的管理人才，先进技术的效用也得不到最大限度发挥。管理不是小事情，它关系到创业者能否充分整合现有资源，形成团队合力，共创成功。

2. 创业市场风险

创业市场风险是指在市场实施期间，由于市场环境的变化而导致创业失败的情况。简单来说，新企业在创业之初，总会推出一些新产品吸引消费者。而消费者因为对于新产品的陌生，许多人都采取观望的态度。假如这种情况长时间持续下去，往往会使企业半路夭折。又或者创业者对产品价格定位的失误导致产品的销售业绩长时间徘徊在低位，也会导致创业的失败。

◎ **案例**

张家兴是南京某大学工业设计专业的毕业生。虽然是一名男生，但他对做饭情有独钟，这大概和他从小身在单亲家庭有一定的关系。由于爸爸去世早，为了让妈妈可以少受点累，他从7岁就开始做饭了。

　　爱钻研的他，从小就研究怎样才能让自己在厨房里干活少受点累。读大学后，他把自己的专业和平时的思考结合起来。由于平时一直苦于做饺子馅太困难，他就总是研究如何才能使做饺子馅的工作轻松一点。

　　在经过了数百次的反复修改后，他发明了自己的人工绞馅器。毕业后，他创办了一家小工厂，专门生产人工绞馅器。他将生产的产品推向了市场，定价每个30元。虽然他对自己的设计很自信，但是当得知销量不好时还是沉不住气了。后来，经过一段时间的市场调查他才发现：人们对于他的新产品还是持怀疑态度，担心花了钱买回去又用不了。为了消除人们的这种心理，张家兴决定，降价促销，价格从30元减到15元，还提供维修服务，这样才让他的生意渐渐好起来。现在绞馅器的市场已经打开，他也不再为销售发愁了。

　　新产品推向市场能否得到市场的认可是很难预料的，所以在推向市场前先要多做调研，使产品尽可能地符合大众需要。此外，在遇到问题时，还要及时进行调整，做到时刻紧跟市场脉搏。

3. 创业资金风险

　　创业风险中，最致命的恐怕要数资金风险了，因为创业中投入的资金极有可能会血本无归。大学生在创业初期，缺乏资金是最普遍存在的问题。例如，创办销售型企业，资金短缺有可能导致货源供应不上，如此一来就有可能流失自己的客户；或者是创立高科技企业，资金一旦供应不上，导致高科技技术无法转换成现成的产品，时间一长，辛苦研究的技术就会迅速贬值，最后的结果是前期的投资都付之东流。

👁 **案例**

　　朱同学大学毕业后，一直未能找到就业岗位，于是就想自主创业。但是他的家庭条件并不是很富裕，再加上自己又是刚刚毕业，几乎没有任何的积蓄，于是他就想到银行无抵押贷款2万元，作为自己的创业资金。但是他听别人说无抵押、无担保的贷款非常困难，于是他先咨询了法律专家。

　　法律专家告诉他，一般无抵押创业贷款风险是非常大的，也是非常困难的。贷款的大学生必须具备这样几个基本条件：首先，企业要有固定的经营场所和个人住所；其次，贷款者要具备营业许可证和营业执照等必备证件；最后，创业者要准备一定比例的自由启动金。鉴于朱同学不太乐观的贷款条件，专家建议他去当地劳动局申请贴息小额贷款，这种贷款数额小，还贷时间灵活，很适合朱同学。贴息小额贷款是指国家为扶持某行业或特定群体，对该行业或特定群体的贷款实行利息补贴，贷款额度数量较小的贴息贷款。大学生创业符合国家贴息小额贷款的扶持条件，即便朱同学没有担保也没关系，国家会替大学生创业者作保。这样一来，创业者就能将自己的创业资金风险降至最低。朱同学听从了专家的建议，成功获得3万元的免息小额贷款，开始了自己的创业之路。

4. 创业技术风险

　　技术创新与产品生产之间存在天然的鸿沟，并不是所有技术上的创新都可以在实践中转换为产品的。一旦新技术在产品生产过程中出现障碍，那么掌握新技术的创业者极有可能要面对失败的结局。

案例

　　小李所学的专业是电子与信息技术。在大学期间，他很注重实践能力的提高，看到现在即时通信软件不断增多，他也尝试设计自己的即时通信软件。

　　软件设计完成后，他在校园网内做了一些测试。根据测试的结果，他请教老师并再次进行了改进，然后，再测试、再改进。慢慢地，他爱上了软件设计这个行业。

　　到毕业时，小李有了自己的软件，并注册成立了一家软件设计公司。经过老师的牵线搭桥，小李找到软件投资商，软件投资商很看好他的软件，但要求他完成软件的跨平台移植，现在小李的软件只能在 PC 端使用，他要完成的是手机版和网页版的软件。按照约定，小李完成设计工作并调试正常后，投资商将购买该软件。

　　开始设计网页版时还比较顺利，但手机版的设计却一直没有进展。经过将近一年的研究，小李发现他的软件存在致命缺陷，需要重新设计。听闻这个消息后，投资商马上终止了与小李的合作。

　　大学生创业者创办创新型技术企业，担负着高于普通企业的技术风险，所以一方面要谨慎入市，另一方面要寻求风险投资的支持以求度过技术风险期。

5．创业环境风险

　　影响创业的因素很多，包括市场需求变化，政治、政策、法律法规的调整，以及突发自然灾害的发生等。这些因素共同构成了创业的大环境，而其中任一因素的改变都有可能会对创业者带来致命的打击。因此，大学生创业之前，必须重视创业环境的分析和预测，从而将自己的创业风险降至最低。

案例

　　毕业后小王在学校创办了一家铁通电话超市。作为大学生的小王，对思乡之情有深刻的了解，学生们最苦恼的就是电话费太贵，每次都觉得有很多话要说，可是电话费太贵了，只能说一会儿就挂断。于是，小王就产生了创办一个电话超市的想法。但由于各种原因，在上学时这件事情没有做成。不过在毕业后，他却如愿以偿了。

　　刚开业时，来电话超市打电话的人比较多，生意也不错。为了吸引更多的顾客，小王又接连推出了许多优惠活动，同学们得到了实惠，他的盈利也越来越多。

　　但 2008 年，经营得很好的电话超市却迎来了不好的消息。中国铁通和中国移动合并为一个公司，关于电话超市的合作细则将要做出调整，此外，还要重新进行 Logo 的更换等。这一变化让小王措手不及，怎么办呢？继续经营还要投入新的资金，而且调整后的政策还不知道会有哪些变化。

　　当更为恶劣的消息传来时，小王彻底绝望了。那就是资费要向上进行调整，电话超市的优势就在于价格低，如果涨价，那么就不会有现在的局面了。思虑再三的小王放弃了自己创办的铁通电话超市。

5.2.2　创业风险的防范措施

1．做好创业前期的准备

　　创业将来是否成功，很大程度上取决于创业前期的准备工作是否充足。前期准备不充分，本身就给创业埋下了很大的隐患。通常大学生创业前期，要客观地判断自己是否具备创业相关技术和技能素质，同时要衡量产品所需资金是否在自己可承受范围内，其他准备工作还包括市场定位调查、产品销售渠道、创业团队构成分析等。

2. 强化风险识别意识

创业者应该明白这样一个市场原则——在创业过程中，风险是如影随形的。大投资有大风险，小投资有小风险。树立正确的风险意识，并强化自己的风险嗅觉，只有这样才能以最小的代价面对风险的危害。

👁 **案例**

> 刚毕业的小艳因为一时找不到合适的工作，所以就在网上搜索，看看有哪些可以让大学生致富的创业项目。经过再三筛选，小艳准备在网上开一家服装加盟店。
>
> 与这家加盟店取得联系之后，对方并没有提出要考察她是否具有开店的能力，而是以小艳加盟为由，让小艳给他们汇去1万元的加盟经费。小艳想都没想就将1万元汇了过去。第二天，对方又以考验小艳的加盟诚意为由，让小艳再汇去1万元。小艳也是创业心切，不假思索地又给对方汇了1万元。谁知第三天，对方又有了新说法，对方声称创业投资额是越多越好，如果小艳一时凑不到足够多的创业资金，公司可以给小艳申请5万元的贷款，可前提是小艳需要先支付7%的贷款利息。此时依然执迷不悟的小艳又将自己的材料和4000元现金汇给了对方。
>
> 骗子的贪欲是无穷无尽的。随后对方再次要求小艳支付3%的保证金。而此时的小艳才恍然大悟，对方这么多次要求自己汇钱，莫非自己中了骗子的圈套。于是小艳告诉对方自己要退出加盟，要求对方退款，谁知对方以各种理由拒绝退款，最后小艳的这些钱也就打了水漂。

还没走出大学校门就想着将来能有"天上掉馅饼"的好事，许多骗子就是利用大学生这种迫切的心理，早早设计好了一些"连环套"，等着大学生往里钻。再次提醒大学生，创业风险无处不在，增强风险意识，为自己的创业多加一份保险。

3. 拓展融资渠道，科学管理资金

资金的多少是决定项目发展的决定因素。确定企业运作项目后，创业者要明确资金的来源是否充足可靠，同时不应使资金来源单一化，多元化的融资渠道能够极大降低创业风险。对资金进行科学化管理是很有必要的。创业者应在企业内部建立良性运转的资金管理制度，保证创业资金合理利用，避免出现资金浪费等不良现象。

大学生创业融资有以下小技巧。

① 巧选银行，贷款货比三家：相对来说，大学生创业选择贷款是一个很不错的融资方法。但在向银行贷款时也要根据自身条件，仔细选择贷款银行。一般地方银行对贷款者的手续要求低一些，但其利率浮动较大。而国有商业银行利率较低，但手续要求严格。大学生要根据自身条件选择相应的银行贷款，对各银行的利率及额外收费情况做详细调查，选择付出成本最低的银行贷款。

② 亲情借贷：这无疑是最快速、最有效的融资方法。假如你的亲人有钱款存在银行，你可以高于银行利息为借贷条件，快速凑齐创业资金。这样不仅解决了个人资金问题，亲人们也能有所收益。

③ 创业融资宝：它是指将个人私有物品进行抵押贷款，只要价值在300元以上的物品都可以进行抵押。或是在法律允许下，抵押他人的物品，为创业进行贷款。

4. 积极利用社会资本

社会资本是一个广泛的概念，它包括你的师生关系、合作伙伴关系，以及客观关系等。大学生创业者的根本问题是经验的贫乏，这时不妨利用自己的师生关系，从他人的身

上学习一些创业经验。或者创业者以良好诚信、优质的服务，牢牢抓住自己的客户，客户也能客观分担创业者的风险。当然，在如今这个提倡合作共赢的经济时代，与上下游企业的纵向合作也不失为降低风险的好措施。

案例

　　研究生毕业的张力在××市经济区开办了一家生物芯片研究所。创业 4 年来，张力的创业之路走得相当平稳，因为在他的身后，有一支创业导师队伍在帮助他——××经济区高科技创业中心。该创业中心正是为了让大学生创业者避免走弯路，所创立的一家创业指导中心。这里汇聚了一批创业经验丰富的专家，专家能为大学生创业者提供创业指导，极大降低他们的创业风险。

　　2011 年，在创业中心的倡导下，该经济区的中小企业集体融资 1 亿元，拿下了一个经济区发展计划项目。而所有的融资企业也不管出钱多少，大家都是项目参与人。融资人多了，自然每个人所承担的风险也能控制在可承受范围内。再加上有创业专家们一路护航，该项目最终顺利完成，大家都分得了自己因投资而享有的那份收益。

　　社会资本是一笔无法用具体数值来衡量的财富，有时候它比金钱资本更具有帮助性。一位好的创业者一定掌握着足以支撑企业发展的社会资本，从而在面对任何困难时能够做到八面玲珑，不至于使企业陷入无路可走的困境。

5.3　商业模式的开发

5.3.1　商业模式的内涵

　　什么是商业模式？商业模式的概念引进得很早，1997 年 10 月，亚信总裁田溯宁到美国融资，美国知名的投资商罗伯森问他："你们公司的商业模式是什么？"当时田溯宁被问得一头雾水。罗伯森举例说："1 元钱进入你们公司，绕着你公司转了一圈，出来的时候变成了 1.1 元。商业模式指的就是这多出的一角钱是从哪来的？"其实罗伯森对商业模式的描述，重点突出的是企业内在逻辑，更偏向于企业赚钱的过程，而忽视了为客户创造价值。

　　如今学术界对商业模式有更全面、客观的定义，商业模式指为了能实现客户价值最大化，将企业内在和外在所有要素进行整合，从而形成高效率且具有独特核心竞争力的运行系统，并且通过推出的产品和服务，达到持续盈利目标的组织设计的整体解决方案。其中"整合""系统""高效率"是先决条件和基础，"核心竞争力"是方法和手段，"客户价值最大化"是主观上的目的，"持续盈利"才是最终的检测结果。确定企业的商业模式不仅仅是告诉你企业的努力方向，更指明了通往方向的路。

5.3.2　商业模式的赚钱逻辑

1.　发现商业价值

　　或许很多大学生创业者都会有这样的商业理念："我只要生产出来产品，就会有顾客前来购买。"这种商业理念是错误的。产品的价值在于核心竞争力，如果绕过这一价值会发现，创业者就会陷入错误的思维逻辑，这一点也是许多创业者失败的重要原因之一。

👁 案例

　　20世纪90年代初，摩托罗拉公司专门成立了一家开发卫星电话的子公司——铱星公司。随后铱星公司推出了第一款铱星手机。当时他们为铱星手机的定价是3000美元/部，而通话费则是3～8美元/分钟。公司定位的消费人群主要是那些经常需要远途工作的商务工作者、建筑工人和海上监察人员，以及各国的军队人员。可是直到1999年7月，全球铱星手机用户仅仅只有2万人，但是铱星公司至少需要5.2万名客户才能勉强符合贷款合约的要求。结果一个月后，铱星公司就因拖欠银行15亿美元的贷款而宣布破产。

---

2. 匹配商业价值

　　新创立的企业不可能同时拥有满足客户需求的所有资源和能力，这样就造成企业常常要独自面临巨大的机会成本风险。而商业模式的确定可以为企业明确商业合作伙伴，从而降低创业风险，满足客户需求。

　　设想你创立的企业拥有一两家可靠的原料供应商，从而能帮助你的企业更快速发展。假如没有这些原料供应商的支持，那你就不得不付出高昂的库存成本，你的产品就无法在产品价格上取得优势。假如你能稳定地从供应商那里下订单，供应商将成为你忠实的合作伙伴，不仅可以为你节省库存成本，还能极大降低成本风险。而明确与企业价值相同的商业合作伙伴，就是匹配商业价值。

3. 获取商业价值

　　获取商业价值和产生商业价值并非一个概念。企业最大的商业价值无非就是产品创新，可见许多新创企业能够做到创新，并且利用创新产生较大的商业价值。但是因为创业者不懂得推销自己的创新产品，导致最后无法享受创新成果。成功的商业模式可以为企业获取这样的商业价值。无视商业模式的企业，也就等于忽视了商业价值的获取，最终造成"竹篮打水一场空"的尴尬局面。

5.3.3　商业模式开发方法

1. 开发产业链空白区

　　创业者可通过审视产品或者客户服务的价值链，从而发现价格链的哪个阶段，能够以其他方式增加价值。或者从产业链中寻找经营空白区，从而利用这种空白区制订商业模式来达到获取利润的目的。

👁 案例

　　出生于滕州的吴迪曾经将自己的4个老板"炒了鱿鱼"，当朋友问他为什么如此"不踏实"时，他说自己总是想着哪天自己能当回老板，哪怕是当个修鞋匠，也总比给别人打工强。

　　有一次，吴迪的妻子新买的皮鞋后跟掉了。于是吴迪拎着鞋子，几乎转遍了大半个滕州城，最后在一个小胡同里找到了一家修鞋店，谁知最后补完了鞋却不能穿。这次经历给了吴迪一个不小的启示。接下来的几天，吴迪做了详细的市场调查，发现皮鞋保养是一个有巨大商业潜力的行业。

　　后来吴迪又在网上查到，南方某省有一知名的皮鞋保养品牌。于是吴迪迅速向这家企业交了2000元的押金，成为这家企业的加盟商，并且从这里引进了皮鞋保养美容的技术和相关工具。就这样，吴迪在滕州开办了一家"皮鞋美容店"。

　　谁知创业兴奋的劲头没能持续几天，吴迪发现这家企业所提供的技术不太实用。当他赶去总部询问缘由的时候，发现这里还有许多其他的加盟商也都在反映与吴迪相同的问题。事实摆在眼前，吴迪这次是被人坑了。但是自己的小店已经开张营业了。

　　吴迪并不死心，他咬咬牙，揣了1万元钱，亲自跑到温州皮鞋厂学习制作皮鞋的工艺。学艺归来之后，吴迪将自己所学到的东西，运用在皮鞋美容的生意上。很快，吴迪的小店生意开始红火起来，来的顾客里不仅有滕州本地的，还有邻近城市的顾客。短短一年时间，吴迪在滕州市里开了4家分店。

2. 差异化经营战略

　　大多数的创新想法都源自一种差异化的经营策略。何为创新？与传统有明显区别的就叫创新。而寻找这种创业区别，实际上就是一种差异化的经营。

◉ 案例

　　两年前，高沛沛还只是一个初出校门，月薪只有2500元的小白领。两年后的今天，高沛沛已经是身价百万，小有名气的商界精英。那是什么给她带来如此翻天覆地的变化呢？她的秘诀就是"赚懒人的钱"。

　　原来事出有因，高沛沛的男朋友就是一个标准的"新时代懒人"，家里到处摆满了懒人用品——倒时定时器、电动拖把、自动烤面包机，只要能让他偷懒的东西，几乎都有一两样。有一次高沛沛在家里举行生日聚会，前来参加聚会的朋友们见了他们家的这些用品，科技含量高，而且耐用，最重要的是能为每个人节省很多的操作时间，一个个喜欢得爱不释手。高沛沛从中发现了无限的商机："既然朋友们都这么喜欢懒人用品，那这里面蕴藏的商机该有多大啊！"

　　于是在和男朋友商量后，高沛沛毅然选择了辞职。她用和男朋友共有的6万元积蓄开了家"懒人用品店"。两人分工明确，高沛沛负责到上海各大批发市场搜罗各种一次性用品，如毛巾、牙刷、拖鞋、内衣裤等。而她的男朋友则到全国各地跑了一圈，带回来许多深受年轻消费者喜爱的时尚用品。在两人的共同努力下，生意越做越火，他们的腰包也越来越鼓。

　　谁知没过多久，上海本地陆续又有几家"懒人用品克隆店"出现，而且其他的店铺把价格压得很低，严重影响了高沛沛的生意。生意不好，总不能坐以待毙。高沛沛经过认真分析，认为商品的质量才是经营的关键。只要店里的商品种类齐全，价格优惠，相信生意还是会恢复过来的。

　　这之后高沛沛往来于上海各种小商品交易会，还让男朋友上网查找国外各种懒人用品。经过一番搜索，高沛沛的店里陈列了200多种商品，涵盖了人们的衣食住行各个方面。她的小店生意不仅比过去还要红火，而且将其他同行业竞争者比了下去。两年后，高沛沛已经发展了3家分店，成为朋友们羡慕的"成功创业家"。

【点评】

　　高沛沛的成功案例包含以下两个差异化经营思路。

　　① 选择"懒人用品"作为创业项目，本身就显示了她独特的市场眼光。每个时期都会有一些受人追捧的热门行业，但最后真正能做成功的往往都是这些行业商机的发现者。只有突出创业者的差异性，才能首先占领那个有待开发的市场。

　　② 当出现行业竞争者时，高沛沛能准确地进行市场定位。如何才能突出自己商店的与众不同？这是高沛沛首先考虑的问题。当别的行业都在着眼于抢占市场时，高沛沛却将注意力放在了产品本身。这又是差异化经营的体现。

3. 树立品牌核心价值

对创业者来说，掌握资源的多少往往制约着企业的发展。因此，商业模式一定要向客户展示企业的核心能力和关键资产的价值所在。

① 核心能力：这是企业战胜竞争者的优势所在，包括独特的产品制作设计能力、企业创新能力等。核心能力有以下四大特征。

- 独特的服务和技术：如联邦快递的服务口号——"我保证这辈子都不迟到，如有延误，原款退还"。
- 体现客户价值：如利郎商务男装所说的"忙碌不盲目、放松不放纵，张弛有度"。
- 不可被模仿：如伊云矿泉水所突出的"矿泉水中的奢侈品"。
- 可向新行业、新机会转型：如手机销售企业可随时转型为手机电池经营。

② 关键资产：它是指企业所拥有的稀缺、有价值的事物，包括品牌、工厂设备、独特的合作关系等。例如，某企业拥有"中国驰名商标"品牌，或者有行业领先的技术设备，这些都属于企业的关键资产。

4. 合作伙伴网络发展

再大的企业都不会具备执行所有任务所需求的资源，需要通过合作伙伴的帮助，从而一起完成整个供应链的各种活动。合作伙伴越多，表明企业可利用的资源越多元化。网络化的合作伙伴能保证企业的供应链稳定运转。

◉ 案例

易家通有限公司成立之初，公司定位是"通过派出'职业阿姨'为城市家庭提供高端家政服务"。要想提供高端服务，就必须有一支高素质的"职业阿姨"队伍，这样的高素质"职业阿姨"究竟该怎么培养呢？公司采取的策略是，将生活中经常遇到的各种日常事情，如孩子护理、老人照顾、买菜做饭等，制作成视频放在公司的系统上，再给"职业阿姨"每人配一台"上网本电脑"。这样一来，那些"职业阿姨"只要经过流程化的培训，再加上公司的一些专家指导，就能很快掌握这个系统，解决服务中遇到的各种难题。

虽然在实行的最初阶段，这样的模式很受消费者的喜欢，但实行一段时间后，实际问题出来了。因为担当家政服务的"职业阿姨"大多来自农村，文化水平普遍不高，所以她们的学习能力不强。更严重的问题是，应聘"职业阿姨"的人数在急剧减少。

公司高层经过仔细调查分析得出结论，随着中国经济的快速发展，"职业阿姨"的公司相应也会增加。如此一来，将来能承担起高端家政服务的公司也会增加。2010年，公司在这样的背景下，开始了商业模式的转型。转型后的易家通定位于社区服务，力图做一个"精准化的服务网络平台"。

在走访了很多小区家庭之后，公司发现其实每家平常都有很多让人头疼的小问题。比如对双职工家庭来说，每天买菜买米，每周买油、换煤气，这些都是很费时间的事情。又或者修理鞋子，裁剪布料，附近又没有值得信赖的服务商。这些虽然都是小问题，但也总是让人感到头疼。

通过调查公司得出结论，小区居民还需要很多日常服务，重要的是每个小区有500～1000户人家，大家的消费水平都在同一个水平上。假如将这些小区通过一个服务网络整合起来，就能形成一个大规模的需求平台。而且如果能将小区周围的商户和服务商也联合起来，这样就能提供全方位的便利服务。这个商业模式最大的魅力在于，解决了电子商务最头疼的问题——物流。所有服务都是在围绕小区的几百米范围内开展，能节省不少的物流成本。

为了实现这样的模式设想，易家通给小区每家每户发放一台"平板电脑"，并且将平板电脑与客户实名绑定，与房号绑定。而"平板电脑"将会与公司网络系统联网，这个系统包括以下服务项目。

（1）便民服务。该服务包括家政、教育培训、餐饮等24个种类，公司通过招标的方式，将项目承包给周围的商户，中标的商户可以在公司系统开设网店，为居民提供便利服务。

（2）日常用品采购。发放的平板电脑上有个采购图标，如同沃尔玛的网上商城一样。小区居民只需每天将所需的日常用品在网上订购，商家便会每天主动送货上门。因为是网上订购，这样能为商家节省库存成本，所以招来了大批的商户竞标。易家通则可以轻松地挑选最合适的合作商家。

（3）该系统还有个最重要的作用——促进社区管理。小区居民可以通过公司系统进行网络选举"业主委员会"的成员，还可以对家政、采购等服务进行投诉或者提建议，对服务态度进行评比。让小区居民参与"业主委员会"的选举，等于是让居民们参与实际的物业管理，这样无异于很大程度上减轻了政府管理工作的压力。因此，易家通的系统被纳入政府的管理系统，力图打造现代化的"智慧社区"。

对于易家通的商业模式，有人也发出过这样的疑问："为什么公司不自己开发一个类似的软件，装到居民家已有的设备上，而是免费发放平板电脑呢？这样成本未免有点高了。"易家通的总经理这样解释道："是的，每台的成本大概需要500元。我也是做过传统生意的人，了解小区的具体问题。我们可以将这次投入看作营销成本，相较其他电子商务网站每笔高达2000多元的营销成本，我们已经是很低的了。"通过这样的商业模式，易家通可通过以下途径获取利润。

① 收取商家的信息费。凡是在易家通系统展示服务的商家，每个月需要缴纳300～400元的信息费。而那些既展示服务，又使用易家通下单系统的商家，每个月则需要缴纳1000元费用。

② 广告费。在每个服务的子项目页面里，根据不同的广告位，收取价格不等的广告费。

③ 佣金收入。将日常采购服务整体委托给沃尔玛或是麦德龙这样的大供应商，易家通可从中收取营销额2%的佣金。

【点评】

（1）类似"易家通"模式的想法很多，而且有一部分已经在实施阶段。但是这种模式最大的缺点是环节比较复杂，协调成本较高，而且效率也较低，公司在这方面应做好充足的准备。

（2）这种模式实施的初级阶段，由于业务量相对较少，会导致商家服务不积极，因此要积极拓展业务量。业务量提升，才能吸引来更好的用户和商家。

（3）易家通的经营逻辑总体没什么问题，可操作起来难度较大。因此，应注意服务区域的快速扩张，防止其他企业抄袭。

素质拓展

按照"五步方针"评估你选定的创业机会。

（1）能力：此机会是否与创业团队的能力、知识、经验相一致？

（2）创新：该产品或服务是否含有意义重大的创意、专利或者与众不同的质量？

（3）资源：创业团队是否吸引了必不可少的财力、物力和人力资源？

（4）回报：能否回收企业运营成本并盈利？预期的回报是否远大于所承担的风险？

（5）承诺：创业团队成员是否对企业做出了承诺？对企业是否有激情？

课后思考

1. 在大学校园里，存在哪些创业机会？

2. 创业机会如何与创业者的特质和技能相匹配？

06 第6章 整合创业资源

冀志磊，1984年出生于山东省潍坊市，2004年考入桂林理工大学学习动漫专业，在大一的时候就获得过很多奖项。2007年，冀志磊发现了一个非常大的商机：动漫制作产业在当时的广西几乎是一片空白，一分钟的报价高达20万元，利润14万元，利润率达70%，堪称暴利。于是，冀志磊萌生了退学创业的想法。父母知道冀志磊要退学创业，气得火冒三丈。无论冀志磊再怎么诉求，他们就是不同意他退学。没办法，冀志磊只能继续读完最后的一学年。

2008年，终于毕业的冀志磊决定创办动漫培训班。开动漫培训班要买计算机、租场地等，至少要投资30万元，可当时他手上只有5000元。聪明的冀志磊想到了一招，他先收学费，然后用这些学费买设备、请老师。他在学校各处楼房张贴自己的小广告：动漫培训两个月，费用8000元。然而，理想很丰满，现实很骨感。两个月后，竟然没有一个学生报名，这让冀志磊很纳闷。北京、上海的动漫培训费用2万元，他在桂林定价8000元，已经很优惠了，为什么还是没有人报名呢？然而，就在大家都觉得这件事根本做不成的时候，冀志磊却想到了一个谁都没想到的办法……一个月后，冀志磊又贴出小广告，写明培训费8000元，但是自带计算机者培训费4000元。这一招一出，很多人都抱着计算机去培训班上课。2008年，第一期动漫培训班开课，共招收12名学员。冀志磊铆足了干劲，两个月后，他的这期培训班在校园里一炮打响。冀志磊的教学很注重实操性，学员学完之后去企业里马上就能上手干活，等于出了校门就可以去找工作挣钱了。随着动漫培训班的名气打响，参加培训的人越来越多。冀志磊一口气办了8期培训班，迅速收获了第一桶金——100万元。之后，冀志磊创办了桂林首家动画制作公司——云尚动画制作有限公司，迈开了动画文化产业的第一步。

后来，冀志磊结合桂林作为旅游城市的特点，将景区与虚拟游戏结合。2013年，芦笛岩景区的景色被正式移入游戏的虚拟世界。120家媒体帮冀志磊做芦笛岩的宣传，免费给他带来潜在客户，冀志磊没有出一分钱，就促成了自己、景区及游戏公司的三方合作。

整合创业资源，对大学生创业者来说是一个难题，是一个挑战，但同样也是一种磨炼。如何理解创业资源，如何通过对创业过程中的资源需求做出分析，并且找到资源获取的合理方法，如何认识创业融资渠道和风险，掌握好创业资源管理的技巧和策略，这些都是大学生创业者一定要认真对待的问题。

6.1 创业资源

6.1.1 创业资源的内涵

创业资源是指大学生创业者在创办新企业和创造价值过程中所需要的特定资产。它们是一家新创企业在创立和运营过程中的必要条件。

创业资源主要包括有形资源和无形资源。有形资源是一种不可持续性资源，它是创业者维持创业活动的命脉，如创业资金、创业人才等；无形资源则是一种可持续性资源，它往往是撬动有形资源的重要杠杆，如创业技术、创业管理、创业政策、领导魅力、市场声誉、企业文化、人脉关系等。

如果大学生创业者能够利用好创业资源，并且有效地整合它们，那么，在创业的过程中，大学生创业者则会比竞争对手占有更多优势，使创业活动更加平稳和快速发展。寻求和获取创业资源的过程其实也是创业者磨炼创业能力和提升创业技巧的过程。

6.1.2 创业资源的特殊性

创业资源是企业发展的基本要素，企业能够生存才能谈得上发展。而商业资源不同，它更注重企业的发展与壮大，生存问题几乎不必过多考虑。

◎ **案例**

张文东是多媒体音响品牌"漫步者"的总经理。他靠4万元起家，在国内市场先后打败一些国际顶尖品牌，可谓是一项创举。其实他本来不是做这行的，而是毕业留校当老师。他平时喜欢听音乐，喜欢搞鼓电子产品，而且经常抱怨劣质音箱的音质。有一次，他和自己的学生肖敏决定自己动手做木质音箱。在他们做好功放后，张文东又设计了音箱外观。但音箱中的一个部件倒相管必须使用塑料管，而他们又没钱专门开模，这时他突发奇想用柯达胶卷盒来替代这个部件。没想到大小正合适，如果把底儿切掉，就正好把木箱上的导音孔盖住，天衣无缝。他们就这样东拼西凑，第一台音箱终于诞生了。刚开始，张文东并没有打算将音箱商业化。但这时，张文东的弟弟突然找到他，希望介绍个活干，于是张文东就跟弟弟商量试着把音箱卖出去，弟弟也答应了下来。接着张文东凑点钱利用工作之余，在单位里做了差不多100台音箱，音箱里的倒相管也都是用他弟弟满大街收来的柯达胶卷盒做的。张文东的弟弟，每天骑着自行车，一次拉3套音箱，去20千米外的王府井百货大楼卖。生意逐渐有了眉目，于是张文东就联合学生肖敏，3个人租了一间便宜的小平房，正式开始创业。他为自己的音箱起名为"漫步者"。在经历了无数艰辛后，张文东和他的创业伙伴最终实现了音响品牌的登顶。

【点评】

相信张文东在企业取得市场认可之后再也没有使用过柯达胶卷盒作为音箱的零部件，但在那个特殊的创业时期，这种创业资源对张文东和他的音箱来说，起到了巨大的作用。它不仅节约了成本，使创业者获得了市场竞争优势，还令创业者的思维开阔了，拥有了梦想变为现实的信心。这对创业者来说，是非常宝贵的。

6.1.3   创业资源的作用

无论是有形创业资源还是无形创业资源，它们都直接或间接影响到创业活动的发生和发展。

创业资金、创业人才、创业平台等有形创业资源是创业活动的基础和根本。没有它们，创业就无从谈起，而这些资源的匮乏也会严重阻碍创业快速发展。所以运用和整合好它们是大学生创业者在创业初期的重中之重。

创业技术、领导魅力、人脉关系等无形创业资源能够对有形创业资源起到很好的吸引和积聚作用。它们能够使创业活动事半功倍，使优秀的创业者脱颖而出。

案例 1

张仁在毕业之后开始了创业，他选择的创业项目是创办牛肉大饼店。因为他们家里有一位亲戚是大厨，在酒店里工作完回来的时候，也会给张仁及其兄弟姐妹们做一些好吃的，其中就包括这个牛肉大饼。

张仁把这种饼的制作方法了解清楚了，然后和他的亲戚一起把量产方案也做好了，顺便也对工具进行了设计。张仁非常看好他自己的决定，所以他一毕业，就开始了他的创业之旅。

他虽然有了技术，但他的创业资金不够充沛。不过好在国家对于大学生创业有特别的扶持计划，而张仁也从中得到了相应的贷款。技术有了，钱有了，人就是他和他表弟，这样他的店就可以顺利开起来了。

他没有选择在市中心的繁华地带发展，而是选择了当地一个高档的居民社区。原因当然一方面是因为钱，资金不够，另外一方面是他不希望刚开始就把这种饼做得看起来很高档，这样不利于市场推广。在张仁和他表弟的努力下，牛肉大饼店的生意发展得非常快，才半年时间，他们就已经考虑要在别的社区开设连锁店。

【点评】

张仁非常好地利用创业资源，让其发挥了应有的作用，这使张仁不仅在高档居民社区成功创办了这家牛肉大饼店，而且让张仁的牛肉饼名声远扬，张仁由此取得了创业的初步成功。更重要的是，这些创业资源为张仁日后的发展——向连锁市场进军，奠定了良好基础。

案例 2

南京某师范大学法学院的唐正，在校园里很出名。他不仅学习刻苦，还带领他的"兄弟帮"创业团队在校园里卖了两年红薯（番薯）。为了能够卖出文化和品位，让红薯与众不同，吸引同学们注意，他们还把一些时兴的网络用语套用成卖红薯的口号，如"哥卖的不是番薯，是文化！情调！"但他们的目标是要烤出学校里最有爱、最有思想的红薯。而且他们现在不仅去相关部门申请了烘烤技术专利，还专门成立了番薯产品研发公司。刚开始，他们就把红薯摊位驻扎在学生宿舍楼附近，每天红薯的香味会飘到周围的宿舍楼，而此时同学们会感觉自己饿了，该吃点什么了，于是就会来买。唐正为了吸引同学们的注意，专门采用了台湾无烟竹炭烘烤技术，而且红薯是搭载长途客车从昼夜温差大的内蒙古运来，这些糖分十足的红薯用高科技红薯烤箱烤成，再加上秘制的糖油，自然就有了非常不一样的价值，在产品传播过程中颇受同学们的喜爱。唐正不仅卖红薯，还在校园开了几家奶茶店，这样就可以借助同样的品牌资源进行推广，而他也没有雇全职员工，而是吸纳了家庭有困难的同学做兼职，然后用提成的方式激励他们更加努力地把事业做好。现在，唐正把主要精力放在发展红薯新产品上，如薯仔、薯棒、地瓜干、地瓜片、红薯芋圆等，他以后还要做加盟连锁店。

【点评】

唐正很懂得利用创业资源，从刚开始使用台湾先进烘烤技术，到去内蒙古进糖分十足的红薯，还有将摊位设在学生宿舍楼附近及雇佣贫困学生兼职，这些创业资源都帮助他和他的红薯形成了有口皆碑的品牌文化，而他的事业也蒸蒸日上。倘若唐正没有借助这些创业资源的帮助，或者整合这些创业资源的方式不好，那么唐正的红薯跟街边游贩的红薯也就没有什么差别了。

6.1.4　获取创业资源的关键

获取创业资源的方式有两种：一种是自身资源，它包括资金、技术、场地等；另一种是外部资源，除了资金、技术、场地外，还有人脉、政策等。这里着重谈获取外部创业资源的关键。想要吸引外部的创业资源，其一，创业者要有能够打动投资者的创业计划书，详细描绘创意的内容、个人愿景、长期计划、未来目标，以及投资者所能得到的好处；其二，依靠创业者个人魅力、个人能力、个人技术、人脉关系吸引人才、资金、政策优势等。

◉ 案例

陶立群从浙江某大学工商管理专业毕业后，决定开个蛋糕店。他做出这个决定并不是盲目的——大学期间，他曾经经营过校内休闲吧、小餐厅，都做得不错。曾做过"元祖蛋糕"代理的他，对蛋糕市场有所了解，觉得能在这一行闯出一片天地。虽然父母极力反对，但陶立群认准了这条路，决意走下去。2006年夏天，他白天顶着烈日逛绍兴市区大大小小的蛋糕店，看门道、想问题，晚上则躲在房间里查资料，了解市场行情。他还跑到杭州、上海等大城市做蛋糕市场的调查，搞可行性分析。

陶立群的调查有不小的收获：绍兴当时只有"亚都""元祖"两家知名品牌蛋糕店，其余的都是本地小蛋糕店，中高档品牌蛋糕市场相对空缺，而且当时绍兴还没有一家蛋糕店的糕点是现烤现卖的。陶立群的创业梦想定位在打造本地中高档蛋糕品牌上。

2个多月后，当满满9页的《新天烘焙蛋糕店可行性策划书》放在父母面前时，陶立群的父母被感动了，他们拿出积蓄支持儿子创业。2006年年底，第一家"新天烘焙蛋糕店"在绍兴市新建北路5号正式开张，陶立群做起了小老板。他将店面分成两个部分，前半部分是自选式的透明橱窗，便于顾客自行挑选；后半部分则用来加工糕点，现做现卖。

起早贪黑对在创业之初的陶立群来说是常事。为节约成本，采购、运货等工作，陶立群都自己一个人做。优质的用料、独特的口味、有人情味的服务，赢得了消费者的喜爱。2007年5月、10月，陶立群先后开出第二、第三家连锁店。曹圣燕是新天烘焙店的忠实顾客，她说，"新天"不仅布置得有情调，并且糕点的品种多、口味好，所以经常买。

谈及今后的打算时，陶立群说："下一步要在蛋糕店的团队建设上下功夫，并且要不断改善店里的蛋糕品种及销售服务，打响'新天'品牌，力争开出更多的连锁蛋糕店。"

6.2   创业融资

创业融资是创业管理中的关键内容。它在企业成长和发展的不同阶段具有不同的侧重点和要求。在大学生创业者努力寻求创业资本的过程中，对市场信息不了解，对创业发展不确定，自身经验不充足，都是造成创业融资难的最大因素。

在创业融资过程中，大学生首先应该正确测算创业所需资金，确定筹资数额，然后选择合适的融资渠道，有计划、有策略地降低创业资金成本。而大学生创业融资的主要渠道包括自我融资、亲朋好友融资、天使投资、商业银行贷款、担保机构融资、政府创业扶持基金融资等。创业融资对大学生创业者来说，是非常难的一个问题，而且它不只是技术和能力问题，还是社会问题，所以大学生应该从制订创业计划、测算不同阶段资金需求量、建立个人信用、积累社会资本等方面做好积极的准备。

6.2.1   创业所需资金计划

根据创业类型和行业计算所需的资金是融资的前提条件。在计算时，不仅要计算正常情况下必需的资金，而且要把一些可能想不到的额外资金计算在内。只有这样才能防止所需资金出现较大的误差。

1. 正常的资本支出

正常的资本支出主要包括以下几项。

（1）土地、建筑、机械、办公设备、搬运设施、其他设备等。

（2）成立公司及购置设备时所需支付的顾问费用，如法律顾问费、房地产介绍佣金、建筑师费用、申请建造许可费用等。

（3）实施改良费用，如停车场、景观、地下水道工程、路口铺设、整修装潢，包括管线及冷气系统的安装。

（4）市场推广与广告费用。

（5）安全系统，如防火、防盗设施、警铃装置、保险箱等费用。

（6）建筑物、办公及机械设备的购买或租赁费用。

（7）专利使用、版权等租约费用。

（8）保险费，如火险、责任险、失窃险、灾难险、员工意外险等。

（9）税费，每年需要固定支付的费用，如综合营业税、汽车牌照税等费用。

（10）聘请会计师、律师等费用。

（11）合约费用，如垃圾管理费，办公大楼管理、安全维护、消防设施等费用。

（12）支付定期会员费用等。

（13）对管理员工支付的固定薪水，如经理人、研发部门同仁、人事部门员工、秘书、会计及生产线管理人员等的薪水。

2. 变动费用

变动费用主要包括以下几项。

（1）与生产有关的员工薪水费用（含加班费）。

（2）业务人员的佣金。

（3）工资所得税。

（4）员工医疗保险支付的费用、公司利润分红及其他福利支出。

（5）旺季时承租额外设备的租金。

（6）顾客服务项目费用，如产品保证、维修及客户申诉等费用。

（7）生产所需的原料成本。

（8）邮电费及办公用品费用。

（9）水电及公共设施费用等。

（10）修理费。

（11）公司提供的装备，如制服、工作服等费用。

（12）差旅费及办公费用。

（13）法律规定的费用，如工业废弃物的处理及其他特殊物品的处置费用。

只要按照上述两项分门别类地计算出各项所需资金，大概可以得到一个比较准确的创业所需资金总额。然后分析哪些资金是可以后期支付的，哪些资金必须提前预支，这样你就能得到创业所需资金的确切数额及它的时间分布。再根据你自己现有的储蓄、你未来一定时期的收入流，就大概可以计算出自己创业的资金缺口，这就是你要筹集的资金。

创业者在计划创业资金时，会很容易忽略一个重要的方面，那就是用于周转的流动资金。很多创业项目往往因为资金周转不灵造成项目夭折或中途搁浅。

6.2.2　创业融资渠道

大学生作为一个特殊的群体，有热情，有斗志，也受国家和社会政策扶持，其创业融资渠道比较多。其中最主要的是自我融资、亲朋好友融资、天使投资、商业银行贷款、担保机构融资、政府创业扶持基金融资等。利用好这些融资渠道，对年轻的大学生创业者来说，不是一件易事，要谨慎对待。

创业资本融资的概念

1．自我融资

自我融资是大学生创业者靠自身获取的融资。这种融资量比较小。不过虽然量小，但是比较可靠，因为一方面，这些钱都是自己的血汗钱和积累，看得见摸得着，在运用这些钱时，创业者也会有足够的警惕和谨慎；另一方面，自我融资是一种对自己毅力和勇气的考验。一般情况下，优秀的创业者大都是靠自我融资起家的。

◎ 案例

小张和小袁是一对大学生情侣，就读的学校在一个知名的风景旅游城市。两人一直怀揣创业梦想，但又不想增加家庭的负担，于是两人业余时间摆起了地摊。琳琅满目的饰品、手机壳、围巾等，吸引了不少人驻足购买。小张说："我与男友再有一年就要毕业，自己和男友因为即将要参加考研，所以白天和男友一起去自习，晚上我们两人就来到人多的地方摆摊。"两人已经早早地在筹谋考研的费用，男友小袁称他们是"草根创业"，从摆地摊做起，为将来的自主创业积累实战经验。他们的摊位并不固定，随时游走在母校的周围，他们为自己简单而美丽的梦想一起努力着。"摆摊这么久，认识了不少好朋友，大家在共同的拼搏中也相互扶持、相互帮助，销售技巧得到了较大的提升。""这两年地摊没白摆，今后，等积累了足够的资本，就选择一家好的店面实现更大的创业。"小张充满希望地讲述着。

2. 亲朋好友融资

亲朋好友融资也是大学生创业者惯用的一种融资渠道。一般来说，尤其是父母，对自己的孩子比较宽容，都会予以资助。但大学生创业者要切记，不能就这样任性地让父母为自己的年轻气盛买单，要有计划，要有准备。但无论怎么说，这种融资渠道比较靠得住，在大学生创业早期十分常用。

◉ 案例

在某大学上学的小唐来自福建，其家乡盛产茶叶。课余时间小唐闲逛时，发现学校附近有规模且品牌知名度高的茶叶经营店铺不多，他想：能不能将家乡的优质茶叶在此销售呢？经过和家人商议后，家人支持了小唐的创业想法，给了他5万元启动资金，并建议小唐先从经营小店面开始，打开市场后再扩大规模。小唐认真考察后租了店面，进行了装修，在这个过程中，他也向自己已经工作的高中同学筹款，由于小唐正直、讲诚信，同学们都愿意帮助他。现在小唐一边学习，一边打理茶叶专营店，效益日渐趋好。小唐下一步准备和大型超市联系，将品牌做到超市去。

【点评】

小唐有自己成熟的创业思考及前期周密准备，再加上诚信、敢做敢当的个人品性，其家人和朋友都会支持这样一个有创业梦想的人"圆梦"。

3. 天使投资

天使投资是一些私人资金或私营投资机构资金，是风险投资的一种。一般情况下，投资人投资的对象都是那些有前景、有实力的创业项目，并且创业者能够在一定时间段内实现该项目高速增长，使这些天使投资获得巨额回报。筹措此类资金，一般需要创业者有过硬的素质、优秀的创意、极佳的团队，或者至少具备其中之一。

天使资本的含义和特点

◉ 案例

兰俊是一所名牌大学的高才生，在学校，他算是小有名气。因为他屡次在国际的软件比赛中获得过不错的成绩，所以他从那时候起就下定决心要创业。而他的老师，以及校领导，都对他的想法表示赞同和支持。

带着大家的希望，兰俊开始了自己的创业。他在大学时，曾经开发过一款猩猩吃香蕉的游戏。这个游戏非常简单，也非常好玩，但只能在网页上玩。现在兰俊准备把这个游戏做成手机游戏，他认为这很有市场，所以他一毕业，就着手了这个项目。

因为工程量不是很大，所以他就一个人把这个游戏完成了，并且发到手机软件市场上去卖，结果反响非常好，出乎所有人的意料。这时候，他希望能把这个项目做大，最好是做成一个系列的游戏，然后组建一个公司，让自己的事业正规化，走专业道路，但这需要一笔不小的资金。这时，他找到了国内知名的天使投资机构，递交了投资意向书，将自己的想法、项目的创意点，以及公司未来的发展传递给对方。对方表示非常感兴趣，同兰俊当面进行沟通和交流。在会谈的过程中，兰俊谈了很多，包括自己这些年的经历，对业界的一些看法，他还结合国外成功的例子谈了自己的产品和创业理念，这些引起了投资代表的兴趣。

在天使投资机构进行一系列研究之后，他们决定投资兰俊的项目，并利用他们的资源帮助兰俊做推广，且给了兰俊相当多的创业建议。不过，他们同时要求兰俊能够在一段时间内满足他们所预期的增长速度，实现他们的投资回报。

兰俊在接受了风险投资的建议并做出承诺后，顺利拿到了这笔钱，然后开始组建公司和团队。因为游戏的号召力，公司招到了非常不错的人才。公司在兰俊的带领下和投资者的帮助下，办得越来越好。

一般来说，风险投资商对利益的野心非常大，如果没有巨大的收益作为前提，那么项目不会得到风险投资商的青睐。所以在面对这类投资时，创业者要抱有谨慎态度，保护好自己的创意和理想。

4. 商业银行贷款

商业银行贷款虽然稳定、正规、可靠，但其贷款条件非常高，贷款手续和审批也比较复杂。在寻求此类贷款时，一般情况下，需要创业者有符合要求的抵押物及担保人。

◎ **案例**

陈力大学毕业后换过几份工作，他从事的最后一份工作与 IT 业相关，这份工作给了他很大的启发，让他很快下定决心，在淘宝网上开了一家网店。陈力的网店主要卖床上用品，如羽绒被、枕芯及四件套等。"供应商是做外贸的，订货时对备货资金的要求很高，因此我的资金就会显得有点周转困难。"陈力说。"去年，我办的是商业贷款，贷了 4 万元。"小额商业贷款的申请非常麻烦，为了那笔 4 万元的贷款，他可费了不少周折。因此，当他知道所在地市有了小额担保贷款新政策以后，就提出了申请。"贷款的效率很高，我的 10 万元贷款现在已经到手了。"陈力很满意。有了充足的资金做后盾，陈力的网店生意更加红火了。"现在每天都有2000元至1万元不等的销售额。"他说。

商业贷款解决了创业者的"可持续发展"问题，助力了创业活动。创业者能够取得商业银行贷款，那么就需要履行相应义务。如果不及时还款，不仅会影响个人信用，还有可能承担法律责任。

5. 担保机构融资

担保机构融资一般来说是具有资格的民间信贷机构，他们的审批条件相对比较宽松，审批手续也比商业银行贷款要快捷。但相对来说，这类融资手段，回报率的要求比较高，法律对其的约束性也有限，所以风险比较大。想要寻求此类融资，需要创业者极其谨慎。

◎ **案例**

李昌在毕业之后搞起了创业。他家在江浙一带，这一带的纺织业比较发达。而他家乡的人也都是做这个的，所以他决定在这一行闯荡一番。

但首先的问题就是难以融资，他家里虽然有一些钱，但是因为机器、厂房、人工等都是大开销，不是一般家庭所能承受的，而去一般的商业银行贷款，他们家的房子等可以用作抵押的物品又不是很值钱。想到这些李昌有点想放弃了。

在李昌向他的好兄弟诉说了心里的苦水之后，他的好兄弟张某表示，这有什么难的，他能帮李昌想到办法。没多久，张某就找到了某家知名资金担保机构的客户代表。客户代表在跟李昌聊完之后，非常支持李昌，并向李昌介绍了一些融资方面的知识。这些担保机构对于抵押的物品要求不高，都是通过中间人进行担保，所以一些有威信的担保人是可以起到非常好的作用的。

李昌找到了他的一个办厂的亲戚做了担保人，从而顺利拿到了这笔融资。有了钱，李昌不用再担心厂子开不起来了。下面他要做的就是努力、努力再努力，因为这笔融资的利息还是不低的，他得好好干才行。

李昌在朋友的帮助下，利用担保机构进行融资，最后实现了自己的创业梦想，这是非常值得可喜可贺的。但这之中也存在一定风险。因为毕竟这个担保机构的实力非常有限，国家也没有义务扶持他们，所以他们一旦经营不善，则会钻一些法律的空子，让融资者尽快还钱，或者私自提高回报率等，对融资者造成一定危害。所以在进行此类融资时，融资者一定要谨慎小心。

6. 政府创业扶持基金融资

政府创业扶持基金的融资是非常好的一种融资。一般来说，它针对特殊人群，如大学生等，这类融资的审批和发放非常快捷和方便，而且还款的条件也十分宽松。不过它的融资额度不是很高，一般最高在2万元。不过对一般的小型创业来说，已经绰绰有余了。

👁 **案例**

学习市场营销专业的刘静2010年毕业后曾经在格力空调销售门店任职，积累了一定的市场工作经验。2011年，出于对服装行业的兴趣，她决定自己创业，开一家时尚服装馆。靠着工作一年的积蓄及家里的资助，她花了5万元把康乐路的一家商铺盘了下来，装修进货后，资金所剩无几。这时候，她听说所在地市推出了"免息的创业贷款"，就试着进行申请。在向区劳动就业服务中心提交包括创业资金小额贷款申请表、中国邮政储蓄银行小额贷款申请表、创业计划、担保人相关信息等资料后的第5天，贷款就发到了她手中，及时解决了她的资金周转难题，缓解了经营压力。由于申请创业小额担保贷款的贷款人必须根据经办银行的规定，每月足额向经办银行还本付息，政府才会根据贷款人还款情况，对每月按时足额还款的贷款人实行次月全额贴息，因此刘静的小店虽然已经开始慢慢盈利，但对于每月的还款，她还是有一定压力的。不过她表示，希望通过自己的努力，把自己喜欢的事业进行到底。

大学生自主创业的融资方法还有多种，以上介绍的是常用的几种。具体选择哪一种融资方法，创业者应根据投资的性质、企业的资金需求、融资成本和财务风险、投资收益率、企业的举债能力等进行综合考虑。同时，创业融资的黄金法则也需要创业者谨记，那就是：①现金为王；②早得现金比晚得现金好；③风险较小的现金比风险较大的现金好。

6.2.3　创业融资策略

在创业融资过程中，不一样的创业项目会对应不同的融资渠道和手段。这些渠道和手段都不唯一，需要大学生创业者去分析和把握，选择正确、合理的策略。

创业融资不单单是一个技术和能力问题，它还是一个社会问题。在创业者进行融资策略选择和融资准备时，需要从以下几个方面进行。

1. 制订创业计划

制订创业计划是大学生创业者进行融资时最基本的一项策略。没有合理的创业计划，创业者也不可能进行正确的融资选择，否则极有可能导致创业者盲目创业，使创业成本浪费严重，而且在与其他投资者商谈时，也没有可靠的依据来说服他们对自己进行投资。

案例

小齐和几个要好的同学在毕业后，几乎都选择了创业，这跟他们所学的专业有很大关系，他们是学金融的，而小齐现在也准备创业。金融学中经常会讲一个词——计划，所以小齐在创业之前没有一股脑地马上冲出去就干，而是先做好相应的创业计划，做好创业最基本的准备工作。

他想做一家贸易公司，主要经营玩具类产品。因为现在国内对安全问题越来越重视，而玩具类产品面向的对象一般是幼儿和青少年，所以他认为如果好好做，主打安全这张牌，在这一行一定会有所发展，哪里有不完善哪里就有机遇。

他先给自己制订了计划，做多大规模、聘用多少人、营销对象分为哪些层次、如何打造和推广品牌、未来的发展方向、每天和每月的资金流动状况如何、全年目标是什么、如何使用营销策略达到全年目标，以及需要预留多少资金来对抗突如其来的变化，这些都是小齐做计划的一部分。

他看到一些亲人或朋友在做生意的过程中因为没有进行充分计划而走了不少弯路、损耗不少成本，所以他认为自己一定要避免这些现象发生。而且，他现在正属于创业阶段，自己本身的资金就少，家人的资助也较为有限，如果没有计划，也就谈不上选择什么样的融资了。比如需要融多少资，哪些是长期的贷款，哪些是短期的贷款，哪些需要向亲朋好友借，这些他都要计划好才行，不然随便乱融资，后面的结果就会像他的那些做生意失败的亲人、朋友一样。

因为小齐是学金融的，所以在这一方面，他看得比较清楚，分析得也到位。做出了好的创业计划，按计划行事，才不会因鲁莽而横冲乱撞。只有这样，有计划地推进，创业才可能会有好的收获，不然不仅发不了财，还会欠一身债。

2. 测算不同阶段的资金需求量

除了做创业计划，创业者在融资前还需要对不同阶段的资金需求量做一定的测算。根据创业规模，测算宣传和推广等营销费用、人员聘用资金、资金流动状况，以及应对突发事件的应急资金等。测算虽然无法做到完全准确，但也要尽量客观、合理，因为这关系着创业者在融资过程中的决策正确与否。

3. 建立个人信用

没有哪一个投资者愿意把自己的钱交到一个没有诚信的人手中，所以个人信用是融资过程中非常关键的一个因素。个人信用不仅能够帮助创业者拿到初步投资，从长远来看，随着信用慢慢积累，也能够使新创企业建立起良好信誉，在未来企业出现经营困难或者需要资金周转时，创业者也能够凭借良好的个人信用迅速找到解决资金问题的途径。

案例

小唐在毕业之后，做起了服装批发生意。这个生意目前利润非常高，小唐也有信心做好。不过现阶段在融资上，他认为自己还存在一定问题。而且随着事业越来越大，资金问题也会越发尖锐。

在融资初期，他主要借助的渠道是担保机构。因为担保机构对抵押的要求比较低，融资额度也相对较大，只需要几个担保人就可以迅速拿到现款。而且随着他不断贷款、不断还款，他也能够积累起更高的个人信用，这样将帮助他贷到更多资金。

小唐找了他几个做企业的亲戚做担保人，所以担保机构也信得过小唐。在拿到第一笔创业资金后，他顺利地开办了自己的服装贸易公司。在熬过非常辛苦的3个月之后，公司的经营状况逐渐上了一定轨道。这时候，确实如他所料，他在资金运转上非常紧张。为了做好冬季服装的供应，他急需一大笔周转资金。通过跟担保机构沟通，鉴于他之前有良好的借贷信用，这一次他又顺利拿到了资金。他说："别看这么顺利就拿到钱，如果不及时还款，会造成很多不必要的麻烦，个人信用额度会降低，担保人的信誉也会受到影响，这对日后的融资是非常不利的。"

小唐两次顺利拿到融资，都有赖于他有良好的个人信用。对大学生创业者来说，这是非常重要的。也许有些创业者抱着侥幸心理，在拿到融资之后，觉得不守信用也没关系，只不过是罚点钱，找找关系。但这样会严重危害大学生的创业思维，不仅以后难融资，甚至会败坏企业声誉。

4．把握社会资本

社会资本包括人脉关系、个人声望等。认真把握这些社会资本是大学生创业者进行创业融资的重要策略之一。不过，这需要创业者具备优秀的沟通能力、良好的社会关系，或者一定的社会影响力，把各种社会资本有机地结合在一起，吸引投资商注意，进行洽谈游说，从而实现创业融资。

◉ 案例

孙辉毕业之后创立了一家互联网公司。这家公司的产品服务主要针对移动产品用户，而且受到了业界不错的评价，尤其是得到某社会名人在微博上点名称赞，这些使孙辉享有了不错的声誉。这些良好声誉帮助他积累了不错的社会资本，包括业界的关注、人才引进、公司知名度。

孙辉说："一家互联网公司最重要的就是传播，传播越广，越容易融到钱。"而他之前积累的这些社会资本就起到了这些作用。孙辉现在几乎不存在融资困难的问题，他要做好的就是选择一家合适的投资机构，能够一直支持他发展壮大。

不过，在融资问题上他并非就因此一劳永逸，他需要继续把名声打出去，比如致力于一些公益事业，以及与一些社会名人搞好关系，这些能够提高他和公司的知名度。如果他把个人效应和公司的品牌效应做响了，在他需要持续融资的情况下，他才有底气去跟对方谈条件及其他合作事宜，不然就得让利给这些投资机构。

孙辉很懂得积累社会资本，他也从中收获良多。除了收获融资外，公司的声誉也得到了提升。

6.3　创业资源管理

一般情况下，大学生创业者最初能够取得和利用的创业资源相当稀缺，这也是创业容易失败的原因之一。大学毕业生进行创业，想要推动创业活动前进与发展，并且满足企业生存和高速发展的要求，如何管理自己所掌握的创业资源，让它们最大限度地发挥效力，尽可能使成本得到控制，就是关键所在。一名优秀创业者在创业过程中所体现出的与众不同的创业能力之一，就是高超的创业资源管理能力，创造出竞争优势，使企业稳健、快速地占领市场。

6.3.1　经济资源管理

创业者在拿到融资之后，进行经济资源管理的目的只有两个：成本控制及防止资金链断裂。而充分做好预算、寻求合理资金结构、做好资金的调剂使用、减少负债、促进资金快速流动、实现最大的盈利等就是企业经济资源管理的重中之重。

不过有些创业者由于年轻气盛，存在一种赌的心态，想一步登天，不懂得合理运用这些资金，最后落得失败的下场。

◎ 案例 1

周贺是一个"80后"，在毕业之前，他曾经和朋友一起在学校周围开过花店，经营还算不错。毕业后，他参加了工作，月薪几万元，对此他还算满意，但他的心中又激起了创业热情。于是，工作刚满半年他就辞职了。

趁着全家老小过年聚餐的机会，周贺拿出自己的创业方案，开一家美容美发店。因为周贺人品不错，所以长辈都表示支持，于是大家凑了15万元给周贺。周贺拿到钱非常兴奋，和一个朋友来到青海省西宁市，因为那里品质优良的美发店不多，所以应该很有市场。

但从筹备开始，周贺才体会到创业之艰难。人生地不熟，光选址和装修就把两人折磨得够呛，后来索性都外包给别人去做，工钱花了不少。到了6月，店铺开张，但却没有他们想象中的滚滚客流。周贺这才发现自己的选址出现问题，虽然是市中心地段，但这个区域的人流量并不集中，而且一般到6月是美容美发的淡季，资金流出远远大于流入，创业资金本来就少，现在几乎弹尽粮绝。

虽然周贺和朋友工作很卖力，生意也初步进入正轨，但只能满足温饱。这时候，一所师范院校附近美发店的老板要将店铺转手，周贺和朋友觉得这是翻身的绝佳机遇，因为那所师范院校光学生就有几千人，9月把店盘下来刚好开学，这一下就能赚到钱了。正当转让事宜要谈下来之时，那个老板却突然反悔了，而市中心的店，因为他们这段时间疏于管理，营业额下降了一大半。为了避免再亏损下去，两人只好把店出手，最后一共赔了10多万元。

【点评】

周贺创业失败的原因有很多，最主要的就是对资金的管理不善，缺乏计划及冒失。在第一家店本就经营困难的情况下，两人还下赌注于第二家，最后赔了不少钱。这里也提醒广大创业者，应当充分建立起危机意识和现金流意识，脚踏实地，才能顺利过关。

◎ 案例 2

郑佳来自云南，她现在是西华师大商学院的学生。从前年起，郑佳就开始一边读书一边经营她的小商品生意。刚开始，她在网上淘一些便宜的小东西，价格在20元至60元，其中有美容品、服饰等，因为大学生经济实力不是很强，消费观念却很超前，郑佳就先试着做寝室营销，向室友推销起她淘的小东西，而且她的室友平时也买这些，不如就送她个人情。在建立了固定客户关系之后，她又将目标转向同楼层的其他女生和自己所能接触到的其他同学。去年暑假结束，郑佳的父母给她寄来5000元学费，但郑佳没有马上交学费，而是申请了缓交学费，她先用这5000元从浙江进货，然后选择在校园里人流量很大的路口摆摊叫卖。女生就是钟情于这些小玩意，而且在之前的创业活动中，她积累了不少人气。经过一个多月的奋斗，郑佳不但用赚的钱付清了学费，还拿出其中的3万元在校园附近商业区租了一间小店，然后和外地的稳定供应商建立起长期的合作关系。小店的生意越来越好，没过多长时间，郑佳在别的大学开了一家连锁店铺，由男朋友的好哥们打理。郑佳经过9个月的时间，用5000元起步，最后赚回10万元，而赚到的钱又全部用在未来的发展上了。

【点评】

郑佳是一个非常懂得经济资源管理的创业者。她能够利用时间差，将家里寄来的学费用于进货继续自己的创业，这里面有智慧、勇气，还有决心。而这3样东西对一个创业者来说也是非常有帮助的。她充分运用了手中的资金，这是她后来能够成功的重要原因。

6.3.2　人力资源管理

现代管理学之父彼得·德鲁克曾经说过："所谓企业管理，最终就是人事管理。"由此可见人力资源管理的重要性。因为创业者经验不足，资源缺乏，所以进行人力资源管理时，更要在人员招聘、人员配置、奖惩制度方面多下功夫。例如，谨慎招人，对于员工的工作职责和内容都要有具体规定，配合适当的奖惩制度，既不能让员工丧失信心，又要充分调动起员工的积极性。这些都能帮助创业者更好地进行人力资源管理。如果忽视这一方面，管理不当，那么极容易导致创业走向失败。

6.3.3　时间资源管理

对第一次创业的大学生来说，创业者的工作精力和工作时间很难得到保障是一个很大的问题。在创业资源贫乏的情况下，创业者既要完成各项日常工作，还要谋划公司的生存和发展。所以在工作时间的分配上，创业者经常顾此失彼，造成一定混乱。

◉ 案例

乔辉和他的朋友今年毕业后，准备一起创办一家防盗系统开发公司。他们一共凑了50万元，接着就开始准备选址、注册公司的事。但几个人都没有创业经历，他们虽然在产品研发上非常在行，但在筹备创办公司问题上，几个人确实伤透了脑筋。为了搞清楚注册公司的基本程序，他们找来很多资料，准备好好研究一番，但结果越研究越糊涂。他们不确定开发这样一个防盗系统公司，以几个人的名义，注册什么类型的公司合适，需要提交哪些材料、各种费用如何、公司起什么样的名字。几个人讨论了好几个晚上，好不容易把公司名称确定好，但又出现新问题了。公司当初只是决定做防盗系统开发这一块，而市场的产品定位、未来的发展方向，几个人还没有明确目标。于是，他们决定走一步看一步，具体情况根据公司发展再定。就这样，公司创办起来了，几个人的分工和职责缺少明确规划，他们经常针对一件事要进行长时间的讨论，效率极其低下。不仅如此，在公司成立之后，创业团队计划很多，但执行力却很差。接到任务后，总是发生研发人员拖延的情况，公司不能及时按要求完成任务，客户也不能如期拿到产品，最后经过长时间磋商，对方才答应以8成价格付款。这样，公司忙了几个月，最后几乎颗粒无收。

【点评】

乔辉和他的朋友确实在时间管理上存在很大问题。而时间资源对创业者来说，也是非常重要的一项资源。在这样的情况下，乔辉的公司效率极低，不仅不能快速成长，甚至还有生存危机。所以大学生在创业过程中要注意时间资源的管理，分清楚事情的轻重缓急，合理安排工作任务，从而使公司的投入产出比更大。

6.3.4 营销资源管理

无论是新创企业还是成熟企业，都以市场为导向。一项新产品或新服务的市场供需直接决定企业的成败。对新创企业来说，宣传和推广能力相对缺乏，新产品或新服务在市场中几乎不为人所知，所以新创企业必须集中精力，致力于营销资源的分配和新市场的开拓，让销售得到巨大提升，这就是营销资源管理的内容。

案例 1

杰米·唐查科非常喜欢威布廉公司的"五指系列"超轻量跑鞋，但这种跑鞋对一个普通大学生来说太过昂贵。于是唐查科开始利用自己能找到的材料设计凉鞋，他曾试过快递信封纸，但做出的鞋子虽然足够轻，鞋底的保护效果却很差。于是唐查科继续为制作轻便、廉价的鞋子而努力。

在一个偶然情况下，他发现户外广告公司废弃的乙烯塑料广告布非常适合制作超轻鞋，而且这样利用再生资源，对环境也非常有好处。于是唐查科找到相关负责人，仅用 20 美元就拿到了一张麦当劳的大幅饮料广告布，开始他的新创造。

在经过多次试验修改完善后，唐查科最后确定出一款设计。刚开始，唐查科只是按成本价出售，销量不错。紧接着唐查科推出了自己的网站，而且利用这些资源开发多款凉鞋，售价为 19.99 ～ 39.99 美元。这些环保再生鞋全是在密歇根州完成的，并且公司网站上称，公司聘用的都是"当地优秀工人"，其实只有唐查科一人。

后来他正式注册了公司唐博罗，并对潜在的客户群进行了相关研究。此时唐查科还申请加入洛杉矶的一个非营利性机构"火星种子"，这个机构专门为有益于社会的创业者提供种子资金及顾问指导等资源。后来，年仅 21 岁的唐查科被"火星种子"评为优秀创意家。在得到"火星种子"提供的资源后，经过短短 2 个月时间，唐查科将网站彻底大变样，无论是创意、产品还是服务，都令人耳目一新。

唐查科测算了一下，今年夏天环保再生鞋销量可以达到每月 1000 双，而且有些精品店对他生产的这些产品很有兴趣。现在他在争取让他的环保再生鞋成为多个品牌的买赠礼。从第一双快递信封鞋诞生以来，他用了很多时间才走到现在，虽然经历了很多挫折，但在谈起自己的成果时，他还是很兴奋。

【点评】

很多人不会想到，要用快递的信封纸作为制作鞋的材料。当然唐查科一开始并没有成功，但他希望能够废物利用、环保再生的理念没有改变。正是如此，普通的信封纸把他引上创业道路。在创业过程中，他努力为自己的产品找到营销的热点，拿到"火星种子"的优秀创意家称号，这样不仅吸引到了投资，还让自己有了光环。正是因为唐查科善于运用和管理这种创业资源，最后他才取得了成功。

案例 2

刘康苗从浙江大学计算机学院以博士学位毕业，可以留校任教，但他毅然选择了创业。说起创业的原因，刘康苗说，因为自己是义乌人，受到周围环境的影响，创业的"种子"很小就埋在心底了，"我一个义乌的同学，高中都没读就去做生意，20 岁的时候资产就有 1000 万元了，现在至少有 1 亿元。"刘康苗的亲朋里，很多都是做生意的。此外，拥有高学历的刘康苗认为知识就是财富，要将自己的所学转化为社会财富。因此，读博期间，在导师陈纯教授的指导下，刘康苗在实验室里不断锤炼，开始了跨学科的实验项目。刘康苗说："在学校时我就发现产学研合作有一个'最后一千米'的问题。实验室研发的科研成果，企业很难完成真正完全投产，一方面是因为企业的科研能力比较弱，另一方面是因为高校的科研工作者不愿意参与产品投产过程非常繁杂的工程性工作。大学生创业，我觉得有机会去填补这一步之遥。"于是，刘康苗毅然决然放弃留校任教的机会，和大学同学杨智一起创办了杭州来同科技有限公司。

创业之初，刘康苗认为自己是博士生，创业必须有科技含量。恰巧，他朋友的企业刚好需要"网络智能监控摄像机"产品方案，而刘康苗的产品通过分析视频，能把几时几分有谁进出某场所的情况都统计出来。虽然刘康苗率领团队研发出了新产品，但受到外部环境的影响，靠朋友推广新产品的计划没有取得成功。这件事情让刘康苗认识到："不是所有的船都能出海的。船借来了，还要自己能划，掌舵的必须是自己。"

后来，刘康苗在观看浙江卫视"我爱记歌词"节目时，受到启发。他想：可不可以研发一种便携式卡拉OK机，来满足老百姓的文化娱乐需求？汲取创业之初项目失败的经验，刘康苗决定新的项目从研发、生产到销售都必须掌握在自己团队的手里。他首先注册了"我爱记歌词"的商标，比电视台早注册了7天。这个快人一步的举动，让这个还未面世的便携式卡拉OK机获得了免费的形象宣传效应，这被刘康苗戏称为一次成功的"借船"。此外，刘康苗借助杭州市创业优惠政策，得到了创业导师的指导，创业导师根据项目的定位和技术等，推荐了最专业的代工工厂。于是，刘康苗逐渐找到了一条将芯片采购、模块生产打包给代工工厂的路子，彻底解决了创业初期数百万生产资金没法落实的困难。刘康苗坦白地说，这次他是借对了好几艘船。刘康苗团队设计的便携式卡拉OK机集唱歌曲、记歌词游戏、卡拉OK等功能于一身，还没上市，收到的订单就突破10万台，订单额达5000万元。

刘康苗非常注重团队建设，他定了一个规矩，就是团队成员不能在公司里说"不可能"3个字。遇到问题，团队成员之间集思广益、共同谋划，这样团队成员之间可以更加相互信任，减少了内耗，团队的凝聚力提高，公司的运转效率明显提升。

目前，杭州来同科技有限公司在数字音视频、网络多媒体、人机交互、智能控制等技术领域和嵌入式系统应用开发方面拥有核心自主知识产权，与众多国内外顶级IC设计制造厂商、信息资讯和咨询服务公司、信息产品设计制造企业和传统产业行业组织建立了长期战略合作关系。

【点评】

刘康苗能通过看"我爱记歌词"节目，从中发现里面存在的商机，研制出"便携式卡拉OK机"，说明他对市场有充分的敏锐性。同时，他还会积极整合身边的各种资源，如技术资源、团队资源等。

（1）"产品不等于商品，高科技不等于产业"，这是刘康苗第一次创业失败后的心得。一个好的创业项目不仅仅需要创业激情，还需要市场"认可"。

（2）机遇需要用心把握。看似从娱乐节目得到灵感，不如说刘康苗积蓄的创业情怀得到"引爆"。在评估好市场、技术和运作等资源后，第二次刘康苗和他的团队终于收到"订单"。

（3）人力资源管理在创业中非常关键，俗话说"人心齐，泰山移"，只要大家明确公司发展目标，众志成城，就会把"不可能"变成"一切皆有可能"。

（4）建议公司在小有成就的同时，应保持清醒的头脑，市场充满诱惑和陷阱。在接下来大力开拓便携式卡拉OK机市场的同时，公司应不断完善和丰富产品，注重品牌建设。

素质拓展

项目：情境训练。

准备物品：纸条。

分组：6 ～ 8 人 / 组。

步骤一：每个人在纸条上写下自己的创业项目，折好放一堆；再准备 6 张纸条，分别写上"自我融资""亲朋好友融资""天使投资""商业银行贷款""担保机构融资""政府创业扶持基金融资"，折好放一堆。

步骤二：每个人从创业项目中抽一张作为自己的创业项目；之后大家轮流从创业融资的纸条中抽 3 张记下自己的融资方式。

步骤三：每个人按照自己所抽到的创业项目，结合自己抽到的融资方式，制订相应的融资策略，然后从经济、人力、时间及营销 4 个创业资源方面制订相应的管理方式，接模拟创业，将自己整合创业资源的过程讲给大家听。

步骤四：抽到与被抽到的组员之间，互相做出创业资源整合过程的评价。

活动目标：使同学们进一步理解创业资源整合的过程。

课后思考

1. 创业融资过程中，通常需要考虑哪些问题？
2. 如果你现在开始创业，开办一家网吧，你有哪些融资的渠道和可供整合的资源？

07 第7章
创业计划书

导入案例

大学生小邝发现很多女生喜欢吃冰激凌，而在大学城里却没有一家上档次的冰激凌店。于是，经过细致的市场调查，小邝精心制作了一份创业计划书。在这份创业计划书里，他详细阐述了开冰激凌美食连锁店的经营思路、客户群、开拓市场的方法、客流量统计分析、开店的经营成本和预算等。拿着这份创业计划书，他找到了一家有资质的民间借贷机构，寻求资金帮助。借贷机构研究了小邝的创业计划书，非常满意，当即答应借款4万元给小邝开店。通过4万元启动资金，并按照创业计划书的流程，小邝开起了一家冰激凌美食连锁店，经营情况相当好，有很多学生光顾。小邝在规定的时间内还清了4万元借款，并取得了不错的收益。

创业计划书对创业者来说，就像一块敲门砖。一份好的创业计划书能够让大学生创业者事半功倍。创业之前，如果没有经过充分准备，匆忙上阵，盲目创业，那么结果很有可能是一败涂地，从此再也找不到创业的激情和勇气。所以大学生创业者需要认真对待创业计划书，做好充分准备，完成一份有价值的创业计划书。

在这里，大学生需要认识到创业计划书的具体作用、基本内容和结构、信息收集方法，以及撰写商业计划书的方法，便于在今后从事创业时开展工作。

7.1 创业计划书概述

创业计划书是一份全方位的商业计划，其主要用途是递交给投资商，以便于他们能对企业或项目做出评判，从而使企业获得融资。创业计划书用于描述与拟创办企业相关的内外部环境条件和要素特点，为业务的发展提供指示图和衡量业务进展情况的标准。通常创业计划书是结合了市场营销、财务、生产、人力资源等职能计划的综合。

创业计划书有相对固定的格式，几乎包括反映投资商所有感兴趣的内容。创业计划书的好坏往往决定了投资交易的成败。对初创企业来说，创业计划书的作用尤为重要。创业者在选定了创业目标并开始创业，在资金、人脉、市场等各方面的条件都已准备妥当或已经累积了相当实力时，这时候，就必须提供一份完整的创业计划书。创业计划书是整个创业过程的灵魂。

从企业成长经历、产品服务、市场、营销、管理团队、股权结构、组织人事、财务、运营到融资方案，只有内容翔实、数据丰富、体系完整、装订精致的创业计划书，才能吸引投资商，让他们看懂项目的商业运作计划，才能使融资需求成为现实。

7.2　创业计划书的作用

创业计划书既是创业的行动指导和规划图，又是大学生创业者同外界沟通的基本依据。一份好的创业计划书能够让创业者摸清楚创业的行动方向及未来的路线图，能让创业者在未来少犯错误，并且可以帮助创业者顺利找到投资或合作伙伴。好的创业计划书不是凭空想象的。它具有现实依据，需要创业者付出劳动，所以它的作用也将是显著的，主要体现在以下几点。

（1）帮助创业者厘清创业思路，认清创业机会。社会心理学研究表明，行动走在思想的前面叫作冲动，思想走到行动前面太远叫作优柔寡断，行动牵着思想的手叫作成熟。从速度上看，思想是小步慢速，行动是大步流星。但是牵着一起走，两个就要综合一下彼此的情况，思想和行动都要中步稳速。为了更好地把握创业机会，实际行动之前，创业者需要对其进行进一步思考：撰写创业计划书。特别对于初次创业者，创业计划书是对其观察到的创业机会进一步思考和观察的成果。通过这个成果，创业者能更好地对创业机会进行运作和操控。

（2）帮助创业者尽力争取创业初期及创业发展期的启动和发展资金，为资金把握能力增加砝码。你看到或者看不到，它就在那里，来来去去；你抓或不抓，它就在那里，不增不减。它就是创业机会。创业机会在我们的生活中一直都在，但是谁能看到或把握住它，看到或把握多少，会因人而异。原因一般包括以下两点：一是每个人看的地方不同，看到的机会和对机会的衡量也不同；二是同一时期，每个人所拥有的条件都是不同的，但是机会要求的条件却是固定的。一般而言，任何一个创业机会都需要两个基本条件：认识和资金。认识没办法短期改变，但是资金却可以通过努力尽快改善，创业计划书就是改变这种现状的一个很好的方式。需要资金的人很多，但是提供的人没有这么多。为了争取这些少量而珍贵的资金，需要资金的创业者就要进行层层角逐，第一次角逐就是呈上自己的创业计划书。谁先吸引了投资者的眼球，谁就赢得了更大的可能，为自己的资金把握能力增加了砝码。

（3）帮助企业走好后面的路，为做好当下的宣传打下基础。一份好的创业计划书会有一个基本的参照，即企业发展的理念。一个好的理念对人有天然的吸引力，这个天然的吸引力对不同的人有不同的作用。对于资金充裕者，其会在将来创业者需要资金的时候愿意伸手援助，以解燃眉之急；对于消费者，总是倾向于买有好的理念引导的企业产品，好的理念给人的感觉就是好的质量。所以写好创业计划书可以厘清思路，可以争取资金，可以明确目标，可以宣传理念。

（4）争取政府部门的支持。各级政府及相关部门都以各种方式扶持创业者，如税费政策的优惠、无息或者贴息贷款、通过科技立项直接给予支持，但这些必须借助完整的创业计划书来展现拟创办企业及其创业项目具有积极的社会意义，以及企业需要政府部门提供的具体支持。根据政府部门的要求，创业计划书可以以项目论证或可行性论证的形式发挥作用。

（5）为应对可能的危机做好准备。好的创业计划书可以对拟创办企业面临的风险做出分析并设计出规避措施。特别好的创业计划书还包括对突发事件应对方式的指导，这些都有助于新创企业面临困境时很快找到出路。

7.3　创业计划书的基本框架

创业计划书一般包括封面、扉页、目录、正文和附录几个部分。每个部分有不同的内容。

1. 封面

封面一般包括以下几方面内容。

- 编号。
- 保密等级：秘密（机密、绝密）。
- 标题：×××公司（或×××项目）。
- 落款：公司名称。
- 时间：××××年××月××日。

创业计划书封面

其中，标题应该体现核心主题，原则是简单明了；保密等级表明该计划或者项目的保密程度；编号主要是为了体现管理的规范性和思维的全面性。因为封面位置的独特性，所以在装订和设计的时候一般是单独成页，如果有条件，最好用硬皮封面或者塑料封面等。背景一般设计成纯色的比较好，这样也符合封面的基本原则，简洁大方。如果能看到创业的成果或者已经见到成果，则可以考虑将背景设计成成果。

作为大学生，目前所做的创业计划书封面可以相对简单一点，因为这时候的创业计划书更多的是帮助大学生全面地理解创业，为创业做更充足的准备。封面一般主要包括主题、背景、落款、时间和编号。

2. 扉页

扉页一般分上下两个部分。上部分写保密要求或者创业项目介绍及创业团队介绍，这两项内容具体选择哪一项，可以根据具体情况而定。下部分主要对项目有关的联系方式再次详细罗列，如项目名称、团队名称、团队所属（高校或者社团等）、邮编、地址、邮箱、项目介绍网址，以及负责人或者联系人的姓名、电话、传真等信息。

3. 目录

目录的主要作用是让投资者更详细、更全面、更快捷地把握创业计划书的内容，也让制定者更好地审视创业计划书的框架和内容。特别是在创业计划书内容较多的时候，提供目录既可以带给投资者一种你很认真的印象，又能告诉投资者你对自己的项目很了解、很熟悉。这样，你就抓住了投资的第一个先机。对大学生创业者而言，这一点尤为重要，既是你磨炼自身成熟度的一个点，也是你吸引项目投资资金的重要细节。目录制作原则：要具有逻辑性和清晰性。逻辑性是指投资者一看目录就知道你的创业计划书的思维逻辑；清晰性是指投资者一看目录就知道哪一块内容在哪个位置。

4. 正文

如果说前面的内容是为了抓住投资者的眼球，那么这部分内容就是为了抓住投资者的心。这部分是创业计划书的重头戏和关键点。

一般而言，正文需要包括以下几部分内容。

（1）概述。

（2）产品与服务。

（3）产品制造。

（4）市场分析。

（5）市场营销。

（6）管理团队。

（7）财务管理。

（8）风险控制。

5. 附录

附录作为创业计划书的一部分，主要功能是帮助投资者更好地了解创业计划书的项目，以及再次让创业者对自身创业项目有进一步了解——有什么，还差什么等。附录的形式有附表、附图、附件3种，一般包括以下内容。

（1）市场营销的相关资料。例如，主要客户名单、主要供应商和经销商名单、市场调查和预测资料、产品相关资料等。

（2）财务相关资料。例如，各种财务报表、现金流量预测表、资产负债预测表，以及公司利润预测表等。

（3）生产、技术和服务相关的技术资料。例如，设备清单、产品目录、工艺流程图、技术图纸与方案等。

（4）公司相关的资质材料。例如，营业执照复印件、公司章程、经营团队名单及简介、产品说明书和相关材料、产品专利相关材料、宣传材料等。

7.4 创业计划书的基本内容

这里说的创业计划书的基本内容就是前面（创业计划书的基本框架）所说的正文部分。

1. 创业计划概述

其主要目的是吸引创业合作伙伴或者投资者的注意。这部分内容是整个创业计划书核心内容的提炼和总结。对于这部分内容，写作的要求是精练而有效，要让阅读者能在尽可能短的时间内理解创业计划书的内容并对其做出判断。

在撰写创业计划概述之前，创业者需要明确以下几个问题。

① 创业内容或者项目所属的行业，创业内容的性质和范围。

② 创业项目的产品是实体的物质还是精神的服务。

③ 创业项目的目标市场、客户，以及目前市场相关的需求情况。

④ 创业项目潜在的合作对象和投资人。

⑤ 创业项目今后投入市场后面临的竞争，这种竞争对项目发展的影响程度及创业团队可采取的应对策略。

明确了上述问题，就可以开始正式撰写创业计划书的基本内容。

（1）企业介绍

这部分的目的不是描述整个计划，也不是提供另外一个概要，而是对你的公司做出介绍，因而重点是你的公司理念和如何制订公司的战略目标。

（2）行业分析

在行业分析中，应该正确评价所选行业的基本特点、竞争状况，以及未来的发展趋势等内容。

关于行业分析的典型问题如下。

① 该行业发展程度如何？现在的发展动态如何？

② 创新和技术进步在该行业扮演怎样的角色？

③ 该行业的总销售额有多少？发展趋势怎样？

④ 价格趋向如何？

⑤ 经济发展对该行业的影响程度如何？政府是如何影响该行业的？

⑥ 是什么因素决定它的发展？

⑦ 竞争的本质是什么？你将采取什么样的战略？

⑧ 进入该行业的障碍是什么？你将如何克服？该行业典型的回报率有多少？

（3）产品（服务）介绍

产品介绍应包括以下内容：产品的概念、性能及特性、主要产品介绍、产品的市场竞争力、产品的研究和开发过程、发展新产品的计划和成本分析、产品的市场前景预测、产品的品牌和专利等。

在这一部分，创业者要对产品（服务）做出详细的说明，说明既要准确，又要通俗易懂，使不是专业人员的投资者也能明白。一般地，产品介绍都要附上产品原型、照片或其他介绍。

（4）人员及组织结构

在企业的生产活动中，存在人力资源管理、技术管理、财务管理、作业管理、产品管理等，而人力资源管理是其中很重要的一部分。因为社会发展到今天，人已经成为最宝贵的资源，这是由人的主动性和创造性决定的。企业要管理好这种资源，更要遵循科学的原则和方法。

在创业计划书中，必须对主要管理人员加以阐明，介绍他们所具有的能力、他们在本企业中的职务和责任、他们过去的详细经历及背景。此外，在这部分，还应对公司结构做一简要介绍，包括公司的组织机构图、各部门的功能与责任、各部门的负责人及主要成员、公司的报酬体系、公司的股东名单（包括认股权、比例和特权）、公司的董事会成员、各位董事的背景资料。

经验和过去的成功经历比学位更有说服力。如果你准备把一个特别重要的位置留给一个没有经验的人，你一定要给出充分的理由。

（5）市场预测

市场预测应包括以下内容。

① 需求预测。

② 市场现状综述。

③ 竞争厂商概览。

④ 目标顾客和目标市场。

⑤ 本企业产品的市场地位等。

（6）营销策略

对市场错误的认识是企业经营失败的主要原因之一。

在创业计划书中，营销策略部分应包括以下内容。

① 市场机构和营销渠道的选择。

② 营销队伍和管理。

③ 促销计划和广告策略。

④ 价格决策。

⑤ 制造计划。

创业计划书中的生产制造计划应包括以下内容。

① 产品制造和技术设备现状。

② 新产品投产计划。

③ 技术提升和设备更新计划。

④ 质量控制和质量改进计划。

（7）财务规划

财务规划的重点是现金流量表、损益表及资产负债表的制备。

① 流动资金是企业的生命线，因此企业在初创或扩张时，对流动资金需要有周详的计划和进行过程中的严格控制。

② 损益表反映的是企业的盈利状况，它是企业在一段时间运作后的经营结果。

③ 资产负债表反映在某一时刻的企业状况，投资者可以用资产负债表中的数据来衡量企业的经营状况及可能的投资回报率。

（8）风险与风险管理

风险与风险管理包括以下内容。

① 你的公司在市场、竞争和技术方面有哪些基本的风险。

② 你准备怎样应对这些风险。

③ 在你看来，你的公司还有一些什么样的附加机会。

④ 在现有资本基础上如何进行扩展。

⑤ 在最好和最坏情形下，你的5年计划表现如何。

如果你的估计不那么准确，你应该给出误差范围到底有多大。如果可能，对你的关键性参数做最好和最坏的设定。

2. 项目介绍

这一部分内容主要从以下两个方面来阐述。

（1）项目的来源和目标，也就是想要把该项目做大做强的刺激物和动机是什么，最终想达到什么样的目标。因为有指南针和灯塔的指引，船才能航行得远。

（2）项目的基本情况，包括项目的名称、产品类型（服务或产品）、适合的经营场所、对环境的要求（地域、气候等）、需要的成本资金等。在这一部分还应该重点介绍项目的发展前景、未来的利润空间和发展的阶段。

3. 项目产品或服务介绍

秀才遇上兵，有理说不清。对不同的人需要用不同的交往方式，因为他们有不同的需求。一个项目好不好，关键还是要看项目产生的内容是什么，有什么用，谁能用。对于创业之初的企业和创业者，立足点应该放在产品或服务的实际效用上，因为只有这样才能吸引投资者的注意，才能尽快地实现早期的资本原始积累，进而壮大企业。这一部分主要从以下几个方面来阐述。

（1）产品或服务概述。主要介绍其概念、用途、先进性、独特性等，其中应该重点介绍该产品或服务的创新点和优势，以及如何实现最优化的解决现实问题。当然，还应该包括如何让投资者获得更多的利润回报。

（2）产品或服务的竞争力和市场前景。详细介绍该项目产品或服务的优缺点、消费者使用该项目产品或服务的可能性和原因，以及这种产品或服务可能的市场空间等。

（3）产品或服务的研发和生产过程。详细介绍目前该项目的社会认可情况，主要是取得的某些鉴定机构的鉴定等级、是否申请专利、有无投放市场做了检验及市场反应等。

（4）产品成本分析。详细介绍该项目产品或服务的生产成本，包括人力成本、技术成本、设备购置成本、行政成本（税率等）及可能的宣传成本等。

（5）产品或服务的名称和专利。详细介绍项目产品或服务目前的专利归属、投资方投资之后享用的对产品或服务的专利权限等。

在这一部分中，创业者要对产品或服务做详细说明，要尽量达到即使非专业的人也能看懂的程度。为了更通俗地说明产品或服务的情况，还可以附上产品/服务的照片或其他相关的介绍。当然也要避免说大话、空话，因为从短期看，创业者和投资者的依附关系比创业者和消费者的依附关系更深，刚开始的空话、大话会给企业发展埋下致命的种子。

4. 创业项目开发与经营团队

术业专攻，专人专长。让生物学家组队进行火箭研发、让火箭专家组队进行生物科学的研究，都是事倍功半的分配。合理的人才分配会让能力效用得到最大化释放。在创业领域同样如此，一个好的创业团队既可以培养一个好的创业机会，也可以化解创业机会中的风险危机。好的创业团队有两个主要特征：能力体现异质性和组织结构清晰明确。

能力体现异质性指的就是创业团队中每个人都有自己的强项，而这些强项也是一个企业发展中几个关键的部分或环节，比如管理有管理专长的人、生产有生产专长的人、销售有营销专长的人和财务有财务专长的人等。再细化到每个方面就是内外分工明确，内容分工明确，比如主内和主外，管理和业务等。这一点在创业计划书中要通过成员的特长、教育背景和工作背景等情况来体现。

组织结构清晰明确的含义如下。

（1）将根据个人能力进行的分工情况体现到企业发展的制度和章程中，也即组织结构图：各部分的功能和责任、各部分成员间上级和下级关系及相互责任。

（2）公司的薪酬制度。基本工资、绩效工资的计算方法和标准等。

（3）公司的所有制形式。是中外合资、合作企业、外商独资企业、合伙企业、有限责任公司、股份有限公司还是个人企业，以及在各自的所有制形式下，企业未来的资金管理方式。例如，如果是股份有限公司，要包括股东人员名单、股权、比例和特权等。

5. 市场分析

市场分析主要包括以下3方面内容。

（1）明确界定产品的目标市场，包括销售对象和销售区域。

（2）过去、现在及未来市场需求和成长潜力。

（3）过去、现在及未来市场价格发展趋势。

具体的就是要明确以下问题：市场需求预测、市场现状综述、竞争厂商概览、目标客户和目标市场。例如，产品与市场的契合状况：市场对这种产品需求有多大？需求量是否能给企业发展想要的效益？市场有多大？需求能够延续的时间和需求量的变化如何？有哪些因素影响市场的供求关系？本项目面对的竞争情况：面对的主要竞争对手有哪些？有利于自身项目发展的空间有多大？项目在当下预期可能的市场占有率是多少？项目产品进入市场可能会让同类产品做出怎样的反应？自身项目对其有什么应对方案？

6. 产品生产计划

产品生产计划主要包括以下3方面内容。

（1）产品制造方式。其主要指创业者采用什么样的方式来生产产品或服务：自己建厂还是通过委托加工，抑或通过其他方式。如果自己建厂生产，还要说明建厂计划，包括厂房地点、设计，以及所需的时间和成本。例如，关于厂房，是自建厂房、购买厂房还是租用厂房，厂房的面积、厂房所在地的交通运输、通信条件等具体情况。

（2）生产设备。其主要涉及两方面的问题：设备选择和设备需求量。设备选择主要涉及设备规格的需求和设备厂商的选择；而设备需求量主要是目前状况（产品成熟度、市场需求度、市场认可度及产品销售预期量等）需要的设备数量。具体就是：使用什么设备，设备专用还是通用，设备先进程度如何，价值多少，最大生产能力多大，能否满足企业产品销售需求，随着生产规模扩大是否需要增加或更新设备，设备增加与更新的数量和状况，怎样做好员工操作技能的培训工作等。

（3）产品的工艺和质量。其主要涉及产品的生产流程控制方法及各个环节质量控制方案。例如，各工艺流程的质量控制计划和指标如何；主要原材料、设备部件、关键零配件等生产必需品的供货渠道的稳定性、可靠性、质量如何。正常生产条件下，产品的正品率、次品率可控制在何种范围，如何保证新产品进入规模生产的稳定性和可靠性等。

7. 营销计划

营销计划主要涉及以下内容：现在和未来几年内的营销计划，包括销售和促销方式、销售网络分布、产品定价策略，以及不同销售量标准下的定位策略。

营销计划中不可或缺的一项就是营销策略。营销策略包括了解产品/服务市场及销售方式和竞争条件分别在哪里，说明市场机构和营销渠道及在建立销售网、确定价格和促销手段等方面采取的策略。

在创业计划书中，营销策略应包括以下内容。

（1）市场机构和营销渠道的选择。

（2）营销队伍的组建、构成和管理。

（3）促销计划和广告策略。

（4）价格决策和策略等。

就创业企业而言，产品和企业的知名度一般较低，很难进入其他企业已经稳定的销售网络中去。因此，企业只能暂时采取高成本低效益的营销战略，如上门推销、大量投放产品广告、让利批发商和零售商或将产品交给有合作意愿的经销商销售。

8. 财务规划

如果一个创业计划书对创业而言是载着创业前行的轻轨，那么创业计划书中的财务规划就是这辆轻轨脚下的轨道。无论是对于初创企业还是发展中的企业都是如此，这事关企业获得企业发展资金的数量和企业现有资金的利用程度。

一份财务规划一般要包括以下两个基本内容：产品未来预期收益评估和投资报酬说明。

财务规划是一项较为复杂的综合性工作，其中包括现金流量表、资产负债表，以及损益表的制备等。企业的财务规划与创业计划书的总体假设要一致。事实上，财务规划和企业生产计划、人力资源计划、营销计划等内容密不可分。要完成财务规划，创业者还必须要明确以下问题。

① 产品在每一时期的发出量是多大？

② 何时开始产品线扩张？

③ 每件产品的生产费用是多少？

④ 每件产品的定价是多少？

⑤ 使用哪种分销渠道，预期成本和利润分别是多少？

⑥ 要雇用哪几种类型的人？

⑦ 雇用何时开始，工资预算是多少？

具体来说，财务规划一般包括以下内容。

① 创业计划书的条件假设。

② 预计的资产负债表。

③ 预计的损益表。

④ 现金收支分析。

⑤ 资金的来源和使用等。

9. 风险评估

风险评估主要涉及以下问题：企业发展中面临的风险种类、不同风险对企业发展的影响程度、面对不同风险企业可采取的应急方案。

风险评估的主要内容有：企业存在的风险种类、企业发展各阶段的主要风险、评估风险的水平、降低风险的措施等。

企业存在的风险种类如下所示。

（1）政策风险。国家政策的调整和变化导致产业发展和产业格局的变化有可能给企业发展带来政策性风险，创业者应主动了解国家政策导向和有关主管部门的政策信息，尽可能把握政策发展或变化方向，必要时转换经营项目，减少经济损失。

（2）不可预见风险。一些不可预见事件如战争、动乱、天灾人祸、大规模流行疾病等也可能导致企业的经营、发展面临风险。经营者要尽可能全面了解自然环境、社会环境的变化发展信息，一旦风险发生，根据风险的影响程度和范围，可采取暂停经营，力争把风险带来的损失降低到最低限度。

（3）市场风险。从唯物辩证法来看，市场风险具有两个总特征：事物之间是普遍联系的和事物是变化发展的。创业过程中，市场中的任何变化都可能带给企业机遇和风险，如国际及国内大环境的变化、企业产品的更新换代、竞争对手产品的更新换代、新技术的更新等。在这种情况下，创业者要做好两点：一是对风险提前预测；二是重视技术研发和更新，把握技术潮流。

（4）经营管理风险。再小的企业需要关注的点也不少，再强大的创业者在企业发展的长河中也可能犯错误。为了规避风险，创业者需要从以下两点加以注意和把握：一是尽快建立现代企业管理制度，尽可能保证人职匹配；二是做一个能听取别人意见的民主管理者，创设思想碰撞的氛围。

（5）财务风险。如果机会是企业建立的初动力，那么财务管理就是企业发展的原动力。因为跟财务相关的管理和利润都可以成就和毁灭一家企业。管理不好人，人走企业灭；如果企业没有利润，企业存在的价值也就不复存在。如果想做好财务，需要从以下两点注意：一是建立现代人力资源管理制度，如制订合理、有效的工作绩效管理制度；二是专人专岗，有专门的财务人员。

（6）人才风险。没有智慧的眼睛，平淡无奇；没有智慧的头脑，企业只能坐吃老本，渐行渐衰。而智慧的载体是人才。人才管理是一个大问题，关于人才管理需要注意以下几点：一是注意发掘人才——走天下路，交天下才；二是注意营造人才成长的环境——任人唯才，视才为尊；三是注意人才的培养和激励——赏罚分明，奖惩有度。

10. 企业发展目标

不想当将军的士兵不是好士兵。同样，对创业者而言，不想做好做强的创业者不是好的创业者。有梦想才有动力，有持续的梦想才有持续的动力。在创业过程中，要把理想细化，分成不同的组成部分，这些不同的部分分散到企业不同的发展时期，参照这些计划制订企业的短期、中期和长期规划。

11. 创业计划书的评估与完善

在"标准"出台之前，事物和行为还没有好坏和对错之分。我们要想对创业计划书进行评价，就要先找出评价的标准。结合以往学者的研究结果，对于创业计划书的评估和完善可以从以下两个大的方面来做。

（1）写作时把握"九要"和"三不要"。"九要"主要是指要陈述公司情况和内容，要优先交代企业业务类型，要阐明企业发展的战略方案，要有企业发展资金和利用方案，要有经营风险分析，对事物说明要论据充分，企业发展前景和现状论述要充分具体，要有投资风险与收益分析，论据材料准备要充分。"三不要"主要是指论述过程不要使用专业性过强的专业术语，如果不是特别需要，一般以通俗、简明为原则；论证过程数据要翔实具体，不要使用含糊、模糊的描述；内容结合现实，不要华而不实。

（2）写作完善时要回答以下几个问题。这几个问题的内容主要是指你的创业计划书可读性有多强：凡有井水处皆可懂还是唯有大雅堂才可会？你的产品和服务是否在创业计划书中得到充分而具体的解释，是否展现了独特优势？你的团队是否在开始的测试中配合默契，是否有互补性？对产品的前景描述是否充分和具体，是否能吸引投资者眼球？是否对产品投入生产有完备的计划？产品的营销策略是否科学、翔实？对财务管理的思考是否完备？对创业风险的预期是否足够和完备？你是否展现了你是好创业者的一面——发展目标？你对创业计划书的写作和表达整体是否清晰？

7.5 创业计划书相关信息搜集

创业计划书的准备过程，其实也是创业者搜集信息的过程，是分析并预测创业项目所存在的问题，给出解决方案的过程。而信息的搜集关乎着一份创业计划书是否能够成立。信息搜集分为两个部分：信息搜集的内容和信息搜集的方法。

7.5.1 信息搜集的内容

1. 经营环境

经营环境所需要搜集的信息很多，包括所经营业务和开展项目的行业情况、政策和法律信息，以及这些信息对创业项目所造成的影响，还有该项目的发展情况、发展趋势，以及行业规则和行业管理措施等。然而最重要的还是它是否具有相对可行的市场、市场的需求如何、自己的创业项目能否满足市场需求。

案例

林树毕业之后，回到了自己所出生的城市，她准备开始创业。她是一个文艺范比较强的人，对于开饰品店、服装店、饭馆等没有什么兴趣，而对手陶情有独钟。因为她在上学期间曾经多次到一家手陶店，亲手制作手陶，还将手陶绘制好颜色图案送给自己的亲朋好友。她觉得这是一个不错的项目，但是对于在自己的城市，这个方案是否可行，她还不是很确定，所以她打算先根据自己的想法写一份创业计划书，然后对本地的经营环境、市场需求先做好调查，搜集好信息再行动也不迟。她决定自己的调查活动从以下几个方面进行。

首先，这里的人对手陶感不感兴趣。她知道当地有一个插花的培训班及刺绣的培训班，尤其是插花的培训班，特别受欢迎，所以她觉得当地人对艺术的追求、对这种业余生活的追求还是很充足的。而手陶却是一个大人和小孩及情侣之间可以协同进行的活动，这对培养感情也有非常大的帮助。其次，当地有一个上规模的商圈，现在也处于招商引资的初步阶段，优惠政策比较吸引人。她觉得这是一个非常好的机会，不能错过。她不想让自己的店铺局限在一个小的空间里。在这个商圈有一个商场的二楼，人流量比较大，并且这里有一个开放式的摊位，价格也合适，非常方便来往的人观看制作过程，从而也能带来生意。林树想再对这些情况进行详细调查与核实。

林树在做创业计划书时，搜集了市场需求和经营环境方面的信息。这些信息对她将来的创业有非常大的帮助作用。经营手陶，在一线城市，可以说不算是非常新的一个项目，而且它是否具有市场，这需要创业者进行相关的调查、分析才能获得，不能仅是凭空想象。

2. 销售策略

产品销售好不好，跟销售人员有很大关系，好的销售人通常情况下掌握一定的销售策略。所以创业者需要调查和分析现有市场的销售策略是怎么样的，还有网上一些好的销售策略是怎么样的，然后要根据这些销售策略总结出适合自己的办法，这样才能够帮助创业者带来回报和收获。

👁 案例

黄植毕业之后在一家进出口贸易公司工作，他上学时学的是市场营销专业。在工作的过程中，他接触到一位客户叫李某。李某是做挂画生意的，主要是将世界名画的电子版精良打印之后，配上好的画框，然后批发给销售商。这些销售商主要是家居行业的，但是还没有一个正规的销售商是专门做这个生意的，因为这个生意不是非常好做，首先没有专门销售挂画的一个区域，大家没办法长途跋涉到一个偏远的地方购买挂画，如果挂画放在繁华的商圈，它的销售量也难以保障，毕竟，它不是消耗品，可能很多客户一辈子只买一次。而李某的生意做得好，主要是因为他有庞大的客户群，不止本地的，还有外地的，而且他把利润也控制得很好，自己虽然单个商品利润少，但销量大了，生意也就变得好做起来了。而黄植的想法则是把它做成一个网上店铺，这样就可以把货源撒向全国各地，而且运输上，他可以把包装做得好一点，结实、美观一点。不过他对网上销售这种商品的策略还没有做到清楚了解，虽然他搜集到一些信息，但这些信息还不是非常全面。他希望能够从艺术、品位和质量方面去推广这些产品，首先他要在本地打开市场，然后依靠本地的销量拉动全国的销量。当然，打开市场还没有好的策略，他只能采取一家一户去拜访的方法，这个方法虽然笨拙，但是在初期，还是非常有成效的，而且他和李某关系不错，进价也比一般家具市场拿到的画要便宜得多。李某跟黄植商量过，如果黄植做得好，李某将和黄植成为合伙人，那么进价基本上就是成本价，以后的销售路线就更加清晰了。

【点评】

黄植想要做的这个项目有比较大的风险，而且一碰到产品不好卖，货物积压的状况，那么必死无疑。而艺术品这种东西，它不像消耗品，如洗发水、米和面等。它需要有好的销售策略，才能实现销售上的成功。黄植没有把目光限制在当地这样一个区域，而是面向全国发展，这是非常好的想法，但是也要注意量力而行。

3. 竞争对手

对竞争对手的信息搜集比较困难，因为这不仅需要观察，还需要实地去摸索，诸如价格、品牌质量、营销策略等。这样有可能会触犯到竞争对手，因此，大学生创业者在进行这类信息的搜集时，一定要有所节制，避免以后在一个环境里做生意，影响自己的形象。

◎ **案例**

蒋任在毕业后，准备做服装生意。家里人也支持他创业，男子汉应该有所作为，不应该总想着养尊处优，依靠和指望着什么才能生存。家人建议他先去搜集一些有关市场情况的资料，然后写一份创业计划书，因为家人中没有做生意的，他们希望蒋任能够有所准备，要敢闯但是也不能过于盲目。服装这一行，竞争比较激烈，不好好计划一下是不行的。于是，蒋任在开始创业之前遵照父母的意见先写创业计划书。他想认真地对竞争对手调查一番，然后搜集有效信息。既然是服装店，那么，他就不能把店开在没什么人的地方，应该开在人流量多的商铺群。而且当地正在开发地下步行街，租金也便宜。他把这里的竞争对手分为两大类。一类是正面竞争者，他们的服装店跟蒋任想经营的品牌时尚服装店类型完全一样，只是款式和品牌有所差别。这类服装店占地下步行街店铺的50%，不过这些店铺中有80%所经营的服饰款式非常老气或者浮夸，都是在非常廉价的进货渠道拿到的，而蒋任准备做的是精品服饰，所以在竞争力上来说，他们是完全不如蒋任的。而剩下的20%则是精品服饰，这些服饰店的衣服都是品牌货，款式也非常好，并且这些店的生意也十分不错，这些竞争对手是自己学习的主要榜样，他要好好看看他们是怎么做品牌推广和促销计划的。而剩下的50%的店铺是一些与其他相关的店铺，他们虽然不对蒋任的服装店构成直接威胁，但他们也有潜在威胁，因为人口袋里的钱是有限的，如果花在别的上面，那么在蒋任的店里消费就会减少。所以蒋任既要和他们合作，但又不能让自己的客流量损失。这些都是蒋任在写创业计划书时需要搞清楚的。

【点评】

经过对竞争对手的调查和搜集信息后，相信蒋任对今后的经营更加有信心。知己知彼，方能百战百胜。他搜集的信息还是非常可靠的，而且他对待竞争对手的态度也很正确。

7.5.2 信息搜集的方法

1. 观察法

观察法是一种最常用的信息搜集方法。它非常方便，只需要创业者仔细对市场、环境、消费者进行观察就可以了。这种方法不只限于去营业环境走动，还可以通过网络或者书刊获得。观察法是信息搜集方法里最主观的一种，但实际效果很有限。

◉ **案例**

美心防盗门的总经理夏明宪最初的财富就是靠观察而来。在20世纪90年代初，夏明宪在重庆经营一家小五金杂货店，有一天他发现到店里来买水管接头的人多了起来。他很奇怪，就在闲时到街道观察了解，他发现一些先富起来的山城人为了自身和家庭财产安全，开始加固家里的门窗。买水管接头就是为了把它们焊接起来，成为铁门防盗（那时候还没有防盗门的概念）。夏明宪发现这一"秘密"后，立即意识到自己的机会来了。他马上租来一个废弃的防空洞，买来相应的工具，加工起"铁棍门"，一星期做了20多扇，赚了"第一桶金"。后来顺着这个思路，就有了现在的"美心"防盗门。现在"美心"防盗门已经成为中国防盗门行业响当当的品牌。

【点评】

商机要靠留心"观察"，及时抓住。创业者要有良好的信息感应能力、敏锐的市场意识，再加上精心筹备，成功一定会到来。

2. 访问法

访问法主要是指创业者和创业伙伴通过对潜在消费者的调查，搜集信息的方法。它所能带给创业者的反馈是情绪上的，它也许不是非常真实，但能够让创业者跟消费者有一个接触机会，而这样的机会又是没有什么敌意的，消费者不会有任何损失。

◉ **案例**

张琪想要创业，因为她毕业之后找了很久工作也找不到合适的，所以她打算自己找一个项目做，不能被工作给锁死了。于是她逛了小商品批发市场，然后看到一个不错的店铺，这家店铺是卖DIY小家具的，大概成品有30厘米的长、宽、高，而且供选择的种类非常多。她发觉自己喜欢上这个项目了，脑子里也充满了以后开店时的情景。但即使她很冲动，她还是冷静下来，准备先做个创业计划书什么的，不然万一失败了，不好跟家里人交代。不过她也不想纸上谈兵，她决定亲自去问一下，看看周围的人对这样一家店铺的反应到底是不是很好。然后她制作了一些问卷并配合一些小礼物询问来往的幼儿家长。她跑遍了当地几乎所有的幼儿园，表示非常喜欢的有28%，表示想看看别人是怎么做的有61%，还有10.3%表示没有兴趣，以及0.7%的人很质疑这些小家具会不会对小朋友的身体造成危害。经过这些调查后，张琪觉得还是非常有希望的。因为表示想看看别人是怎么做的，这些人就是潜在客户，如果产品和服务够有吸引力，这个事情便可以做成。有一部分人觉得这个有些难，小朋友如果没有耐心做不完，会不会有受挫感。还有一部分人则认为，拼几下就完了，是不是有点过于简单了。这时候，张琪也想到了办法，那些认为手工过程非常难的家长，可以专门为他们制作一些简单一点的模型让他们做。而针对那些认为简单的家长，可以教给他们难度高一点的DIY，就是连木块形状切割和上色都需要其动手来做。经过这次访问式的信息搜集，张琪觉得心里更有底了。

【点评】

张琪选择这样的信息搜集方式，跟她所想从事的行业也不无关系。因为她可以确切地听到这些潜在消费者——孩子父母亲的一些真实想法。张琪跑了非常多的地方，相信她的收获也是非常大的。

3. 试营法

试营法是3种信息搜集方法中最好的一种。它完全是一种客观的信息搜集方法，它不依赖于创业者的主观判断。一个创意好还是不好，检验一下就知道了。试营法也需要创业者消耗资金和时间成本，还需要创业者有耐心，给自己定一个试营期限。在试营期限内，最好不要随便下结论。

👁 案例

小侯在大学体育课选修时主选跆拳道。在老师的指导下，他对跆拳道非常感兴趣。经过两年的刻苦练习，他成了高手。小侯发现一个现象，社会上面对公众的跆拳道馆很少，于是他萌发了开办跆拳道的想法，但由于自己没有经验，对市场也不是很了解，也不知道到底会有多少人来学习，于是他就想先找到学习跆拳道的学员，试运营一个阶段后，再开设一间跆拳道馆，或许这样创业成功的概率会大些。就这样，他在各处贴广告，招收跆拳道学员，待学员达到一定数量后，寻找好场地。经过几期培训班，小侯打开了知名度，两年后他有了自己的武馆。

创业初期不要贪"大"，要先从前期准备工作入手，综合考虑资金、客户、品牌接受度等方面，循序渐进，试营后看效果，总结经验，开拓市场，赢得商机。

🔧 素质拓展

1. 请按如下情景设置，制作一份餐饮公司创业计划书。

现拟创建一家股份制餐饮公司，通过现代化的管理，实现对社会资源的整合，在全国建立连锁川菜酒楼，为特定的客户群提供特色鲜明、个性突出的餐饮服务；目标市场为四川省外和国外的对川菜情有独钟的中高收入阶层及团体消费者；主要竞争者为四川省知名川菜企业在外埠开办的分店和连锁店；现有竞争优势——现代化的管理模式和管理手段及品牌川菜的集合效应；现有资金30万元，需要筹集资金20万元。

请学生分成若干小组，每组4～6人，制作创业计划书。每组按成员数量分配创业计划书任务，每人完成一部分，共同完成创业计划书的制作。

2. 请按如下情景设置，制作一份母婴用品销售网站创业计划书。

现拟创建一个母婴用品销售网站。目标市场为城市年轻夫妇；主要竞争者为拥有母婴产品业务的各大电商及现实中的母婴用品实体店；现有资金2万元，需要筹集资金3万元。

请学生分成若干小组，每组4～6人，制作创业计划书。每组按成员数量分配创业计划书任务，每人完成一部分，共同完成创业计划书的制作。

🔧 课后思考

1. 假设你是创业投资者，你将通过哪些指标评价创业计划书的优劣？为什么？

2. 从你对创业计划书的结构和内容的了解，如果要组建一个创业计划书的撰写班子，除了创业者本人，还需要什么人加盟会更理想？请阐述理由。

08 第8章 新企业创办

↑→ 导入案例

桂林某高校学生小文在一次社区志愿服务时发现社区附近人流聚集，唯一的一个食品杂货超市收益不错，颇为心动。于是，小文租了社区内一个门面作为店面，筹集了1万多元钱做启动资金，进了一些货品，开了一家食品杂货店。但是经营了两个月后，小文的食品杂货店就撑不住了，不得已关张了。

为什么同样是食品杂货店，别人可以干得红红火火，小文的店就经营惨淡呢？原来，小文为了突出自己食品杂货店的特色，没有进茶、米、油、盐等大众用品，而是将经营范围锁定在沙司、奶酪等一些西餐调味食品上。但是小区里的居民对他的货品需求少，加之他店面的位置在小区边缘，而且营业时间不固定，由着他的性子开，很多居民都不愿意绕道过去，所以生意不红火，再加上每月的房租、水电等开销，最后商店不得不关门。

【点评】

由此看来，对大学生创业者来讲，经营需要有自己的特色，但是经营要符合市场环境的需要。像小文的食品杂货店之所以会关张，是因为他没有搞好市场调研，选址、货品、服务等欠考虑。因为普通社区里的食品杂货店对茶、米、油、盐的需求远远要大于沙司、奶酪等西式调味品，再加上铺面的选址不合适，营业时间不固定，自然生意就不会兴隆，只有关门大吉了。

大学生创业者想要创业，就必须了解创办一家新企业的方法、要求和关键问题所在。大学生需要认真遵循国家和有关部门制定的法律法规，在法律法规的范围内创办新企业，然后充分了解新企业注册的必要程序与关键性步骤、注册新企业所需要考虑的法律和伦理问题，以及新企业选址的影响因素等。最后，大学生创业者还需要认识到新企业获得社会认同的必要性及基本方式。这些都是大学生创业者在创办新企业时必须面对的。

8.1　企业组织形式选择

在大学生创业之前，认真考量企业组织形式的选择，对大学生创业者来说是至关重要的。因为这会较大程度地影响企业和创业者，甚至是未来的发展，如企业的注册流程、创业者的社会责任、创业者的融资行为，以及企业的纳税额。所以大学生创业者应该对如何选择最适合自身发展和自身理念的企业组织形式有一个较为清晰的理解。

企业常见的组织形式包括个人独资企业、合伙企业、有限责任公司、股份有限公司等。如果大学生创业者选择个人独资企业作为企业的最初组织形式，但之后由于某种原因希望将企业组织形式改为其他形式，那么可以将企业重组为合伙企业或者其他形式，但必须通知税务局和创业者所在地的税务机构。

8.1.1　个人独资企业

个人独资企业又简称独资企业。它是指由一个自然人投资，全部资产为投资人所有的营利性经济组织。个人独资企业是一种相对比较古老的企业形式，至今它仍然被广泛地应用于商业经营中。个人独资企业的典型特征就是个人出资、个人经营、个人自负盈亏和自担风险。

个人独资企业

案例

学园林设计的小马选中的创业项目是花卉生意。原因在于：一是该项目可以与自己的专业很好地结合；二是每到学生生日或者重要纪念日，很多学生都会买束鲜花送给对方；三是现在人都喜欢追求不一样的东西，所以她就想了一些办法和渠道找来一些特别一点的花卉来卖。她的好友小贾知道了这个消息之后，就找到了小马，希望能够跟她一起创业，而且她能够筹集到一定的资金，要求占公司一半的股份。小马有些犹豫，小贾是她的好朋友、好姐妹，她也希望能有一个好姐妹一块来做事业，但如果两个人一人占一半股份，以后出现利益问题就很麻烦。如果只是钱的问题还好说，一旦两人的经营理念起了冲突，那么在不能调和的情况下，两人可能会从朋友变成仇人。小马不希望两人的关系变成那样。如果采取独资的方式，虽然盈亏由自己承担，但决策权也牢牢地把握在自己手里。经过一番深思熟虑之后，她委婉地拒绝了小贾的要求。

对大学生创业者来说，虽然个人独资是非常古老的一种形式，但它也是非常好的一种形式，非常适合刚开始创业的大学毕业生。

8.1.2　合伙企业

合伙企业是指自然人、法人和其他组织遵照《中华人民共和国合伙企业法》在中国境内设立的，由两个或两个以上的合伙人订立合伙协议，为经营共同事业而共同出资、共同经营、共享收益、共担风险的营利性组织。

合伙企业

案例

小孙和同学合伙创业，成立了一家网上商城。电子商务赚什么人的钱最容易？现在的大学生和白领最忙、最懒、最宅，也最接受网购这种省时省力的方式。针对这个群体，小孙和同学想出了 YOU 商城的点子。他们发现在网上买零食十分不方便，基本没有快速、便捷的网购方式，灵机一动的他们决定从零食这一块下手。考虑到在网上购买零食的客户心理，他们决定在物流配送速度上抢先，即 YOU 商城致力于打造两小时生活社区微型电子商务。也就是承诺顾客在网上下订单后，两小时内送货上门。考虑到送货效率及消费群体，商城主要提供零食、特产、生活用品及精美礼品等。借助校友和学校的支持，他们的生意很红火。

合伙制企业不像独资企业那样，什么事都可以单方做决定。各自有各自所占投资的比例，那么各自就有各自的话语权。但合伙制企业也有好处，就像案例中所说的一样，能够两人共同负担创业的成本，包括财力资本，也包括人力资本。因为确实会存在一些合作上的分歧，希望大学生创业者在寻找创业伙伴时要谨慎。

8.1.3 有限责任公司

有限责任公司（包括一人有限责任公司，简称有限公司）是指在中国境内设立的，股东以其认缴的出资额为限对公司承担责任，公司以其全部资产为限对公司债务承担责任的企业法人。根据《中华人民共和国公司法》（以下简称《公司法》）的相关规定，有限责任公司在公司名称中必须标明"有限责任公司"或者"有限公司"。

👁 **案例**

小周、小刘和小张3人大学的时候就关系不错，而且他们其中的两人家庭条件、背景也非常好，所以3人在毕业之后，决定一起合伙开公司。他们开的是一家贸易有限责任公司，主要经营一些服装饰品之类的东西。

在3人的苦心经营下，公司的业绩蒸蒸日上，也为他们积累了很好的资本。公司的规模也慢慢开始扩大，3人也算是没有白费这么多的心血。

但突然间，家庭条件不好的小张，其母亲身体出了很大状况，得了癌症，非常痛苦，并且随时都有可能撒手人寰，而小张的父亲又早早过世了，他又是家里的独子，所以经历了这样的遭遇之后，小张想好好回家陪陪年老的母亲过完最后的时光，他决定拆伙，然后把属于自己的资产拿回来。但公司现在正是需要人的时候，如果小张现在撤资，对公司的影响非常大。不过因为他们现在开的公司是有限责任公司，所以小张的离开不会引发企业解散的危机。这时候小周对小张说，大家朋友一场，非常希望你能留下来，但还是伯母的身体要紧，不过也不要因为这个事情拆伙。我们可以把钱凑出来给你，等伯母身体好一点的时候你再回来。当然小张心里清楚，他母亲不可能再好起来了，但为了尽孝，他不得不走，而为了朋友之情，他又不能就这样撒手不管了，所以他答应了小周的建议，他现在还是这个公司的一个股东。

有限责任企业就是比合伙制企业更加先进的一种合作公司，每个股东的责任都是有限的，而且在股东选择要退出或者有股东加入时，原先的模式不用发生改变，只要做好相关手续就可以了。同时话语权也比较充分，投票表决程序也受到法律保护。

8.1.4 股份有限公司

股份有限公司是指将公司的全部资本划分为等额股份，然后股东以其认购的股份为限对公司承担责任，公司以全部财产对公司债务承担责任的法人。这种股份有限公司，相比较而言更加先进，具有上市资格。

需要注意的是：首先是发起人协议，发起人承担公司筹办事务，必须签订发起人协议，且具有合同的约束力；其次，发起人需要在股款募足之日起30日内主持创立大会，大会召开前15日应当通知认股人或公告，代表股份总数过半数的发起人、认股人出席方可举行，做出决议的须经出席会议的认股人所

持表决权的过半数通过。

8.1.5　企业组织形式的比较

企业组织形式的比较如表8-1所示。

表8-1　企业组织形式的比较

	优势	劣势
个人独资企业	企业设立手续非常简单，且费用低，所有者拥有企业控制权； 可以迅速对市场变化做出反应； 无须缴纳个人所得税，无须双重课税； 在技术和经营方面容易保密	发展受限； 筹资困难； 企业随着创业者退出而消亡，寿命有限； 创业者投资的流动性低
合伙企业	创办比较简单，费用低； 经营上比较灵活； 企业拥有更多人的技能和能力； 资金来源较广，信用度较高	合伙创业者承担无限责任； 依赖合伙人的能力，企业规模受限； 易因关键合伙人退出而解散； 合伙人的投资流动性低，产权转让困难
有限责任公司	创业股东只承担有限责任，风险小； 公司具有独立寿命，易于存续； 可以吸纳多个投资人，促进资本集中； 多元化产权结构有利于决策科学化	创立的程序比较复杂，创立费用较高； 存在双重课税问题，税负较重； 不能公开发行股票，融资规模受限； 产权不能充分流通，资产运作受限
股份有限公司	创业股东只承担有限责任，风险小，筹资能力强； 公司具有独立寿命，易于存续； 职业经理人进行管理，管理水平较高； 产权可以股票形式充分流通	创立的程序复杂，创立费用高； 存在双重课税问题，税负较重； 须定时报告公司的财务状况； 公开公司的财务数据，不利于保密； 政府限制较多，法律法规要求严格

8.2　企业注册流程

企业注册一定要按照所规定的流程来进行办理。这里面不存在人情，全都是按照法规所要求的一步一步进行。当然，也可以委托相关机构协助办理注册，不过大学生创业者也需要积极地了解这些流程的内容。要成为一名成熟的企业家，学习相关规定并按照规定办事是必备的基本素质。

8.2.1　核名

大学生创业者需要到工商局去领取一张"企业（字号）名称预先核准申请表"，填写创业者准备取的公司名称，但是需要由工商局登录其内部网去检索是否存在重名。如果没有发生重名，则会给创业者核发一张"企业（字号）名称预先核准通知书"。

注意事项：企业应当使用符合国家规定的汉字，而名称不得含有损害国家社会公共利益的内容；不能对公众造成欺骗或误解释；不能用外国国家（地区）名称、国际组织名称、政党名称、党政军机关名称、群众组织名称、社会团体名称及部队番号等内容的文字；企业法人名称中不得含有其他法人的名称、不得含有另一个企业名称；企业名称中的字号应当由两个以上汉字组成，行政区划分不得用作字号，但县以上行政区划地具有其他含义的除外。企业名称可以使用自然人、投资人的姓名作字号，也可在名称中使用能反映其经营特点的字符；申请登记的企业名称，其形式为有限公司（有限责任公司）或者股份有限公司；依据其他法律、法规申请登记的企业名称，组织形式不得申请为"有限公司（有限责任公司）"或"股份有限公司"，非公司制企业可以申请用"厂""店""部""中心"等作为企业名称的组织形式。

8.2.2　租房

在注册企业的过程中，企业有专门的办公地址，所以大学生创业者需要去专门的写字楼租一间办公室。如果大学生创业者有自己的厂房或者办公室也是可以的，不过有些地方，如规定了不能商住两用，那么这种房子是不符合办企业规定的。

注意事项：租到房子后，在签订租房合同时，一定要让房东或者中介机构提供房产证的复印件，这是非常必要的，因为后期会经常用到能够有房产证的租房合同。

签订好租房合同之后，就要到税务局去买印花税票，印花税票必须贴在租房合同的首页。后续步骤中，凡是需要用到租房合同的地方，都需要出示贴有印花税票的合同复印件。

8.2.3　编写公司章程

公司章程是公司的组织及运行规范。《公司法》第十一条规定：设立公司必须依法制定公司章程。公司章程对公司、股东、董事、监事、高级管理人员具有约束力。

创业者需要到工商局网站下载公司章程的样本，然后根据实际情况填写，而填写的规定在后续章节中有详细叙述。公司章程填写好之后，需要由所有股东签名，然后交往工商部门核准。不符合规定的，工商部门不予以注册办理。

注意事项：公司章程由股东共同制定，经全体股东一致同意，由股东在公司章程上签名盖章。修改公司章程必须经代表2/3以上表决权的股东通过。有限责任公司的章程必须载明下列事项：公司名称和住所；公司经营范围；公司注册资本；股东的姓名和名称；股东的权利和义务；股东的出资方式和出资额；股东转让出资的条件；公司机构的产生办法、职权、议事规则；公司的法定代表人；公司的解散事由与清算办法；股东认为需要规定的其他事项。

8.2.4　领取"银行询证函"

大学生创业者需要联系一家会计师事务所，然后领取一张"银行询证函"（这里规定必须是原件，有会计师事务所盖章）。如果自己不清楚，大学生创业者可以上网查看。

注意事项：领取银行询证函时，要分清楚银行余额的询证和银行发生额的询证，并且发函方应该正确签署公章，不能由其他内部机构公章代替。发函方还应该根据公司账簿记录如实填写，填写完后要及时回复至会计师事务所。银行询证函有其固定范围，它不仅包括某一截止时点有余额的银行账户，还包括存款、借款、托管证券、应付票据已结清的账户。任何询证工作的底稿都要齐备，保证银行有关项目的真实性及完整性。

8.2.5　开验资户

如果做好了准备，那么就需要所有股东带上自己入股的那一部分资金及相关证件到银行开立公司验资户。这里需要法人携带的还有公司章程、工商局发的核名通知、法人代表的私章、身份证、空白询征函表格等。

注意事项：《公司法》规定，注册公司时，投资人（股东）必须缴纳足额的资本，可以以货币形式（也就是人民币）出资，也可以以实物（如汽车）、房产、知识产权等出资。

8.2.6　办理验资报告

开设公司时，需要注册资金，有关部门需要验审注册资金是否到位，有没有弄虚作假。这时候就需要由有资质的会计师事务所给创业者出具证明。创业者要把规定数额的钱存到银行，会计师事务所拿到创业者开具的银行回单，给创业者出具验资报告。

注意事项：创业者在办理验资报告时，需要准备的材料比较多，包括银行出具的股东缴款单、银行盖章后的询征函、公司章程、核名通知、租房合同，以及房产证复印件等，注意不要遗漏，准备齐全了后再到会计师事务所办理验资报告。办理验资报告的费用会根据注册资金不同而有差别，具体费需要提前询问清楚。

8.2.7　注册公司

创业者需要到工商局领取公司注册登记的各种表格，其中包括注册登记申请表、股东（发起人）名单表、董事经理监理情况表、法人代表登记表，以及指定代表或委托代理人登记表。填写完后，连同核名通知、公司章程、租房合同、房产证复印件，以及验资报告一同交给工商局，然后就可以提交公司注册申请了。

注意事项：相关文件和资料比较杂，请创业者列好清单，务必做到准确无误，这样能节省很多时间和精力。在拿到营业执照之后，创业者还需要拿着营业执照到公安局指定的刻章机构去办理企业的公章和财务章，而后续的很多步骤和企业开办过程中也都需要用到这两枚章。

8.2.8　办理企业组织机构代码证

在注册好公司之后，创业者还需要凭营业执照到技术监督局办理组织机构代码证。

注意事项：办理这个证需要大概半个月时间。技术监督局会首先发一个预先受理代码的证明文件，拿到这个文件之后就可以办理接下来的税务登记证和银行基本户开户手续了。

8.2.9　去银行开基本账户

在之前办理营业执照和组织机构代码证的基础上，创业者就可以去银行开立基本账户。基本账户是创业者办理转账结算和现金收付的主办账户，是经营活动日常的资金流通及工资、奖金、现金支取的主要账户。

注意事项：创业者在银行只能开立一个基本存款账户，而开立其他银行结算账户必须以开立基本存款账户为前提。开立基本账户的银行最好跟创业者原先办理验资时的银行是同一网点，不然会额外再收取验资账户的费用。而且在开基本账户的时候，需要购买一个密码器。密码器是收费的，以后如果开支票和划款的时候，都需要使用这个密码器生成密码才能通过。

8.2.10 办理税务登记

大学生创业者在领到营业执照后，于30日内需要到当地税务局申请领取税务登记证。

注意事项：办理税务登记证时，要求公司提交的资料中必须有会计资格证和身份证，所以需要创业者请一个会计，这里可以请一个临时的，花费相对较少。

8.3 企业注册相关文件的编写

公司章程是指公司依照相关法律制定的，规定公司名称、住所、经营范围、经营管理制度等重大事项的基本文件。它是公司组织和活动的一个基本准则，是公司的宪章，具有法律效力。公司章程的基本特征具备法定性、真实性、自治性和公开性这4项性质。作为公司组织与行为的基本准则，公司章程对公司的成立及日后的运营有非常重大的意义，它既是公司成立的基础，也是公司生存和发展的灵魂。

公司章程具体分为以下内容：绝对必要记载事项、相对必要记载事项和任意记载事项。

1. 绝对必要记载事项

绝对必要记载事项是公司章程中必须记载、不可或缺的法定事项。缺少其中任何一项，或者任何一项记载与法律规定相违背，那么整个章程就是无效的。公司章程必须载明的事项包括：公司名称和住所、公司经营范围、公司设立方式、注册资本、发起人的姓名、公司法定代表人、公司利润分配办法、股东的权利和义务、公司解散事由与清算办法等。

◎ **案例**

小唐最近要开公司了，因为他有点受不了自己的老板对他的苛刻态度。在他看来，开公司也没有什么了不起的，作为老板，没有必要那么蛮横不讲道理，所以他也想开公司，并且要成为一个好老板。

不过注册公司的时候，他还是碰到了很多困难，而且也没有他想象的那么简单，他发现原来做个老板还真不容易，更别说是做好老板了。本来他没有想去找专门的律师咨询注册公司的问题，现在网络这么发达，什么资料都能找到，什么都能自己写。当他在写经营范围的时候，虽然查阅了很多相关资料，但写出来的公司章程还是出现了问题，后来他不得不在劳心费力之后又去花钱找专业律师做咨询。

咨询专业律师后他才知道他原来写的公司章程出现了什么问题。企业的经营范围是由公司章程规定的，他听说，公司章程写得越宽越大越好，而经营范围写得越小越好，他就照着自己的想法去写。但他写的经营范围明显超越了公司章程，所以有关部门不予以审批，小唐这才幡然悔悟。

【点评】

一部分大学生创业者会根据网上所提供的一些信息，加上自己的想象，然后填写公司章程中的绝对必要记载事项，这样其实是给自己带来麻烦和损害自己的一种行为，就像案例中小唐所出现的问题一样。大学生创业者最好根据有关部门的规定，或者找一些专业的人士咨询办理。

2．相对必要记载事项

相对必要记载事项是法律列举规定的一些事项，由章程制订人，也就是大学生创业者，自行决定是否予以记载。如果予以记载，则这些事项将发生法律效力，作为以后处理问题的准则；但如果记载事项违反法律规定，那么该事项则为无效。但如果这些相对必要记载事项不予记载，当然也不会影响整个章程的效力。之所以需要填写相对必要记载事项，就是为了约束公司与发起人、公司与认股人，以及公司与其他第三人之间的关系。

相对必要记载事项包括发起人的特别利益及受益人的姓名、公司成立后受让的财产和价格及转让人的姓名、发起人的报酬、公司负担的设立费等。

3．任意记载事项

任意记载事项是指法律没有明确规定是否要记载于章程的事项，它可以由章程制订人根据公司的实际情况选择记载。只要这些事项不违反法律规定、公共秩序和道德风尚，那么章程制订人就可以根据实际需要将其载入公司章程。

如果任意记载事项没有记载，就不会影响整个公司章程的法律效力；但如果一旦记载且其不违反相关法律，那么该事项就会发生法律效力，而公司及其股东必须遵照这些记载事项执行。国家有关部门规定不允许任意变更，如果要变更，也必须遵从修改章程的一些特别程序。

任意记载事项包括公司之存续期限、股东会表决程序、变更公司事由，以及董事、经理的报酬等。

8.4　注册企业必须考虑的法律与伦理问题

在注册企业时，大学生创业者会遇到一些法律和伦理问题，这些问题都是创业者需要积极去思考的。因为它们关系到创业者自身的利益及新创企业未来的发展，稍有不慎，就可能导致一些不必要的损失和麻烦，需要大学生创业者付出不必要的成本和代价。

8.4.1　法律问题

法律问题是最基本的问题，这些问题决定企业能否顺利注册成功。它是硬性的，并且没有可商议的余地。这些问题包括企业法律形式确定、税收记录设立、租赁和融资谈判、合同拟定、专利申请、商标和版权保护等。

由于在后续章节会对法律问题进行详细分析，以便大学生创业者减少不必要的损失，以及保护自身合法权益，因此这里就不一一展开讨论。

大学生创业是值得人肯定的，但是首先要弄清楚创业的形式是否合法化，只有合法的企业才会受到法律的保护，如果触及法律，最终害人害己。

8.4.2　伦理问题

伦理问题主要指的是创业者与原雇主之间、创业团队成员之间、创业者和其他利益相关者之间所碰到的一些关乎职业道德、行业操守等问题，它体现一个创业者的基本素质。如何处理好这些问题，对大学生创业者来说是一个挑战和磨炼。而遵守这些伦理道德是诚信和社会认同的基本要求，也是避免触犯法律的基本前提。

1. 创业者与原雇主之间

创业者在创业过程中，想要取得优势，那么就需要有创造性思维作为支撑。对一个公司来说，产品是法律保护的主要对象，而智慧，如知识产权等，从法律裁定上来说，一般很难界定，那么就会发生创业者在离开原公司后使用原公司优秀管理制度和创意思想等情况。这时候，就需要创业者做出伦理考量，在使用原公司的优秀管理制度和创意时，是否触犯了对方的利益。

◎ 案例

姜伟在大学毕业之后，创办了一家网游互联网公司。公司发展得非常不错，开发的产品广受大家好评。而这时，却出现了一件意想不到的事。

姜伟在计算机专业的成绩非常不错，个人能力也强，在大四时，曾去一家创业公司做兼职。当时创业公司的老板非常欣赏他，跟他有很多交流，而且也跟他一同探讨软件的方向和互联网的方向，两人走得很近。毕业时，该公司的老板盛情邀请姜伟来自己公司上班，并且开出优厚的待遇。

这时，姜伟向对方吐露了自己想创业的想法。但令姜伟没有想到的是，对方突然勃然大怒。他指责姜伟不讲义气，他把自己的计划和未来的发展方向都告诉了姜伟，而姜伟却要创业，这样难保姜伟不会把这些技术的创新优势用在自己的产品上。姜伟再三保证自己不会用他的创意。

但当姜伟后来创办了公司之后，他的原老板就把他给告了，说他窃取商业机密，而且指出姜伟所用的技术正是自己当时苦心经营的技术。姜伟这时候很无奈了，他确实信守了承诺，没有用原老板的创意，但这不代表他自己不能想到一些创意。而现在双方却对簿公堂。

【点评】

在这个案例中，姜伟虽然认为自己没有触犯伦理问题，但他的前老板却利用他在原公司的工作经历，恶意指责姜伟存在创意偷窃行为。这时，如果姜伟确实没有存在伦理问题，那么，他就需要用法律武器保护自己不受侵害。

2. 创业团队成员之间

创业团队成员之间也会产生伦理问题，这时候就需要创业者作为一个领导者，要对公司未来的发展负责，把产生伦理问题的团队成员关系梳理好，避免他们成为公司日后引发危机的一枚炸弹。

◎ 案例

童丽毕业之后，创办了一家复古风情婚纱摄影公司。公司在她的运营下，成长态势非常喜人。而她在拍摄中所运用的3D逼真性创造设计，也得到了市场的一致好评。她手下有一员虎将万某，万某毕业于名牌大学，而且毕业后就职于一家国内非常知名的杂志社任摄影师，后来被童丽招至麾下。确实，在童丽这家公司的发展初期，万某帮助童丽很多。

但万某有一个非常不好的地方，就是他喜欢窃取别人的创意和好点子。在公司内部，只要有一个人有什么好的创意，他便立刻组织手下的人把它化为实际的产品模型，然后把这个创意据为己有。而他又仗着自己在公司的威信，令大家敢怒不敢言。

童丽很清楚万某的这个问题，但是她非常倚仗万某的能力，所以也不敢对他怎么样。但就因为如此，万某把公司里最富有才华的产品设计师张某给挤走了。张某自己设计了一套非常好的婚纱照方案，但他又不愿意被万某把知识产权给掠夺走了，所以最后他不得不选择离开。后来张某将该产品贡献给了竞争对手，而竞争对手也因此在与童丽公司竞争中占取了先机，童丽和万某追悔莫及。

童丽最后追悔莫及也没有用了，因为她并没有处理好团队成员之间的伦理道德问题，导致了优秀人才的流失。作为一名优秀的创业者，保护自己团队成员的利益不受外界和内部成员侵犯是一项基本任务，这样才能树立好一名优秀创业者的形象，把优秀的人才聚合在一起发挥作用。

3. 创业者和其他利益相关者之间

创业者和其他利益相关者之间的伦理问题一般存在于不正当竞争之中。因为一些利益关系，一些人或者组织会做出介于法律和道德之间的有害行为，这时候就需要创业者有一个清醒的头脑：是要以同等手段报复，还是选择用法律武器保护自己。

◎ 案例

温岭创办的公司是一家宽带供应公司，负责社区的宽带安装。因为他是新手，所以在这一行，他没有什么经验，不过他这个人倒是一个不择手段的人。因为这一行的竞争非常激烈，所以温岭在这一行走得非常不顺。安装量一直上不去，这样就导致他想了一些不好的竞争手段。

他经常教唆一些社会闲杂人士去破坏竞争对手宽带公司的宽带网络，拆除对方的硬件设备，到对方公司外进行骚扰活动。因为没有什么监控录像，所以对方公司只能一遍又一遍地安排工程师去维修。但温岭公司的业务量也并没有因此而有所增长，他十分恼怒。

他开始变本加厉，采取各种不正当的手段去打压竞争对手，而不是花精力把自己的服务提上去。他派人专门去对方宽带公司的客户家里，跟客户商谈，如果客户同意换网络，客户跟对方签了多长时间的合同，他就免费给客户双倍时间的合同，而且派专人来安装和维护。

温岭的行为造成了竞争对手的愤怒，竞争对手将温岭告上了法庭，最后温岭败诉，甚至连公司也受到了关闭处罚。温岭的行为不但没有使公司得到好处，反而赔得很惨。

温岭的行为值得每一个大学生创业者反思。温岭受到相关处罚，这是得不偿失的。处理伦理问题，它需要的是创业者的大智慧，而不是一些投机取巧的小花招。

8.5　新创企业选址策略和技巧

新创企业选址是一个重大问题，它和企业未来的成长和发展息息相关。选得好，能够节省成本，提高效益；选得不好，则会浪费成本，而效益也会大打折扣。新企业选址的策略和技巧主要有以下5种：根据经济因素选址、根据技术因素选址、根据政策因素选址、根据市场因素选址和根据自然因素选址。其中，经济因素和技术因素对选址决策起到基础的作用。

8.5.1　根据经济因素选址

根据经济因素选址是新创企业最优先去考虑的策略。因为选址是最消耗资金的一项成本。如果选得好，将会给新创企业带来巨大的资金优势。这些资金优势能在各方面帮助企业更快更好地发展。

◎ 案例

想创业的小庞一直在纠结创业项目和创业场地。在综合各方面经济因素后，他觉得最好的打算就是开一家淘宝店。但是因为他的创业资金不是很充沛，所以他没有办法租到很好的地方，于是就选择了一栋商住两用的楼房作为自己的创业基地。最重要的原因当然就是这个地方的房租非常便宜，而且这个地方距离货源地也近，进货时所耗费的成本也少，这样就能让他有充足的资金可以维持运营。他当然想租到更好的地方，不过这要看经济状况。他自己也盘算过，如果按照他现在的这种发展态势发展下去，那么明年下半年，他就可以有财力把公司搬进一个中档的写字楼去。这样公司才能更加正规化，也方便他招聘人才和开展业务。

【点评】

小庞选择了商住两用的楼房作为公司地址，这是非常多的新创企业的选择，因为它能极好地控制成本。而在企业进入稳定发展期，而且有余力时，就可以选择正规一点的写字楼办公，这样的优势也是明显的，不过这都要根据创业者手中的资金来决定。

8.5.2　根据技术因素选址

根据技术因素选址也是创业者优先选择的策略之一。它不仅可以节约成本，还可以加强技术与技术上的合作。

◎ 案例

小曾就读于一所农业大学，学校教授、专家的专利技术很多，成为大学生创业的"富矿"。小曾的创业就是在"富矿"里找到了商机。在说到做项目时，他得知有种品牌鸡蛋无法打开市场，就和几个同学说："我们搞创业正愁没好项目，卖鸡蛋不就是个项目吗？"于是他们在老师的指导下决定创业，租好场地，进货、分货、再送货，靠着学校老师的技术支持和同学们的努力，他们的"禽蛋产品合作社"生意越做越好。他们还取得了中国农科院的专利饲料技术，引进国外优秀鸡种，生产营养鸡蛋。为了稳定货源、保证质量，他们建立了自己的禽蛋生产基地。

【点评】

小曾的创业与学校老师的项目技术结合，使实验室项目在市场上"落地生花"。作为大学生创业者，能结合专业技术进行创业，创业项目的技术含量会大大增加。

8.5.3　根据政策因素选址

国家和地方为了招商引资，通常会有很多优惠政策帮助企业快速成长和发展。大学生创业者如果符合资格，并且利用好这些有利政策，就能够给自己带来很多优势。

◎ 案例

　　吴德自费留学到美国学习3年，在毕业之后他从国外带回一个项目，并创办了一家公司。这家公司主要生产一些小型的电子产品，这些产品主要在各大文体用品店销售。之前，吴德的公司办在郊区，员工们上班非常不方便，而且租金也不算便宜，有关部门各方面的管理也比较严格。

　　后来，当地成立了一个高新科技产业园区。这个产业园区非常大，专门对这些电子科技等高新技术生产商开放，并且入驻企业可享受非常丰富的优惠条件，包括税金的减免，以及房租的优惠，还有物业方面贴心的服务。

　　正因为如此，吴德赶紧去申请了资格。在申请的过程中，吴德才知道想搬进产业园的公司还真不在少数。因为有国家政策的护航，手续签发得也非常快。

　　没多久，吴德就和团队一起搬去了产业园区，这里设施非常齐全，有专门的食堂，他再也不用为员工的伙食发愁了。原来，公司离市区远，大家吃饭都很成问题。而现在，一切问题全都迎刃而解了。

　　【点评】

　　如果一开始就有这么好的政策，那么吴德会获得更多的优势。在产业园区，相关的企业也比较多，体制也全面，服务也完善。所以大学生创业者在选址时，一定要多方打探有没有适合自己的政策，如果有，那么创业者千万不要错过。

8.5.4　根据市场因素选址

　　市场因素，对销售商品或提供服务的企业来说，是一个非常重要的因素。它直接决定企业未来的发展如何。没有根据市场因素选址，或者不会利用市场因素选址，将会导致创业者创办的企业生意做不起来，最后无疾而终。

◎ 案例

　　小何发现周末或者假日经常有旅游大巴在校门口整团出发，于是利用一个周末，在校门口观察了两天，共有10辆旅游巴士从这里出团，按每辆车40人计算，就有400人出游。一个近万人的学校，再加上周边的高校，可见这是一个极具潜力的大学生旅游市场。他盘算着代理校园旅游市场应该不错，于是就上门找旅游公司洽谈。在校园占据份额最少的那家旅行社给他的返点最高，他决定给他们拉生意。万事开头难。第一个星期，他靠朋友的关系仅仅成交了一单。从第二周开始，通过在校园贴海报、在路边发传单，课后挨个宿舍推销自己的"产品"，渐渐地有人开始主动联系他，他陆续接到一些集体出游的单子。

　　【点评】

　　学生旅游市场人数多、旅程短、旅游需求潜力大。只要有良好的服务，学生会对自己的同学组织的旅游项目感兴趣的，创业的学生也会得到友谊和不错的经济效益。

8.5.5　根据自然因素选址

　　自然因素一般针对对自然因素有所要求的企业。这样的选址，通常能够使企业不至于违反国家的一些环保法规，或者方便创业者和创业公司利用好自然资源为企业带来优势。

👁 案例

秦岚是一家化工产品生产厂的副总。他一毕业，就利用自己的专利优势和做房地产的舅舅开办了这家工厂。虽说秦岚只是副总，但是工厂的一切事务都由他来操办，负责出资的舅舅从来不过问化工厂的事情。本来，他把厂设在郊区，这里方便排污，而且成本也相对较低，但后来他扩大生产规模和生产种类，导致污染量飙升，当地村民的反应也非常强烈。所以这里已经不准许他继续经营这家厂子了。

无奈的他只好将工厂向更偏远的地方迁移，虽然更远了，但他这次选择的这个位置却非常有利，因为水电资源非常充沛。而他之前所在的地方，一到夏天用电用水紧张时，政府就会协调一些工厂停电停水，以便供电的连续性。

现在他不用再担心了。他在重建工厂时，特意请专家过来设计了全新的排污程序，还购买了最新的排污仪器，现在工厂的排污指标也符合规定，这里没有人烟，污染造成的危害也小，并且污染回收和治理也比较方便。自从工厂迁到这里之后，企业的效益得到了迅猛的增长。

他后来跟人说："其实本来迁到这里是无奈的选择，但没有想到因祸得福。"他也觉得，如果厂子的污染严重，那么势必会对环境造成无法弥补的损失。环境被破坏了，那么人的生存条件也就变得恶劣了。他搞生产是为了让人们的生活越来越好，而不是越来越糟。

【点评】

秦岚因祸得福其实也是顺势而为。这是他意想不到的，但这又是大学生创业者应该积极去思考的。如何利用好自然因素，如何把自然因素变为优势，这是考验一个大学生创业者的智慧。

8.6 新创企业的社会认同

在企业成功注册后，大学生创业者除了应该遵纪守法，还需要主动承担起相关的社会责任，这是一名优秀的企业家应该具备的远见卓识。只有这样，才有可能使企业获得社会认同。

8.6.1 新创企业获得社会认同的必要性

不管是怎样的企业，首先要取得合法性。无论是对于一家新创企业还是对于一家成熟稳健的企业，社会认同都是非常重要的。尤其对一家合法的新创企业来说，社会认同首先意味着其社会知名度提高。社会知名度提高带来的是社会资源的吸引力，形成巨大的优势。它能够帮助新创企业快速成长和壮大起来。

而对现在来说，信息化程度非常高，社会新闻传播力非常强大，好事再也不会不出门了，而坏事则会一日传万里。衡量和把握好其中的关键，对新创企业和创业者来说，需要付出巨大的智慧和勇气。

👁 案例

胡铁出生于一个民营企业家族，但是他一直想自己开一家公司。虽然父母双双赞成，但是怕年少的胡铁栽跟头，再三商榷以后，决定让胡铁先到一些公司里锻炼几年。5年以后，他在家人的帮助下终于开办了属于自己的股份制有限公司，这家公司是由家族控股，而胡铁现在是公司的董事长，握有最大股权。因为胡铁从小就对经营耳濡目染，所以他非常有经营头脑，大有青出于蓝而胜于蓝之势。在胡铁的努力下，公司呈现出蒸蒸日上的态势。2012年5月，公司里发生了一件事，这件事后来对公司产生了巨大的影响。这件事就是公司里突然有一名底层装配员工因为操作机器时违反规章制度，结果身体卷进机器，生命危在旦夕，必须马上送往北京医治，而从当地到北京坐飞机最快也要2小时。这件事迅速传到年轻的董事长胡铁耳朵里，胡铁当机立断下达命令，不惜任何代价，保住员工的性命。

在胡铁的亲自陪同下，公司包机开往北京，而包机费达20万元，还不算医药费，公司全权担负。后来员工的生命得到了及时挽救，全公司为此欢呼雀跃。这件事也因为被传到微博上而引起了一时轰动。很多企业家都对年轻的胡铁感到钦佩，公司的知名度一下上升到了一个很高的层次。虽然这是员工操作失误造成的问题，而且花费巨大，但它使公司在社会上的认同度上去了。

【点评】

胡铁当然不是作秀。在人的生命遇到如此大危机时，他作为一个年轻的企业家，能够当机立断为员工的安危考虑，这是非常值得嘉奖和学习的。而对于这次事件，虽然从表面上来说，胡铁并不需要担负什么责任，员工误操作完全也是意外事故，但胡铁和他的公司却因此事故处理得当得到了社会的广泛关注和称赞，形成的无形价值不可估量。

8.6.2 新创企业获得社会认同的基本方式

1. 采取正确的企业文化价值观

新创企业想要获得社会的认同，首先企业文化的价值观很重要。现在，企业文化越来越多地被提及，这说明社会对于企业做什么事的关注度越来越低，而对企业以什么样的态度做事的关注度却越来越高。这一点也是很多新创企业要强调自己公司的文化和价值观的原因之一。

案例

孙业是一所名牌大学的高才生，他从小就对软件非常感兴趣，在学校里获得过多次软件比赛大奖。他自主研发了一套软件，这套软件有非常不错的市场价值。毕业时，他果断地选择了创业，让自己做的这款软件市场化。

他找到了不错的合作伙伴，也找到了投资商，而且一开始这款软件就受到了用户的追捧。但没多久，用户就开始流失，软件的黏性开始下降，孙业的日子一天比一天难过，而这时投资商也对他施加各种压力。

在无奈之下，他选择了利益，选择了跟当初自己的价值观所违背的道路，而且这条路走下去就无法回头了。为了利益，他采取病毒式传播，然后跟一些软件恶意捆绑，并且监测用户的行为。他甚至在软件中植入木马程序，强制一些用户安装。

没多久，果然收效果明显，业绩一路攀升，但随之很多用户到各大论坛去控诉这个软件，结果，这个软件在获取了短暂的利益之后，就开始走下滑路线。有人劝孙业把软件改头换面后再进入市场，但是孙业看到各大论坛铺天盖地的骂声，于是把研发的软件全部收回，而孙业的创业也宣告失败。

【点评】

本来孙业有非常好的前途，他具备别人所没有的才华和能力。但他最后在经济压力的迫使下，没能坚持住底线，选择了违背自己的创业理念，搞一些非法手段，最后不仅坏了公司名声，也坏了自己的名声。请广大创业者引以为鉴，不要选择走这样的路。

2. 对劳动者的尊重和培养

对劳动者的尊重和培养，越来越多地被企业和社会所关注。劳动者的就业环境、工作压力、成长发展广泛地在企业发展的议题之中被拿来讨论。对劳动者的不尊重，越来越受到人们的谴责，而这些企业在遭受谴责之后，所伴随的则是严重的后遗症：效益迅猛下滑，失去合作机会，品牌价值丧失。

◎ 案例

小李几经波折，终于开办了一家他一心所向往的皮鞋加工厂。他在这家工厂的投资非常多，几乎借遍了所有亲朋好友、银行和担保机构。他孤注一掷，希望能从此暴富起来。这是他毕业之前就已经具备的野心，他希望能做一个非常有钱的人。

在这家工厂开办之后，他自己也投入所有精力，无所不用其极。他太渴望成功了，甚至有点过头了。他在同工人签订合约之后，就利用各种漏洞克扣工人工钱，而且以各种加班理由逼工人每天工作时间超过12小时，一些渴望赚到钱的员工正是被他利用的好对手，而工人受不了不想干的时候，他又拿出合约来要挟，然后私了，私了就是一分钱不给。在这里，他利用了工人们对法律的无知。

他为了督促工人拼命干活，在工厂各个角落里都装了摄像头，说是为了工厂的安全，其实他的目的就是要精准地测量工人没有在工作的时间，一旦这个时间超过了他预期的，他就跟工人们使狠招。

最后这家工厂在当地声名狼藉，被称为"血汗工厂"，后来被人举报了，被处以停业整顿的处罚。虽然工厂做了整改，可是再也没有工人愿意去干活了，而采购商也因为这家公司的社会影响，果断地停止了采购。最后工厂倒闭了，小李也吃到了自己种下的恶果。

俗话说："爱兵如子。"一个不爱兵的将军，也不可能打什么胜仗。像小李这样唯利是图的商人，大有人在。他们辜负了学校的教育，社会的培养，父母的关怀。

这些做法通常都会导致严重的后果，社会评价普遍降低，企业再想发展将碰到难以逾越的瓶颈。

3. 管理方式公平、公正、民主

管理方式能够体现一个创业者的智慧，体现一个企业的价值。这种价值也是被社会广泛认同的。如果管理方式公平、公正、民主，那么这家企业在员工中间则会获得极高的赞誉。这种赞誉在社会上传播开来，获得社会的认同，那么它就会吸引很多优秀的人才前来加盟，从而帮助企业更快地发展。

◎ 案例

卢光凭在家乡开办了一家企业，该企业生产纺织原材料。因为他在大城市受过良好的教育，所以在创业过程中，他摒弃了那种家族式的专制管理方法，而是采用公平、公正、民主的方式管理他创办的这家企业。

他将办公室设在一个大厅里，大家不再有等级制度，他的办公桌、办公设备和其他员工的没有任何差别，他也没有因为自己是总经理，就为自己设一个敞亮的、专门的单间。他和员工们平起平坐，不管是一线工人还是工厂的保洁员，他都一视同仁。而且公司食堂的饭菜也是通过征求大家的意见，根据自己的实际情况定下来的，他每天都跟员工们同吃同住。

卢光凭从来不任人唯亲，只要有能力，他就把对方提拔上来。如果有人凭自己的资历显示出傲慢，或者是为自己的亲属开小灶，他一律开除。这家企业在当地的名声非常好，工人们也愿意来这家工厂上班，甚至同类竞争厂家的高管也纷纷来他这里毛遂自荐，当地政府也给他很多优惠政策。所有人都认为卢光凭会是未来国内一流的企业家，而小卢也正是朝着这个目标前进的。

【点评】

卢光凭虽然初出茅庐，但他有优秀的管理方法，从而使他在社会上获得了极高的认同度。这种社会认同度对他来讲，所带来的经济效益和市场效益也非常好。这一点是大学生创业者需要认真学习的。一点一滴做的小事，积累起来就会为创业者带来巨大的赞誉，回报率是非常高的。

4. 热衷公益事业

一方有难八方支援，这对每一个人来说都是一种责任。国家对于公益事业也有相关的举措，比如说，在国家遇到重大自然灾害时，企业捐助的物资，会在年末折换成返税。公益事业也是新创企业能够形成社会认同度的一种方式。公益事业做得多的企业，社会曝光率也会随之增长，容易在社会上提高企业的好评度。

◉ 案例

王琪是北京一家重机械贸易公司的总经理。毕业 10 年之后，他创办了这家企业。靠技术起家的他，不善经营之道。在他的管理下，他的公司只能算得上是中层企业，一年下来，所赚的钱并不多。

王琪有一个特点，就是他非常热衷于公益事业。在每一次国家受到严重自然灾害时，他立马组织公司全体员工捐款，并且员工捐多少，公司就捐多少，而员工们捐的钱也会在年末以年终奖的形式发放下来。

他的这些举动受到了社会的认同。很多媒体都采访他，问他为何热衷于公益事业，他说："公益事业是一个国家进步的表现，而企业家拿到社会资源，不应该只是自己富了就完了，应该想到回报社会，应该把它当作自己的一件大事来做。如果是你遇到困难，当所有人都选择漠视时，你自己是什么感受呢？四海之内皆兄弟，什么是兄弟，兄弟就是患难与共。"

王琪在公益事业上的付出使他获得了非常高的知名度，而公司也因此而受到大家的肯定，公司业绩也呈现迅猛上升的趋势。虽然王琪本来的目的不是想要成名或者受到关注，但他的善举却为他的公司带来了非常大的好处。

【点评】

王琪的做法非常值得大学生创业者学习，但也希望创业者是为了公益而公益，而不是为了利益而公益，利益不是大学生创业者从事公益活动的最终目的。而别有用心地利用公益事业去炒作自己，最后所带来的损失也会是巨大的。

5. 关注环境保护

跟环境污染相关的企业如果环境保护做得好，会得到社会的一定好评。但是如果做不好，那么则会对新创企业造成极大的负面影响，严重的甚至会遭到相关部门的停业处罚。

◉ **案例**

　　程松毕业之后，在一个相对不发达的偏远农村开办了一家木炭厂。因为比较偏僻，所以各方面的法治监督力度都不是很强。而程松正是利用了这一漏洞，开始做他的造纸厂。虽然他办理了一系列的排污许可证，但他并没有按照国家要求的指标去做，他把工业污水直接排放到村里的小河中。

　　半年之后，小河的水受到了严重污染，甚至再也无法恢复了。很多水生物纷纷死亡，村里的气味也开始变得非常难闻起来。而且，村里的人得病的越来越多，大家都说，这有可能就是程松的工厂所导致的。

　　很多村民都到程松的工厂来闹事，要求程松把工厂停下来，因为他再这样办下去，村里恐怕就不能再住人了，可程松一心只想赚钱，他装聋作哑，就是不予回应。最后，此事通过微博曝光，引起了社会各界的广泛关注。最终工厂被勒令关闭，程松被处以巨额罚款，污染情况还待审查。如果村里人的健康确实是由于程松的工厂所引起的，那程松有可能会面临牢狱之灾。

　　【点评】

　　程松想要创业，却把自己坑得不浅，这都是他缺乏环境保护意识所导致的结果。现在媒体的传播力度非常大，存在侥幸心理，这是非常不可取的。作为一家会对环境造成危害的企业，要时刻注意自己在业界和社会的名声。

6. 与社会名流保持良好关系

　　通常情况下，和社会名流保持良好关系也能在很大程度上提高新创企业的知名度和社会认同度。而请明星来代言，就是这种方式下的具体运用之一。好的明星能够给企业带来正面的评价。

◉ **案例 1**

　　何露在家族的帮助下，开办了餐饮连锁店。这家店在何露和家族的努力下，取得了飞快发展，在市场中也形成了比较好的知名度。因为公司请明星代言的关系，何露结识了某明星，该明星有非常好的气质，在粉丝中间享有极高的赞誉，她的人品也很好。

　　渐渐地，何露通过这位明星认识了许多社会名流，而且何露有意加强同这些社会名流之间的关系。当这些社会名流要办一些慈善活动时，何露都积极地参与进来，并且经常和这些明星在微博上互动。

　　因此，何露的这家快餐连锁店的知名度提升得更快了。因为这些社会名人的明星效应，何露的快餐连锁店的形象也得到了强化。大家一提到这家快餐店时，就不知不觉将其跟某些明星联系到一起，然后就对这家快餐连锁店产生了比较好的印象。

　　而何露也懂得利用好这些社会资源帮助自己的企业进一步成长。家族的人都夸何露真有一手，但何露却说："我也并非刻意为之，只是机缘巧合结识了这些人，然后加上我也愿意通过这些社会名流来表达自己的慈善观念，这样更能影响大家对慈善的关注。"

　　【点评】

　　何露非常精明，她懂得利用这些社会关系来提高自身企业知名度。但这里也要请广大的创业者注意，在选择明星代言或者选择和社会名流保持良好关系时，一定不要让该明星或社会名流给企业品牌的宣传带来负面作用。

案例 2

2011年4月7日，位于中关村的车库咖啡正式营业了。这不是普通的咖啡厅，或者说不是咖啡厅，而是为早期创业者提供的开放式办公环境，并与早期投资机构对接。从某种角度上说，它更像民营资本的孵化器。芬兰一家公司也采用了这种模式。国外类似的模式有位于北美的UMMIT、Gitizin Place、RocketSpace等。国内同类模式有位于上海的"新单位"。在北京，还没有其他的同类型模式。

由前139邮箱产品经理莫小翼带领的创业团队露意，他们是第一个在车库咖啡拿到投资的团队。这个团队当时只需要20万元的投资，目前几乎全天在车库办公。可以说，车库咖啡不仅是创业者的低成本办公场所，也是投资人的项目库。车库咖啡的访客不仅有大量的创业者和投资人，还包括关注创新和创业的媒体记者。

到这里来办公的创业者，只需要每人每天单点一杯咖啡就可以享受一天的办公环境，可共享iPhone、Android、平板电脑测试机、投影、桌面触屏等设备，这里还有IT界名人推荐的图书。为了让创业者在这里待上一天，车库咖啡还推出了创业者套餐：早上一杯咖啡、中午一顿饭、下午一杯茶，外加一些小点心等。

卖咖啡的收入完全不足以支撑车库的日常运营。一位创业者一天约20元的支出，由于水电、房租成本，车库咖啡头两个月处于亏损状态。但盈利方式随着创业者的活动和点子逐渐涌现出来。

某天，一个慕名而来的计算机系学生问前台人员："车库的T恤有卖吗？"于是有了新的纪念T恤。目前，除基本的销售收入外，车库的盈利主要来自楼道里每年数十万的广告位出售，以及车库咖啡俱乐部的会员费，每人每年1200元，考虑到资源的配置效率，第一批会员限定在50人。

通过跟厂商的合作，车库节省了大量的硬件设备支出，并为创业俱乐部赢得了共享设备。此前，阿里云已经向车库免费提供了云计算存储及带宽，别的厂商则免费提供了远程安卓全机型测试服务和免费移动App真机云测试平台。微软也承诺为车库创业者提供免费的Windows操作系统和Office办公软件。

至2012年4月，车库每月的营业收入能达到10万元，如果不算装修和设备折旧，已经达到了收支平衡。开业第一年，就能取得这样的成效，出乎车库创始人和投资人的意料。

创新工场投资副总裁郎春晖将车库的成功归因于中关村的大环境优势。她说："中关村西区经过这些年的发展，已经形成了创新创业和风投聚集的氛围。"

政府也注意到了这个民营的"孵化器"。据悉，中关村管委会的领导曾经考察过车库，今后有望将车库纳入民营孵化器的支持体系，享受政府的资金补助。而在车库办公的创业者也能获准以车库的地址在中关村示范区注册，享受优惠政策。

【点评】

（1）发现商机

车库咖啡的创始人和股东都是投资行业人士。他们发现，平均每天见3～4个项目已经属于高效率，很多时间浪费在了路上。

随着互联网行业越来越热，创业者越来越多，办公场地也成为创业者的一个难题。此外，创业者与投资者之间也存在信息不对称问题。有没有一种方式，为创业者和投资者双方提供便利？于是在2010年6月，"开放式办公环境"的想法诞生，并在长达半年多的筹划后，于2011年4月7日车库咖啡正式营业了。车库咖啡的"常驻"创业团队大约有10多个，并仍有新的团队不定期"入驻"。在过去半年时间内，车库咖啡已经促成12个创业团队获得天使投资。

（2）经营定位

车库咖啡占地800平方米，能容纳150人左右。它的定位不是咖啡厅，咖啡厅只是一种表现形式，一种计价标准，使这里更有开放的感觉。

创业团队初期需要什么？资金＋社交＋资源＋人。对创业者来说，车库咖啡一方面降低了办公成本，另一方面降低了社交成本。晚上在这里经常会举办创业投资活动、技术交流活动，节省了创业者从办公室到活动现场的时间和交通成本；团队之间也可以相互交流，探讨技术问题，增强团队的社交能力。车库咖啡通过媒体影响，整合了很多办公资源和条件，降低了创业者办公场地和设备的投入，让创业者以一天一杯咖啡的成本办公。

（3）经营模式：和早期投资机构对接

由于创始人和股东的投资机构背景，车库咖啡向国内早期投资机构开放。在车库咖啡办公地附近，有一家知名的早期投资机构——创新工场。车库咖啡"民营资本的孵化器"的目标与创新工场早期投资机构的定位有些许相似之处，但又有很大的不同：第一，车库咖啡定位更早期，来这里办公的甚至是思路尚未成型的项目；第二，车库咖啡可以为创新工场"服务"，向创新工场输送优秀的项目。据悉，创新工场的投资人经常来车库咖啡交流、看项目。车库咖啡的创始人表示："投资者看项目会遇到项目源的问题，开放办公模式可以让看项目的效率、筛选的效率更高，甚至可以成为产业中的一个环节，预计这种模式在国内会越来越多。"目前，车库咖啡以一种轻模式运转，开放式办公平台空间很大，未来还有很多有价值的事情可以做，如后续的资本渠道、创业者训练等。

素质拓展

项目：创业者沙盘模拟演练。

道具：创业者沙盘演练工具。

步骤一：将学生分组（5～7人/组）。

步骤二：小组成员通过合作，完成以下演练内容。

（1）建立创业大局观

① 创业的5个阶段。

② 创业过程中的能力、资源与心态。

③ 长期目标与中短期目标的合理匹配。

④ 创业蓝海生存法则。

⑤ 创业案例分享。

（2）核心创业项目的打造

① 创业项目的选择。

② 核心资源凝聚。

③ 市场机会的辨别与分析。

④ 项目的长期与短期工作的协调。

⑤ 创业案例分享。

（3）创业团队

① 创业团队的建设。

② 创业期的内部激励模式。

③ 创业案例分享。

（4）创业资金

① 不同阶段创业资金的筹集模式。

② 不合适的资金陷阱规避。

③ 创业案例分享。

（5）创业壁垒

① 如何建立有效的壁垒。

② 如何让壁垒建设与创业阶段同步。

③ 创业案例分享。

（6）创业资源

① 创业资源的积累。

② 创业资源整合。

③ 创业案例分享。

（7）市场战略

① 创业市场的开发。

② 在缺少资源时如何做市场。

③ 市场危机处理。

④ 创业案例分享。

目的如下。

（1）了解理论与行动的关系，促进学生锁定创业目标，坚持创业态度。

（2）掌握应对机会、风险和变化的能力。

（3）明确资源的内涵，提高资源调配整合的能力。

课后思考

1. 确定新创企业进入的行业，需要考虑哪些因素？

2. 新创企业开业登记的基本条件是什么？

第9章
新创企业的生存与成长管理

企业的经营管理就如同军队的管理。领导者缺乏领导能力、员工工作积极性不高、整个组织无纪律等不良因素，都会对企业造成致命的影响，尤其是对于新创企业来讲，如果没有科学规范、运行有效的管理制度将直接影响企业的生存成长。"355"工作法可以对创业者管理运营企业有所帮助。"355"工作法又称规范工作法，即"三定、五按、五干"。"三定"是定岗、定责、定薪；"五按"是按程序、按路线、按时间、按标准、按指令操作；"五干"是干什么、怎么干、什么时间干、按什么路线干、干到什么程度。"三定"是以"五按""五干"为前提，"五按""五干"以"三定"做保证。实行规范化工作法，按照"三定、五按、五干"的内容要求，编制操作规范。操作规范包括岗位操作程序图、时间分解序列图、岗位规范操作表，把图表绘在展示板上，挂在操作岗位现场。执行考核细则印发成册，发到职工手中，按章执行。长期操作质量劣等的岗位工作，应受到解除操作资格参加"厂内待业"的处理；反之则受到表彰和奖励。

学艺术设计的小徐和同学合伙开办了一家广告装饰公司，随着业务量增大，不断聘用员工，人数多时达到50多人，但公司的效益却没有预计的理想，甚至出现了客户不断投诉的事情。小徐很是苦恼，主动到学校管理学院老师那儿寻求帮助，老师在详细地了解公司架构、经营状况后，建议小徐在公司内采取"355"工作法，明确职责、层级负责、规范程序、严格考核。试行一段时间后，小徐发现"355"工作法使公司员工的工作效率极大增强，公司业务走上了正轨。

创业者创办一家新企业，当然希望它不仅能够生存下来，而且实现快速成长。但他们中一些人并未如愿以偿，创业活动也草草了之，以失败告终。那么，此时创业者就需要对新创企业的生存和成长管理进行分析，了解创办新企业可能遇到的风险类型及应对策略，最后圆满完成新创企业向成熟企业的过渡。

9.1 新创企业的生存管理

新创企业在创建初期，通常会遭遇资金不足、制度不完善、因人设岗等诸多问题，这些跟创业者的实力、能力和经验都有很大关系。一般情况下，新创企业在创建初期会以生存为首要目标。而新创企业的生存管理分为两方面，即经营管理、人力资源管理，其中经营管理又分为资金和运营两方面。

9.1.1　经营管理

1．资金方面

新创企业跟形成一定规模的企业在现金流的运用上有所不同。形成一定规模的企业，根基相对牢固，资金链和市场也相对稳定，它们抵御困难的能力相对较强，而且会有多种渠道起到补救作用。但新创企业既没有什么根基，也没有固定的资金链，市场需要一点一点积累，假如现金流出现问题，很容易一口气喘不过来就迅速消亡。所以新创企业必须不断创造自由的现金流来维持企业运转。

◎ 案例

现在成为国内某知名体育品牌代理的小崔，开设了 7 家连锁店面。说起新创企业的资金管理，小崔很有体会，他总结了 5 条需要注意的地方：往来账目的原始资料保持完整，避免事后产生纠纷、事情原委无法认定的情况；与客户的账要搞清楚，特别是明细账，收款要及时，月底应该对账；开发新客户时要注意做信用评估；自己要核对银行账单；外地销售的出差费用要及时对账，有关出差费用要先定下限额及报账方法。创业者不要怕企业里那些密密麻麻的数字，不要怕进行对账和查账，因为账目是新创企业中最为关键的一项，不把它掌握得清清楚楚，自己的创业到头来只能是一笔"糊涂账"。

2．运营方面

创业者在企业创立初期，除了要妥善管理资金流动，更要在运营方面多下功夫，使企业生存多一份机会。而运营的大多数目的都是成本控制，让投入产出比更大。所以新创企业所有的决策也都根据这一目标而制定的。

◎ 案例 1

小蔡毕业之后不想上班，于是他索性把他和朋友经常光顾的那家味道不错的烧烤店盘了下来，自己当老板。他认为学生的生意好做，没有外面那么复杂。学校附近的小烧烤摊，既不卫生又不好吃。如果他好好经营，未来发展得好，他就在所有大学城开设连锁店。小蔡的设想倒是很不错，但很快，他就有点吃不消了。

首先，他想要做有品位、有质量的烧烤。所以他在前期装修、烧烤工具和原料上就花费了 10 万元，以至于店开起来之后现金流的运转出现了很大问题。其次，他不屑于做小生意，店里规定最低消费是 20 元，这样就把很多习惯了花 15 元以内吃小摊的学生挡在了店外。而且，他的一些朋友经常过来蹭吃蹭喝，赊账很久才结。结果 3 个月下来，成本非但没收回来，还亏了 2 万多元。

小蔡痛定思痛重新做了规划：首先，他把最低消费这一规定取消，并且推出一系列特色烧烤，甚至比街边摊的价格还实惠，这些烧烤非常划算，受到大家的一致好评，所以来消费的学生逐渐多了起来；而烧烤所用的材料，他也没有再追求顶级品牌，而是选用一般的健康品牌，这样成本上也得到很大控制；最后，小蔡果断地向赊账的朋友们说不。烧烤店这才从停业的危险边缘逃了出来。

【点评】

小蔡刚开始确实有些年轻气盛。当创业快要发展不下去时，他选择了改变运营管理，取消最低消费，推出特色烧烤，节省原材料，禁止赊欠，这才使自己的店走入正轨。

案例 2

　　陈祥毕业之后，想在大学城附近创业。他对餐饮行业很感兴趣，并认为这一行业具有非常好的前景。但大学城附近的餐饮行业已经基本接近饱和，各种各样的餐饮店都很齐全。要想在这种情况下在大学城立足，只有推出一些特别的东西。

　　在筹划之后，陈祥开了一家名为最新鲜饮吧的水果榨汁饮品店。这家店以倡导健康新鲜生活为经营理念，目标就是要为大学生带来健康。这里的水果都是新鲜采摘，并且由学生现选，称好之后马上洗净配合各种辅料鲜榨成饮品。制作全过程都清清楚楚地展现在学生面前，从而使学生可以饮用到非常健康的水果鲜榨汁。而在店面门口，还挂有一张大型海报，海报上有各种水果所含的营养成分及功效，学生也可以根据水果的营养成分很方便地进行搭配。

　　这家最新鲜饮吧顿时获得了大学城附近人的一致好评，并且店门口长期处于排队的阵势。陈祥也决定要将这种健康的经营理念贯彻到管理的方方面面并持续下去。

【点评】

　　别的饮品店也提供同样的产品，而且过程和结果与陈祥的最新鲜饮吧并没有太大的差别，但顾客的感受却不一样。因为独特的经营理念，使不同企业经营的相同产品或者服务有了区别，而最新鲜饮吧倡导健康和新鲜的独特优势也成了极好的竞争力。

　　经营理念的确立，在新创企业管理中有独特的地位和价值。要想在资源不足、市场需求不稳定的情况下，让企业生存下来，那么独特的经营理念往往非常奏效。这也是一个成功大学生创业者善于利用经营理念进行新创企业管理的标志之一。

9.1.2　人力资源管理

　　在创业研究中，一直以来，学者们所关注的主要是创业者及创业团队的角色。虽然他们对于创业活动的作用是不可替代的，但是如果仅仅将目光锁定在这些人群身上，就忽略了企业内部其他的雇员对于创业活动的重要性。随着新创企业的成长，员工人数也在上升。然而，很少有研究关注新创企业如何招募、培训、考核、激励员工。虽然在成熟企业的人力资源管理研究中，这些问题的讨论已经非常丰富，但是新创企业的很多情况与大企业不同，一些传统的人力资源管理方案并不适用于新创企业。这时就需要我们首先对于新创企业人力资源管理的独特环境有所认识。

　　新创企业人力资源管理策略有以下几个方面。

　　（1）掌握企业的初创期、发展期和成熟期用人的不同标准和方法

　　初创期要的是"跨马能够闯天下"的人才，而发展到一定的程度后就需要"提笔能够定太平"的人物了。企业在发展过程中，只有在保持基本稳定的同时，不断地"吐故纳新"，淘汰那些相形见绌的人员，企业才能保持旺盛的生命力。这种"吐故纳新"有时是残酷的，却是企业发展所必需的。对于创业时的"开国元勋"可以用金钱、股份、闲职去安抚，却不可以为了这些人的情绪和"面子"而影响企业的健康发展。

　　（2）有效激励

　　对员工万万不可太苛刻，该给员工的工资、福利、奖励一定要言必信、行必果。对有突出贡献的要舍得给票子、给位子，千万不要吝啬。真正做到奖得眼红、罚得心痛才能起到恩威并重的效果。同时，也要切记莫受个别员工的蒙蔽。因为管理和被管理始终是对立的，为了某种利益或者为了取得你的信任和欢心，被管理者往往会自觉不自觉地说出某些

假话来蒙蔽你。你千万不要信以为真，最好多问几个"为什么"。

（3）大胆放权，分级管理

企业稍有发展后，就要采取分级管理。多当裁判员、少当运动员，切莫事事亲自过问。这样，一是可以满足中层人员的权力欲，调动他们的积极性；二是可以客观、公正地处理企业出现的各种问题，防止出现"不识庐山真面目，只缘身在此山中"的情况；三是可以躲过与员工的直接对立，让中层唱黑脸，你唱红脸，以显示你的"宽厚仁慈"之心。

（4）适时开展人力资源专家诊断

根据企业发展实际，在企业内部设立专员或者聘请外部专家来规范企业人力资源管理。专业人员对人力资源管理相关法律法规、人力资源管理工具和方法把握得较为准确，制订的人力资源计划及日常工作计划都能符合本企业的利益，通过适时的人力资源管理诊断，能及时在日常管理中发现问题和解决问题。

案例

　　小李利用家乡的资源在读大学的城市开了一家灯饰公司，由于很多小年轻人买房装修，因此小李的生意一直不错。小李的女朋友帮着打理店里的业务，随着业务量增大，小李陆续聘用了不少员工，有在校大学生，也有社会人员。有的是老师介绍的，有些是女朋友的好姐妹。刚开始，公司管理上显示不出问题，但随着人数增加，小李发现有些岗位是因人设岗，为了照顾介绍人的"面子"设立的岗位实际上无形加大了公司支出，同时员工之间也互相不"买账"，工作效率不高。在面对客户服务时也多敷衍了事，公司接到的客户投诉越来越多。小李冷静思考后，开始考虑公司人力资源管理的问题。通过学校创业导师的诊断，他先从员工绩效考核入手，完善制度，加强管理，靠制度管人。

9.2　新创企业的成长管理

新创企业在有了生存保障后，最重要的问题就是迅速成长，在市场上占有一席之地，所以成长管理就显得非常重要。在这一过程中，创业者要注重整合外部资源，以期成长。同时，管理好保持企业持续成长的人力资本，以及实现从创造资源到管好用好资源的思维转变，形成较为固定的企业文化价值观。用成长来解决成长过程中所遇到的疑难杂症，还要从过分追求速度转变为提升企业的价值。

新创企业想要得到非常好的成长，需要一些必不可少的推动因素，这些因素能够持续有效地推动企业继续向前发展和成长。推动因素分为内部因素和外部因素：内部因素有人力资源、自身竞争力、商业活动、企业文化；外部因素有市场、组织资源、品牌认可度。如何利用好这些驱动因素，帮助企业又好又快又健康地成长，是一名优秀大学生创业者的必备能力。

9.2.1　企业成长内部推动因素

1. 人力资源

人力资源是组织资源里非常复杂的一部分，人是最难控制和掌握的。但如果能充分利用组织成员所蕴藏的知识、能力、技能，以及他们的协作力和创新力，这样将能创造非常大的推动力。而且人力资源在节约成本方面有很好的效果。

小陶在毕业之后，开设了一家房屋租赁中介机构，这家房屋中介机构主要面向高端客户。公司会搜集一些向外租赁的好房，然后进行精装修后，配合积极的宣传推向市场。因为公司处于发展的初期，并且做这一行的其他机构对质量的要求不高，而且小陶做的是高端客户，所以公司有一定的成长空间。但就是用人方面，小陶很发愁。因为相关的行业销售人员，素质普遍偏低，对待客户方面，在交易前后销售人员的态度有非常大的差别。这一点使小陶公司的业务开展得不是非常顺利。但小陶马上就做出了相关调整：首先，对员工进行集体的礼仪培训，让他们的行为语言都规范化、人性化；其次，对员工在交易前后的态度有明确要求，不允许因为交易谈不成而恶言相向或者对客户不恭敬。小陶还给出了非常吸引人的激励制度，交易量达标，销售人员的提成会比同行要高出很多。虽然这样导致公司的利润下降，但却为公司赢得了非常好的声誉。而且，随着公司规模的扩大，人员素质并没有因此下降，反而在小陶的管理下，大家的能力都提高了。

【点评】

小陶在创业阶段，没有选择和竞争对手一样，养活一批素质不高、能力不强的员工。他积极发掘人的能量，从而让他的企业慢慢走向成熟，有了大企业的风范。

管人是企业管理最难的一个环节，现代管理都遵从以制度管人。人力资本含有非常复杂的成分，它不只是有形的，还是无形的。管好人力资本不仅需要一个良好的制度，更需要人性化的策略和技巧。

对新创企业来说，创业者和他的团队也是人力资源中非常重要的一个环节。有一句名言是这样说的，企业的血液可以替代，但企业的基因绝对不可以复制。而这里的基因就是创业者和他的团队。他们给予了企业生命，并且帮助企业形成经营模式和企业文化，他们功不可没。没有一个好的创业者和好的创业团队，想要创业成功是不可能的。

2. 自身竞争力

新创企业想要快速成长，让产品和服务占领市场，就要在提高自身竞争力上下功夫。其中包括新产品开发、改进现有产品和服务。有了良好的自身核心竞争力，不仅能够抵御竞争者，获得发展空间，更重要的是提升创业者和企业的各方面素质。

小李开了一家水果店，这是他毕业之后的第二次创业。经历了第一次创业的失败之后，他终于摸出来一点门道。想要创业，首先要生存下来，生存下来才是继续发展的前提。而现在，他的水果店终于依靠廉价生存了下来，他每天能走很多量，并且水果腐败率也慢慢下降。但有一个问题一直困扰着小李，他觉得初期的发展出现了瓶颈，一直销售廉价的水果，虽然量上去了，但是利润并不高，而且来他这里买水果的都是图便宜，但对面做优质水果生意的店却能吸引很多愿意多消费的人群。小李综合考虑了一下，他决定提升一下水果店的形象，于是对水果的品质及包装都进行了升级。他不再去零星地批发水果，而是找到了水果生产基地，批发了一批优质水果，并在店内做强势的宣传。将一般等级的水果和包装精美的优质水果摆在一起，顿时激起了消费者的消费欲望，小李的策略收到了很好的效果。利润上来了，并且来店内消费的顾客层次也提高了。这时，小李果断地租下隔壁的门面，然后把水果店做成两个品牌，一个是廉价系列的，一个是优质系列的。而优质系列的水果在一定的促销阶段会放到廉价品牌店。小李水果店的生意越来越火爆了，他决定以后向高档居民社区进军。

【点评】

小李刚开始的策略是价廉物美，这帮助他形成了一定的自身竞争力。在发展初期，该策略的效果非常不错。但价廉物美一般的结果就是利润始终无法进一步上升，而企业的发展也会受到"薄利多销"的限制。"薄利多销"确实是无数新企业赢得市场的法宝之一，各个商家不顾一切地去打价格战，也是为了形成竞争力。但如果想要实现企业的持续高速发展，那么它就会变成一种限制性因素。所以在企业成长管理中，应该采取从追求速度向提升产品和服务价值转变。

案例 2

小陈毕业之后，没办法独立在大城市生活，于是就回家乡准备创业。他家的房子临街，而且对面就是汽车加油站，所以他考虑了一下，决定将房子临街的墙打通，然后开一家汽车美容店。这样，既节省了租房的成本，又拥有临街和汽车加油站这样非常有利的条件。因为他的店是镇里第一家汽车美容店，所以很快就吸引了大家来消费。以往，镇里的人要对汽车进行美容，都要到十几千米以外的县城去。而现在，小陈的汽车美容店给镇里的人带来了极大的便利。小陈私下里又和对面的汽车加油站签订了双赢合作协议，凡是在汽车加油站加满一定量油的顾客都可以在小陈的汽车美容店享受一些优惠待遇，如免费洗车等。而在小陈的汽车美容店有保养月卡的顾客都可以在对面加油站享受一定的折扣。就这样，他们的生意更火了，小陈也成了附近有名的大学生创业者。

【点评】

小陈非常聪明地将自家房子改造成门面房，并且开办了镇里第一家汽车美容店。而且他能够和对面的汽车加油站实现双赢合作，这是难能可贵的。最重要的是，他通过控制成本及和其他商家合作形成了自身竞争力，占领了当地市场，这为后来抵御其他竞争者打好了基础。大学生创业者就是要积极开动脑筋，把所有可以利用的物质资源利用起来，有效推动企业成长。

大学生创业者可以利用的物质资源很多，其中包括土地、器材、设施、原材料等。这些资源能够帮助大学生创业者有效地节约成本，从而有更多的现金流保障现有运营和未来发展。但如何利用好这些资源也是有讲究的，如果使用不当，不可能发挥这些物质资源的优势，也不可能形成竞争力。

3. 商业活动

新创企业度过了艰难的生存期，企业发展出现瓶颈，市场份额无法进一步提升时，创业者就需要利用各种商业活动，提高现有产品的市场渗透，以及地理扩张，以获取企业成长发展的机会。

案例

亚军毕业之后，就回到家乡从事蔬菜种植。但亚军可不是做一个普通的菜农，而是培养和种植高品质优质蔬菜，并且经过包装，专门供给大型超市。因为亚军提供的蔬菜品质非常好，人也老实靠得住，所以很多大型超市都争相从亚军这里订购。随着生意一天天好起来，规模一天天大起来，亚军决定不只给大型超市做供给，要自己干。他想开办一个专门的高档优质蔬菜品牌，而且绝对保证新鲜。于是，他将目光瞄向了市里的高档社区，专门聘请设计师设计门面和企业形象。结果，这一策略非常成功，亚军的优质蔬菜成功地打进了高档社区，深受这些消费层次高的人士的喜爱，并且配合各种经营策略，品牌也一天天变得响亮起来。之后，亚军又借助这一成功经验，将品牌进行推广，从而在一部分中档居民社区也站住了脚。当有人问亚军下一步打算的时候，他笑着说："还要做水果，也用这种模式。"他不想只是创造资源，而是要用好它们创造更大的价值。

【点评】

亚军有非常独到的眼光和令人钦佩的勇气。他实现了资源从"开创"到"开发利用"的转变，让运营更加顺畅，成长空间进一步加大。而大学生创业者在满足了新创企业生存需要之后，应该从创造资源的圈子里跳出来，转向管好及用好资源，从而使企业实现更快成长。

4. 企业文化

一般情况下，新创企业缺乏资源，也没有市场，大学生创业者会利用一种核心思想把员工紧紧地团结在一起，让大家拧成一股绳，并且任劳任怨、苦干实干，而这种没有形状的超强助力剂就是企业文化。

👁 案例 1

高才生小郑毕业之后，在家人和朋友的支持下开办了一家网络公司。这家公司推出的产品是帮助企业推荐人才。这个互联网产品一经推出，就受到业界的一致好评。

但这家公司从创办到现在并不是那么容易。在早期，业务没有起色，资金链断掉，员工工资发不出来，当时大家的积极性也相当低，小郑曾深深地为此感到困扰。但小郑一直都在强调企业的文化，强调企业的使命。他在用一种理想鼓舞大家：人生需要贵人，而大家现在所创办的这家公司将会为千千万万怀才不遇的人才找到伯乐，而大家正是帮助他们实现理想的贵人，而且我们的企业在未来会有非常好的前景，这个世界需要大家。正是这种为全世界人找伯乐的企业文化和企业使命感使大家在最低潮的时候振奋起来，拿着最低的工资干最苦最累的活，但最后大家都撑过来了，不仅产品获得了非常高的评价，也吸引来巨额的投资。

【点评】

正是在公司独特的企业文化的指引下，员工们才有了不一样的使命感和责任感。所以工作上，大家不再是消极需要督促的，而完全是积极自发的。与众不同的企业文化能够帮助新创企业形成特殊的使命和独特的气质，使新企业有非凡的动力，从而创造的产品或服务也会拥有独特的附加值，为企业接下来的生存和未来的发展增添活力。

👁 案例 2

卢西毕业之后在高档写字楼区开办了一家外卖快餐店。面对众多竞争者，他如何脱颖而出呢？围绕这个问题，他制定了"快"的企业文化，他强调这家外卖快餐店最核心的理念就是快——订餐快、送餐快。别的外卖店下订单需要电话人工预约，他选择使用社交软件来进行预约。顾客只需要选择菜式点击，快餐店就会收到预定信息，然后及时运用社交软件的地图功能告诉顾客，他所预定的快餐已经到什么位置了，还需要多久就能送到他的面前，顾客能对这些信息实时掌握。而这家快餐店工资最高的就是这些外送员，所以他们的速度也是惊人的快。通常他们只需要耗费别的快餐店送餐时间的一半。而在送餐过程中，他们也会时刻多备几份需求量非常大的菜品，而顾客也可以根据软件上快餐剩余的份数和快餐员所在的位置进行选择，这样也可以加快订餐的速度。卢西正是凭借"快"这种企业文化，在公司方方面面都加快脚步，才使这家外卖快餐店在短短时间内就成为白领一族的新宠，而且未来还有更加广阔的发展空间。

【点评】

卢西制定的"快"这种独特的企业文化非常重要。人最宝贵的是时间，替他人节约时间也就是替他人节约生命。在卢西厘清这一理念后，这种文化和价值观发挥了巨大的作用，公司运营的方方面面都遵循了这一观念。这样就使员工无论做什么，首先想到的就是要节约别人的时间，提高别人的效率，从而能把很多事情做好做细。这也是"快"这一理念带来的价值。

大多数新创企业想要实现快速发展，往往都会形成比较固定的企业文化价值观来支持企业的健康有序向上发展。只有当快速成长企业的创建者和团队热爱他们所从事的事业时，管理上才会卓有成效。他们也会审时度势，团结起来，倾注全部心血围绕在这一理想周围，使企业的文化价值观能够延续下去。

9.2.2 企业成长外部推动因素

1. 市场

市场的关键在于供需，它实际上也是一个企业创办的重要原因。正是因为有了市场供需关系存在，大学生创业者才看到了商机，才看到了创业机会。而好的市场供需关系也能在一定阶段内帮助企业快速成长。抓住市场需求，企业几乎已经成功了一半。

◎ 案例

赵广和宿舍哥们毕业参加工作之后为节约生活成本仍旧住在一起，他们租的房子在一个新开发的小区。赵广在工作之余也做课外辅导兼职，这时，他发现他们居住的小区竟然没有一家成规模的课外辅导机构。于是，赵广和宿舍哥们一商量，都辞去了工作，把家里重新布置了一下，专门为小区的学生们提供课外辅导课程。他们开设了几乎所有的中小学课程的辅导班，包括数学、英语、物理等。因为赵广等人本来就毕业于名校，且学习成绩非常好，所以这点科目根本就难不倒他们。没想到的是，短短几个月时间里，他们课外辅导的名声火了起来，来报名参加的人络绎不绝，有些甚至还要预约。赵广和宿舍哥们决定把规模做大。他们又联系了一些以前的同学，劝他们也辞去工作加入他们的创业活动。因为创业者当中还有几个人有艺术特长，如绘画、音乐等，他们也针对性地开设了这些课程，没想到也是供不应求，甚至一些老爷爷、老奶奶听说是名牌高校毕业生教授，也纷纷来报名。赵广等人看到形势这么好，他们已经合计要成立公司了。

【点评】

赵广就是一个善于利用市场需求的大学生创业者。他并没有一开始就选择创业，他首先有一份不错的工作可以养活自己。当他发现巨大的商机、潜在的市场需求之后，就和宿舍哥们一起开始创业。如果晚了一步，社区里已经出现了满足需求的同类竞争者，相信赵广和他的团队也不可能取得这样的成功。

2. 组织资源

刚刚成立的新创企业，财力、物力资源等都相对匮乏，而注重借助各种资源、各种力量发展和壮大自己，就显得尤为重要。注重资源的整合也是创业者常用的一种管理策略，它是新创企业能够实现迅速扩大规模的捷径之一。

◎ 案例 1

赵准在毕业之后，回家乡创办了一家健康家禽的企业。这家企业主要经营健康家禽类的养殖。在养殖过程中，为了使这些家禽能够更加健康，赵准使用的是优质的麸皮作为家禽的食物供给，而且采用放养策略。这些家禽在赵准的培育下，健康、自由地成长着。但问题也随之而来，在这样的条件下，成本非常高，所以在价格上，赵准的家禽并不是非常有市场竞争力。这时赵准瞄上了隔壁的一大片苜蓿地，他找了专门的人采集苜蓿，并且和麸皮掺在一起喂家禽。令赵准喜出望外的是，这些家禽非常喜欢吃这些饲料。赵准又用枯木枝给家禽做了一个高一点的食槽架，家禽想要吃食物，就需要不停地跳起来，这样，这些家禽得到了一定锻炼，从而更加健康。因为赵准善于利用周边的资源，将这些资源整合起来留作己用，形成了天然的优势。这家健康家禽企业的规模也随之越来越大了。

【点评】

赵准非常巧妙地利用了苜蓿及枯树枝，使自家家禽能够健康成长的同时又有效节约了成本，这就是注重资源整合带来的好处之一。财力、人力、物力都匮乏时，大学生创业者要积极开动脑筋。资源利用得好，管理就能上升一个台阶。

如果只是追求固有的成长，新创企业也许能够生存下来，但无法发展壮大。但如果能够积极地寻求外部的增长空间，把握住这些需求，那么就能为企业的上升打开通道。所以组织各种资源，寻求外部增长，也是新创企业成长管理的基本技巧和策略之一。

案例 2

田伟学的是计算机维修，毕业之后，他就在自家门口创办了一家计算机服务机构，面向社区居民。这家服务机构主要的服务内容是装配台式机、计算机维修、笔记本销售、计算机耗材销售等。田伟凭借在附近的声誉把小店经营得井井有条，但没多久，田伟就已经不满足现在的业务量了，他希望能实现进一步的增长，这时就需要开拓一些外部市场，于是他想到了互联网市场。他在很多电子商务网站上都注册了账号，并在很多有名的社区和论坛发了很多"软文"帖子。因为他扎实的业务水平和相对低廉的价格，获得了顾客不错的口碑式宣传，业务量开始有了一定提升，而这种提升随着时间慢慢显示出一定势头，他尝到了甜头，于是果断地雇用和选拔了一些人才，然后在市内多个区域开设了分店。不到一年时间，分店数量就达到5家，这在同行来看是非常惊人的。而田伟正是打破思维，没有被所在小区局限住，通过积极寻求外部增长而获得了自身的进一步成长，这是非常成功的。

【点评】

任何企业在成长的过程中都不可能会满足，这是资本市场决定的。就像田伟一样，当他能够站稳一点脚跟的时候，他立刻明白，如果企业想要进一步发展，那么必须积极地去寻找外部的增长空间。只有不断地向前发展，企业才能够变得更加强大。

案例 3

阿贵从小学钢琴，钢琴水平很高，之后进入音乐学院。毕业之后，他决定创业。他觉得借助互联网卖钢琴是不错的生意，而他又非常在行。于是，在家人的支持下，他注册了一家钢琴网站，这家网站主要售卖各种名牌钢琴。网站开办以来，经过宣传推广之后，生意是有一些起色，但一直都不是很理想，离他的预期有很大一段距离。经过一番深思熟虑，并咨询了一些行业人士，他决定改变现在这种单一的成长方式，走上复合式成长道路。其一是他开始做了二手琴的生意，这在国内来说是一个很大的市场。一般来说，钢琴都是名贵物品，一般人购买之后都会细细保养，所以即使是二手，成色一般非常好，而且收购价格低，性价比高，所以二手钢琴确实在网上存在很好的市场。其二是他推出了钢琴和授课捆绑式服务。买钢琴就送免费教学课程，而且即使不买钢琴，也可以享受免费学一首简单曲目，这样着实吸引了很多顾客。很快，钢琴网获得了很大的成功。而阿贵也非常巧妙地解决了成长发展上的问题。

【点评】

　　阿贵的钢琴网站在发展中遇到问题时，他巧妙地改善了成长方式，让它从单一渠道改成多重渠道发展，这样的资源组织效果非常明显，网站也获得了更多的成长空间。企业在成长阶段，确实会出现很多问题，这些问题会阻碍企业进一步发展。那么创业者就要主动进行变革，改善成长方式，整合各种创业资源，寻求外部增长，从而解决成长阶段遇到的问题。这是一种管理技巧和策略，更是一种经营思维。

　　关系资源是指大学生创业者及其团队与社会各阶层有着良好而广泛的联系。关系资源的好坏决定了企业的舆论状态和形象状态，它们是新创企业最重要的无形资源。所以创业者也应该利用好这些资源，帮助企业获得外部成长空间，保障企业快速、稳健发展。

◎ 案例 4

　　文娟在大学做毕业设计时，毕业设计课题跟培训行业的发展有关，所以她在做课题时同很多培训机构建立了联系。毕业之后，文娟在国内某知名求职网站做了猎头。这时候的文娟凭借优雅的形象、干练的作风、沉着冷静的态度，已经在培训圈积累了非常好的人脉资源。所以文娟做猎头时具有非常多的优势：一方面，她跟培训机构的老师都协调好了生源的推荐工作；另一方面，用人单位也对文娟选人才的能力和渠道非常信服。后来文娟选择了辞职，自己创办了一家推荐人才的劳务公司（猎头公司），培训机构出来的优秀学员可以直接同她的劳务公司签订合约，付服务费，然后文娟负责在业界给对方找薪资待遇非常好的工作。工作顺利进行的原因在于：一方面，文娟对优秀学员有非常真实的了解；另一方面，她也清楚哪些用人单位非常缺乏哪一类的人才。凭借这些非常好的关系资源，文娟没过多久就在业界得到了一片好评，最近她又准备创办一家推荐人才的网站，结合自己现在的公司，为更多希望找到好工作的人才和希望招到好员工的公司服务。

【点评】

　　文娟正是合理地利用了这些关系资源，才使自己的事业更上一层楼。而她拥有如此好的社会关系资源，最后决定去创业是非常明智的。加上她的气质和能力，她的关系资源更加稳固了，而这些也为她和公司未来的发展奠定了非常好的基础。

3. 品牌认可度

　　品牌认可度是指社会公众对企业的总看法和总评价。社会大众会根据他所认知的品牌效应与企业自身统一起来，好的品牌认可度能够帮助企业形成独特的价值。优质的企业形象能够帮助企业获得良好的市场评价，从而带来市场需求。

◎ 案例

　　肖德的家乡在重庆，他家里是做餐饮行业的，这使肖德从小就做得一手好菜。肖德毕业之后决定在学校附近开一家重庆小炒餐饮店。肖德是一个小胖子，所以他就把店的名字取为"小胖子重庆小炒"，而且把店的Logo也做成小胖子的头像。每天在学生们吃饭高峰时间，他都会亲自站在店门口微笑着迎接大家。每当肖德在店门前露出善意、可爱的微笑并对大家前来就餐热情接待时，人们都忍不住想来这家店品尝一下，因为这家店给他们的感觉是服务、味道、质量一定很可信。当然，肖德在饭菜的口味、质量及服务生的礼仪方面可没少下功夫。大家吃了这里的饭菜，发现确实跟肖德给人的感觉一样。口口相传之下，"小胖子重庆小炒"非常火爆，在大学城附近已经开了3家连锁店了。而肖德做餐饮的成绩在不久后就超过了他父母。

9.3 新创企业的风险控制和化解

创业风险是指由于创业者机遇把握不当、创业资源和能力缺乏、创业环境和市场复杂而导致创业过程中存在的风险。

大学生成为创业者，走上创业之路，缺乏社会经验，对创业机会与创业难度的估计不准，自身毅力不足，智慧也不够，常常令创业活动偏离预期甚至走向失败。对创业风险进行科学预测和分析，并采取有效手段进行防范、控制和化解，能够帮助大学生在创业过程中极大程度地提高创业成功率。

1. 市场风险

面对复杂多变的市场，新创企业面对收入的不确定性和亏损的可能性。市场风险是新创企业成败的关键因素，其主要表现如下。

① 项目选择的风险。项目选择关系企业发展的方向和政府的扶持力度。如果一个新创企业选择市场已经饱和的产业，会因销路困惑或因资金链断裂而被兼并或倒闭，甚至背上沉重的财政包袱或惹上一身的官司。假如选择的是朝阳行业，其不仅代表未来产业发展的方向，新创企业还会得到政府各种政策的支持。可见项目的选择关系新创企业成功与否。

② 市场需求分析与消费者爱好的掌握程度。企业是以营利为目的的，企业生产产品最终的目的是将其卖给消费者，实现资本的积累，为扩大再生产打下基础。可是一个新创企业不去分析市场的需求和消费者偏好的变化，盲目生产，不仅得不到消费者的喜爱和市场的认可，还会使资金被套，无法实现资本短期内的回收，最终被淘汰。

③ 顾客对新创企业及产品和服务的认可程度。顾客对企业及产品和服务的认可有一个渐进的过程，并且不同顾客对新创企业及产品和服务的接受时间不一样。比如我们知道有联想集团存在，但未必就会立即买其新开发的产品，总是等到许多消费者都说其产品质量好、服务态度好时，我们才会出手，更何况一个新创企业及其开发的产品呢？而这其中还存在新创企业去开拓市场所增加的成本及怎样去销售所面临的风险。

④ 市场扩张与行业内部竞争。新创企业随着自身实力的增强势必会走向市场领域拓宽，这样就面临开发新的顾客、实施新的营销策略等一系列发展战略，甚至开发新产品、企业转型。而在这种过程中会面临诸多内、外部的不确定因素，进一步加大企业的风险。同时，某一产品由于有利可图，会吸引更多资本进入该领域和更多的企业生产此产品，从而导致供求关系的变化，甚至进入价格大战，这种行业内部的竞争也使新创企业面临的风险进一步扩大。

👁 **案例**

小唐和小程是湖南某大学化工专业的学生。在校期间，他们开办了一家名为"随风"的CD店，主要从事影碟的出租。CD店是学校附近的商铺小屋，而店内出租用的大部分光碟都是前经营者留下来的。租金每月1500元，水、电等费用另算。两人非常有信心，充满了斗志。

但自从开业以来，经营状况就没有好过。由于盗版影片的猖獗，大部分大学生首选还是免费下载和免费视频网站，只有少量电影发烧友才会来店里租碟或买碟收藏。两人没办法，为了能让辛苦经营的CD店生存下去，他们开始出售一些计算机软件和计算机游戏光盘，这才为他们带来了一点盈利。但好景不长，由于他们出售的计算机软件和计算机游戏光盘不是正版的，相关部门没收了其所有盗版产品，并处以5000元罚款，还给了一个警告处分。

2. 决策风险

通常所说的决策风险是指在决策过程中，因内外不确定因素所导致决策活动不能达到预期目的的可能性及其后果。如何降低决策风险、减少决策失误，一直以来都是为人们所关注和探讨的问题。

新创企业领导层任何一项决策都是在一定的内外环境下，依照一定的原则制定的，以达到一定的预期目的。现实生活中，决策的个人或团队因自身的生活环境、知识背景等的不同，对同一问题的看法也因人而异，甚至带有自身情感和价值判断，导致决策风险可能性增大。即使决策的个人或团队组建绝对完善，但因决策机制不健全等客观因素，也使决策风险发生的概率增大。随着现代企业制度的完善，战略决策、管理授权决策、业务发展决策等不同层次决策的风险主要源自决策的个人或团队。

3. 管理风险

管理风险是指管理层在实际管理运作中因自身的管理理念、管理能力、管理经验等个人主观因素致使企业存在的潜在风险。管理风险常见于新创企业，多因信息不对称、管理不善、判断失误等主观、人为因素所致。其主要表现在两方面：一是法律风险，主要包括管理层法律意识淡薄，因违反法律而受到制裁和管理层未能正确使用法律赋予的权利而使企业利益受损；二是重眼前利益而忽视企业长远发展，新创企业一般资金比较短缺，因急于收回资金，过多注重短期效益，往往忽视激励机制建设、管理制度的健全、工艺流程的完善、售后服务的提高等内部管理的完善和创新，这对企业的壮大和长远发展非常不利。

4. 技术风险

这里所讲的技术风险是指企业技术开发不完善、不稳定或企业在创新过程中遇到技术障碍而导致企业的发展遭遇技术瓶颈的风险。通常情况下，新创企业为获得长足的发展一般选择朝阳产业，依靠提高企业技术水平和科技含量，生产有别于其他企业、具有独特功能的新产品来满足顾客的需求。但是我们都明白任何一项新技术、新产品最终都要接受市场的检验。如果不能对技术的市场适应性、先进性和收益性做出比较科学的预测，创新的技术在初始阶段就存在风险。这种风险来自新产品不一定被市场接受或投放市场后被其他同类产品取代，所发生的风险存在于技术创新开发、转让转化过程中。

5. 财务风险

财务风险是指企业在财务管理过程中因财务结构不合理、融资不当，使企业的财务成果与预期收益发生偏离的风险。财务风险伴随企业成长、成熟的每一环节，不管是融资、投资，还是利润分配、应收账款的控制等都可能产生风险。因而，财务风险是企业在财务管理过程中必须面对的一个现实问题，企业管理者对财务风险只有采取有效措施来降低风险，而不可能完全消除风险。

新创企业存在的财务风险主要表现在：一是新创企业的扩大再生产，急需资金的追加投入，存在融资利率变动、再筹资的不稳定性、财政政策的杠杆效应，以及市场币值购买力变化等筹资风险；二是在新创企业的生产运营中，从原材料供应到成品销售的整个过程中存在资金链运转滞后的风险。

◎ **案例 1**

6个学习应用数学的好哥们在同一间大学宿舍住了4年，有苦同当，有福同享，培养了深厚的友情。毕业之后，由于就业压力大，工作也不好找，在赵哲的提议下，6人决定创业。因为赵哲家在江浙一带,这里的服装加工行业很兴旺,赵哲建议大伙一起办一间服装加工厂,主要给一些淘宝皇冠服装店生产定制服装。

大家集齐了资金,分配好各自的工作任务,进好机器,找好相关的技术人员,工厂就开动了。因为都是第一次创业,大家斗志很高,目标也很远大。起初遇到的麻烦很多,不过他们年轻敢闯,走了一些弯路也算撑了下来,但其实麻烦才刚刚开始。

首先,他们在工厂装修上投入资金过大,几乎占了创业资本的一半。其次,服装生产一般采用分期付款方式。每天大量的现金流出,而实际流入的现金根本无法维持工厂正常运转。公司注册资金又少,贷不到款。再次,工人们是被优厚的薪资吸引去的,但工厂规模小,工人们对公司普遍不信任,所以工厂有一点风吹草动,立马就有工人表示要走。最后,公司刚开始运营,产能也有限,一些大的淘宝皇冠店不放心把服装交给他们生产。

机器走走停停,半年之后,工厂仍旧没有什么起色,6个小伙子却被累得够呛,立志创业的心也慢慢动摇了。

👁 案例2

邱海棠凭借自己的专业优势和关系资源开办了一家职业咨询机构。该咨询机构是帮助那些来访的客户找到理想的工作,其中的服务项目包括职业测评、心理咨询、求职策划、推荐工作等。

邱海棠组建的这支团队非常专业,他们都是来自名牌大学或是知名相关机构,有较强的能力和较好的素养。邱海棠认为,要给客户满意的服务,首先要给客户满意的感觉,所以邱海棠在公司装修及宣传推广上从来都不遗余力,舍得花钱。而邱海棠的资金来源除了自己这几年参加实习积攒的钱和家人的资助,她还找到一家非常可靠的风投机构。

在创业阶段,邱海棠没有把自己当作CEO,她干着公司最多的活和最重的活,甚至订盒饭,公司花草的布置,她都没有放过。但她从来都没有亏待员工,给了他们比较优厚的待遇和宽松的工作环境。她明白,公司并没有形成稳定的现金流,所以她要靠节约成本、整合资源等有效措施,让公司能够生存下去。而她和团队制定的特别套餐计划也为公司的现金流带来很多支持。

邱海棠对未来的目标有非常清晰的定位,就是上市,做国内职业咨询机构的佼佼者,而她和她的团队也确实具备这些能力。邱海棠给自己公司定位的企业文化是平等、共进。确实如她所说的一样,首先,这里没有什么所谓的老板,大家的地位都是平等的;其次,她希望大家能够为了一个共同理想团结起来共同进步。

邱海棠将职业咨询机构选在繁华的商圈,也是看中这里的资源优势,因为大多数求职者都希望自己能够在这些高楼大厦里工作。所以邱海棠将洽谈室设计成有落地式玻璃,而前来咨询的客户一看见外面繁华的街景,也激起想要努力拼搏,在竞争对手中脱颖而出的信心。

因为有非常好的口碑,邱海棠的职业咨询机构发展得十分迅速。她也将单一的经营模式改变成为多重经营模式,包括做互联网社区推广,做职业咨询、心理咨询外包的配套服务。邱海棠离自己的梦想一天比一天更近了。

【点评】

邱海棠管理企业确实很有一套,不像从学校毕业没几天的年轻大学生,这跟她长期以来进行实习活动的经历有巨大关系,她在这些经历中增长了见识,增加了能耐。下面来分析她是如何成功的。

（1）邱海棠是一名非常优秀的创业者。她具有一名优秀创业者应具备的所有气质：冷静、稳健、勇敢和有担当，这使她有资格创建一支非常有价值的团队。所以她在企业的管理上才得心应手，而企业不仅有了生存保障，在之后的成长发展中也体现出健康和高效。

（2）她能够非常合理地整合并利用各种资源，这里面包括在学校积累的人脉关系网、可靠的风投机构作为金融支持，这样为企业的发展扫清了很多障碍。

（3）在企业进入一定轨道之后，她没有停下脚步，而是改变了公司的发展模式，让它朝着多元化的道路发展，这样才不会孤注一掷，一损俱损。

（4）她建立了非常好的企业文化价值观，团队都能够围绕她所设定的理想奋斗。这是无形的财富，更是宝贵的财富。

（5）她懂得塑造企业形象，为客户提供优质的服务，使客户对企业有了更专业、更高层次的认知。也许客户并没有得到他所想得到的职位和工作，但是得到了他想得到的服务，这些客户能够为企业创造良好的口碑。

（6）她对企业所遇到的各种风险都制定了防范措施，包括现金流问题、品牌认知程度、员工向心力等，从而使公司从开业到成长，再到未来发展，都更加顺畅。

素质拓展

情境训练：沙盘演练。

沙盘演练介绍：沙盘演练又称沙盘模拟培训、沙盘推演等，它源自西方军事上的一种战争模拟；通过将个体引入一个模拟的竞争性行业，由个体分组建立模拟公司，实战演练模拟企业的经营管理与市场竞争，从而使其亲身感悟经营决策。

准备物品：ERP 沙盘教具。

分组：6～8 人 / 组。

职位设置如下。

总裁负责制订企业的发展战略规划，带领团队共同做出企业决策，并且审核财务状况，分析企业盈亏状况。

营销总监负责开拓市场，在稳定企业现有市场的基础上积极拓展新市场，做出市场预测并制订销售计划，能够合理投放广告，且根据企业生产能力取得匹配的客户订单，沟通生产部门按时交货，监督货款的回收。

生产总监作为计划的制订者和决策者、生产过程的监控者，负责企业生产管理工作，协调完成生产计划，维持生产成本，落实生产计划和资源的调度，保证生产正常运行，及时交货，组织新产品研发，扩充改进生产设备，做好生产车间的现场管理。

财务总监负责筹集和管理资金，降低财务风险的同时降低财务成本，做好现金预算，管好用好资金，支付各项费用，核算成本，核算企业经营成果，做好财务分析，对成本数据进行分类和分析。

活动目标：通过沙盘演练，学生能够更加真实地感受新创企业生存与成长管理的全过程，从而对创业建立起基本认识，做好准备。

课后思考

1. 假设你是企业负责人，在制订员工绩效考核标准时，你应注意把握的主要事项是什么？
2. 新创企业所面临的风险主要有哪些？你认为应该如何规避？

10 第10章
创业政策与法规

　　鲁峰学习的是计算机专业。在毕业之后，他看到软件服务行业的前景如此乐观，于是他也想方设法进入这一行业。他知道国家给予这一行业的支持力度是相当大的：先是减免15%的生产所得税，如果愿意在高新科技园区创办高新技术企业，那么连续两年免征所得税。他仔细算了一下，这确实可以为他省下一大笔成本。于是，一动心，鲁峰就召集他的好朋友一起加入这一行业，开始创业了。他们公司主要是给小中型机构做软件培训，偶尔也做软件外包，这是他们的优势所在。这个团队在努力拼搏之后，终于将营收和支出平衡起来。这时候，因为他们做得非常不错，再加上坚持不懈的努力，他们得到了一个风投的投资。他们立刻运用这笔投资将办公地点搬进本地的高新技术园区，这样，他们的所得税也实现了1年的减免，并且在高新科技园区有相当多的扶持政策，包括房租、物业费等，这些政策对他们公司今后的发展非常有利。

　　在创业阶段中，会有非常多的法律法规约束创业者，这些法律法规也是实现创业者公平竞争的重要条件和基础。但国家也出台了相当多的政策来支持创业者，帮助他们成长起来，能够抵挡得住竞争的压力，从而为市场注入新鲜的活力。这些都是确保市场有效、健康、高速发展的重要保障。而大学生创业者好好学习这些政策和法规，则能够帮助自己所创办的企业快速成长和发展，从而实现自己的创业梦想。

10.1　创业相关的法律法规

　　与创业有关的法律法规主要包括《中华人民共和国劳动合同法》《中华人民共和国民法典》合同法编、《中华人民共和国产品质量法》《中华人民共和国反不正当竞争法》《中华人民共和国企业所得税法》及专利法、商标法、著作权法等。大学生创业者需要认真学习这些法律法规，才不至于在创业的路上走上歧途，从而损失了大好机会和美好前途。

　　由于专利法、商标法、著作权法这三部法律会在后续章节中专门介绍，所以在这一节中不单独展开。

10.1.1 《中华人民共和国劳动合同法》相关内容

　　《中华人民共和国劳动合同法》是国家出台的调整劳动关系及与劳动关系密切联系的社会关系的法律条文。这些法律条文的制定，目标是处理工会、雇主及雇员的关系，从而保障各方面的权利及义务。《中华人民共和国劳动合同法》自2008年1月1日起施行。修改方案于2012年12月28日通过，自2013年7月1日起施行。《中华人民共和国劳动合同法》共分8章98条，包括总则、劳动合同的订立、劳动合同的履行和变更、劳动合同的解除和终止、特别规定、监督检查、法律责任和附则。我国自2021年1月1日起施行的《中华人民共和国民法典》中也有大量的条款涉及劳动合同。民法典与《中华人民共和国劳动合同法》都是与老百姓生活密切相关的法律。《中华人民共和国劳动合同法》建立的基础应该是民法典。双方就劳动合同的签订、解除发生纠纷的，民法典里面没有适用条款的，则应该以《中华人民共和国劳动合同法》作为依据。

　　建立劳动关系与解除劳动关系是劳动者必须经历的两个过程。如果企业防范风险的意识淡漠，用工风险控制不当，往往会给企业带来大量的纠纷和不必要的经济损失。为此，大学生创业者必须清楚如何规避签约风险。

10.1.2 《中华人民共和国民法典》合同编相关内容

　　日常工作、生活中，人们经常需要通过订立合同进行市场交易、参与民事关系，从而受到合同制度的广泛约束。《中华人民共和国民法典》合同编共3个分编、29章、526条，条文数量占据整个民法典的"半壁江山"，重要性不言而喻。

　　第四百七十条　合同的内容由当事人约定，一般包括下列条款：

（一）当事人的姓名或者名称和住所；

（二）标的；

（三）数量；

（四）质量；

（五）价款或者报酬；

（六）履行期限、地点和方式；

（七）违约责任；

（八）解决争议的方法。

当事人可以参照各类合同的示范文本订立合同。

　　第四百九十六条　格式条款是当事人为了重复使用而预先拟定，并在订立合同时未与对方协商的条款。

　　采用格式条款订立合同的，提供格式条款的一方应当遵循公平原则确定当事人之间的权利和义务，并采取合理的方式提示对方注意免除或者减轻其责任等与对方有重大利害关系的条款，按照对方的要求，对该条款予以说明。提供格式条款的一方未履行提示或者说明义务，致使对方没有注意或者理解与其有重大利害关系的条款的，对方可以主张该条款不成为合同的内容。

　　第五百条　当事人在订立合同过程中有下列情形之一，造成对方损失的，应当承担赔偿责任：

（一）假借订立合同，恶意进行磋商；

（二）故意隐瞒与订立合同有关的重要事实或者提供虚假情况；

（三）有其他违背诚信原则的行为。

根据不同的标准，合同可以分为不同的类型。常见的分类有以下3种。

1. 双务合同与单务合同

双务合同是指双方当事人都享有权利，都要履行义务的合同。典型的有买卖合同、租赁合同、借贷合同、运输合同等。例如，买卖合同，卖方享有要求买方给付价款的权利，履行交付出让物的义务；而买方享有要求卖方交付出让物的权利，履行支付价款的义务。

单务合同是指一方当事人只享有权利而不需要尽义务，另一方当事人则只付义务而不享有权利的合同。典型的如赠与合同，赠与人附有给付义务，而受赠人不需要向对方支付价款。

2. 要式合同与不要式合同

要式合同是指合同订立时需要采用特定形式的合同，一般指书面合同；不要式合同是指不需要特定形式或手续就可成立的合同，如口头合同，双方口头协商一致就可履行，不需要书面形式。

3. 格式合同与非格式合同

格式合同是指合同内容由一方当事人预先拟定而不容对方当事人协商的合同，又称标准合同，如铁路、公路、航空运输合同。其实，在我们购买火车票、汽车票、飞机票的时候就等于与对方签订了客运合同。非格式合同是指合同内容由双方当事人协商确定的合同，实践中绝大多数合同为非格式合同。

👁 案例

几经商海沉浮的大学毕业生小石，在对大学生创业者谈及在签订合同中需要注意的问题时，讲到在现今社会，可能每个人都在与合同打交道，不管是直接的还是间接的。大到建设施工合同、商品房买卖合同，小到房屋租赁合同、借款合同、定金收条，这些都是合同关系。但在签订合同时，有很多需要注意的地方，稍有不慎，可能造成难以弥补的损失。他将签订合同应注意的问题概括归纳如下。

（1）合同的基本条款要具备。在签订合同时尤其要约定清楚交易的内容、履行方式和期限、违约责任等核心内容，同时合同的内容要合法。因为只有内容合法的合同才能受到法律的保护。

（2）要注意对方的主体情况。就是跟我们签合同的对方当事人应当具备签订合同的资格。为此，一方面要对对方主体进行审查，另一方面要对签订人资信进行审查。

① 如果签约对方为个人，一要确保其是完全民事行为能力人；二要考察其资信状况，了解其背景，看其是否讲诚信，这个可以通过其朋友圈子了解，现在也可以通过最高人民法院网站查看其有没有被法院强制执行的相关信息，较大标的合同也可以聘请律师进行资信状况调查；三要看其财产状况，财产状况决定了签约对方的履行能力和对方违约后起诉的执行结果；四要要求对方提供身份证、详细的家庭地址、联系方式及个人的其他情况，这样方便在必要时对其进行实地考察和确认。签订合同时一定要当场要求对方提供身份证复印件，当场与原件进行核实，这样做一是便于全面掌握对方情况，二是即使打起官司来，法院要求你提供被告的身份信息时，你也不用再请律师专门为你去调取对方信息（特别是异地身份信息更加麻烦）。

② 如果签约对方为企业，则应注意是企业本身还是企业下属部门，而企业的分支机构，如分厂、分公司、办事处等，则应看其是否具有对外开展业务资格（是否有授权），是否有非法人营业执照，如果有授权或非企业法人营业执照才有签订合同的资格。对分公司、分厂、办事处的审查，

除审查分支机构的履约能力，还应审查公司的履约能力情况，因为在分支机构无力承担责任的情况下，公司还应承担补充责任。对企业主体格的审查，一般是对企业营业执照进行审查，主要查看的内容是企业名称，看该名称与拟签合同当事人的名称是否一致，不一致则风险较大。要看注册资本是否与拟签合同标的额相称，如差别较大，则可能风险也较大，应加以注意。要看企业经营范围，看拟签合同业务是否在经营范围内，如不是，潜在风险较大。要看企业的工商年检是否通过了工商部门年度检验，如果没有，那么那个公司有可能已经停业，与之交易的风险较大。除以上的方式，还应依据营业执照中记载的情况，对公司的办公地点、人员、固定资产等进行实地考察和确认。

建议在签订合同时对公司的上列情况做全面调查，如到工商局去查询对方的注册情况、经营范围、年检报告等情况（有些内容当事人不能查询，不过可以委托律师代为查询）。因为现在社会上的皮包公司太多了，很多企业没有实际履行能力却以公司名义对外签订巨额合同，对外欠下高额债务，然后利用公司承担有限责任的漏洞逃之夭夭。对于加盖公章生效合同尽量要求对方加盖"法人公章"，尽量避免对方单位使用"财务专用章"和"合同专用章"。

（3）要注意对方履行合同的能力。除了资金和信誉，还要审查对方的技术水平、生产能力、原材料和能源的供应情况、产品质量、工艺流程等。

（4）防止对方进行合同欺诈。实践中合同诈骗行为主要有以下几种形式：①利用真实合同诈骗；②借口推销新型产品，订立虚假合同，骗取预付款；③用空白介绍信、空白合同书与对方签订假合同，骗取钱财；④利用签订合同，买空卖空，从中骗取钱财。

（5）不能漏掉主要条款。合同的主要条款包括当事人的名称及住所、标的、数量、质量、价格或报酬、履行期限、履行地点和方式、违约责任、解决争议的方式等。

（6）在合同中防止出现笔误，防止出现有歧义、模棱两可的词句，以防止出现争议。合同用词不能使用形容词如"巨大的""重要的""优良的""好的""大的""合理的"等，避免使用模棱两可的词语如"大约""相当"，亦不要泛指如"一切""全部"（若必须用该字眼，就应写下"包括但不限于……"），简称必须有解释，容易产生误解和歧义的词语要定义，用词要统一，标点符号亦不可轻视。俗话说"一字值千金"，合同文书表现尤为典型。合同用语不确切，不但使合同缺乏操作性，而且会导致纠纷的产生，这方面案例可以说举不胜举。

切记不能签订空白合同或者空白授权委托书等法律文书，避免被不法之徒利用。

（7）诉讼管辖权的约定。这个问题在现实中很多当事人都没有引起注意，但实际上这一款约定是很关键的，甚至在某些合同纠纷中会决定诉讼的成败。建议当事人选择自己所在地的人民法院管辖。因为当合同双方发生争议后，当事人不但可以节约诉讼成本（不会请律师去很远的地方去打官司，律师费会少很多，差旅费也会少很多），在自己一方打官司，还有个地域优势，避免在对方所在地打官司而受对方的地方保护主义影响。同时，如果管辖地约定到自己一方，在诉讼过程中也会给对方造成很大心理压力，官司还没有打对方心理上已经输给了己方。

（8）违约金及律师代理费的约定。为了避免对方违约，不能简单地约定"依照法律承担违约责任"这样模糊的条款，必须明确地写入违约条款当中才能得到法院的支持。另外，法院一般不会支持诉讼的律师费，如果在合同中有所约定，法院就会支持判决败诉方承担胜诉方的律师费。针对律师费的约定问题，很多合同当中都没有约定，建议当事人将其写进合同。

（9）注意定金与"订金"、履约保证金、诚意金、押金、预付金等的区别。债务人履行债务后，定金应当抵作价款或者收回。给付定金的一方不履行约定的债务的，无权要求返还定金；收受定金的一方不履行约定的债务的，应当双倍返还定金。在实践中不少人将定金写成了"订金"，而"订金"在法律上被认定为预付款，不具有担保功能。还有很多开发商在收取定金的时候偷换概念，将定金写成"诚意金""意向金"等字样，最终他们的违约成本很低。

（10）如果签订的合同有多页，一定要在每页都签字或加盖骑缝章。避免遇到一些不诚信的人偷换里面没有签字或盖章的页面，从而对合同内容做重大修改，导致当事人有苦难言。另外，"签字盖章后生效"要求是在合同上签字并加盖公章，否则会有合同没有生效的风险。避免方式是约定"盖章后生效"或"签字或盖章后生效"。

【点评】

上述仅仅是对合同签订应注意的问题的一般性总结，不能全面概括每个具体合同需要注意的细节。在每个具体合同项下涉及具体问题也需要特别注意，比如在签订租房协议时一定要看是否存在转租，转租的实际房屋所有人是否同意转租等情况。这些问题当事人如果没有注意都可能存在法律风险。建议大家签订合同时一定慎重、谨慎，避免不必要的麻烦。

10.1.3 《中华人民共和国产品质量法》相关内容

《中华人民共和国产品质量法》是国家为了加强对产品质量的监督管理，提高产品质量水平，明确产品质量责任，保护消费者合法权益，维护社会经济秩序而制定的法律。

第二十六条　生产者应当对其生产的产品质量负责。

产品质量应当符合下列要求：

（一）不存在危及人身、财产安全的不合理的危险，有保障人体健康和人身、财产安全的国家标准、行业标准的，应当符合该标准；

（二）具备产品应当具备的使用性能，但是，对产品存在使用性能的瑕疵作出说明的除外；

（三）符合在产品或者其包装上注明采用的产品标准，符合以产品说明、实物样品等方式表明的质量状况。

第二十七条　产品或者其包装上的标识必须真实，并符合下列要求：

（一）有产品质量检验合格证明；

（二）有中文标明的产品名称、生产厂厂名和厂址；

（三）根据产品的特点和使用要求，需要标明产品规格、等级、所含主要成分的名称和含量的，用中文相应予以标明；需要事先让消费者知晓的，应当在外包装上标明，或者预先向消费者提供有关资料；

（四）限期使用的产品，应当在显著位置清晰地标明生产日期和安全使用期或者失效日期；

（五）使用不当，容易造成产品本身损坏或者可能危及人身、财产安全的产品，应当有警示标志或者中文警示说明；裸装的食品和其他根据产品的特点难以附加标识的裸装产品，可以不附加产品标识。

第二十八条　易碎、易燃、易爆、有毒、有腐蚀性、有放射性等危险物品，以及储运中不能倒置和其他有特殊要求的产品，其包装质量必须符合相应要求，依照国家有关规定作出警示标志或者中文警示说明，标明储运注意事项。

第三十三条　销售者应当建立并执行进货检查验收制度，验明产品合格证明和其他标识。

第三十五条　销售者不得销售国家明令淘汰并停止销售的产品和失效、变质的产品。

第三十七条　销售者不得伪造产地，不得伪造或者冒用他人的厂名、厂址。

第三十八条　销售者不得伪造或者冒用认证标志等质量标志。

第三十九条　销售者销售产品，不得掺杂、掺假，不得以假充真、以次充好，不得以不合格产品冒充合格产品。

因为该项法律条文指明了大学生创业者可能因触犯刑事案件而导致遭受牢狱之灾，所以大学生创业者一定要认真学习。

◉　**案例**

小诚毕业之后参与了创业，因为他家紧邻粮食品主产区，所以他比较看好粮食加工这个行业。在家人和朋友的帮助下，他开起了一家粮油经销站。但做企业的他一心想着发财，所以在加工原料方面动起了歪脑筋。他得到消息说，县粮库有一批旧粮要出售，价格非常低，于是他就主动联系粮站，并声称自己用来养猪，顺利地从粮站低价购得大米10万斤（1斤＝0.5千克）。后来，他把这些大米全部进行了加工，然后包装。为了吸引顾客，他还在包装上印上"新米上市"的字样。

过了不多久，几家大米批发商来到他们的工厂采购大米。他借机拉拢批发商，并且告诉他们这批大米的价格很低，但是要冒点风险。几个批发商明白了他的意思，但都禁不住低价的诱惑，因此，他们都和小诚签订了合同。

几个月后，他的"新米"上市了。正当他为自己的手段高明而暗自庆幸时，公安民警找上了他。后来他才知道，因为食用过期大米，有些人食物中毒，追本溯源最后找到了他。

由于小诚销售假冒伪劣商品，且销售额超过了5万元，构成了生产、销售伪劣商品罪，但考虑到他认罪态度较好，且赔偿了受害人损失，因此对他判处了罚金刑。

【点评】

小诚最令人遗憾的结果，想必是他的父母和所有大学生创业者不希望看到的事实，然而它的发生又不是一朝一夕的，背后也有其因果关系。所以这里再一次提醒大学生创业者，一定要小心谨慎，不要发生违法犯罪事件，侥幸心理是非常有害的。

10.1.4　《中华人民共和国反不正当竞争法》相关内容

竞争者之间常常会因为利益因素而使用不正当竞争手段，而《中华人民共和国反不正当竞争法》则是有效制止和控制不正当竞争行为的法律条文。

1. 商业混淆行为

第六条　经营者不得实施下列混淆行为，引人误认为是他人商品或者与他人存在特定联系：

（一）擅自使用与他人有一定影响的商品名称、包装、装潢等相同或者近似的标识；

（二）擅自使用他人有一定影响的企业名称（包括简称、字号等）、社会组织名称（包括简称等）、姓名（包括笔名、艺名、译名等）；

（三）擅自使用他人有一定影响的域名主体部分、网站名称、网页等；

（四）其他足以引人误认为是他人商品或者与他人存在特定联系的混淆行为。

2. 商业贿赂行为

第七条　经营者不得采用财物或者其他手段贿赂下列单位或者个人，以谋取交易机会或者竞争优势：

（一）交易相对方的工作人员；

（二）受交易相对方委托办理相关事务的单位或者个人；

（三）利用职权或者影响力影响交易的单位或者个人。

经营者在交易活动中，可以以明示方式向交易相对方支付折扣，或者向中间人支付佣金。经营者向交易相对方支付折扣、向中间人支付佣金的，应当如实入账。接受折扣、佣金的经营者也应当如实入账。

经营者的工作人员进行贿赂的，应当认定为经营者的行为；但是，经营者有证据证明该工作人员的行为与为经营者谋取交易机会或者竞争优势无关的除外。

3. 侵犯商业秘密的行为

第九条　经营者不得实施下列侵犯商业秘密的行为：

（一）以盗窃、贿赂、欺诈、胁迫、电子侵入或者其他不正当手段获取权利人的商业秘密；

（二）披露、使用或者允许他人使用以前项手段获取的权利人的商业秘密；

（三）违反保密义务或者违反权利人有关保守商业秘密的要求，披露、使用或者允许他人使用其所掌握的商业秘密；

（四）教唆、引诱、帮助他人违反保密义务或者违反权利人有关保守商业秘密的要求，获取、披露、使用或者允许他人使用权利人的商业秘密。

经营者以外的其他自然人、法人和非法人组织实施前款所列违法行为的，视为侵犯商业秘密。

第三人明知或者应知商业秘密权利人的员工、前员工或者其他单位、个人实施本条第一款所列违法行为，仍获取、披露、使用或者允许他人使用该商业秘密的，视为侵犯商业秘密。

本法所称的商业秘密，是指不为公众所知悉、具有商业价值并经权利人采取相应保密措施的技术信息、经营信息等商业信息。

4. 违反规定的有奖销售活动

第十条　经营者进行有奖销售不得存在下列情形：

（一）所设奖的种类、兑奖条件、奖金金额或者奖品等有奖销售信息不明确，影响兑奖；

（二）采用谎称有奖或者故意让内定人员中奖的欺骗方式进行有奖销售；

（三）抽奖式的有奖销售，最高奖的金额超过五万元。

◎ 案例

陈怡学的是计算机专业，她在毕业之后创办了一家网络公司，开办社交类网站。但该网站推出市场后，并没有受到市场的欢迎，广告收入上不去，公司陷入窘境。在无奈之下，她突然想到，借助国内相同类型的大品牌社交网站推动自己的公司发展。

于是，她的做法就是把网站的Logo和名称改得跟大品牌社交网站非常相似，几乎一样。不仅如此，她还去搜索网站、论坛等一些流量高的互联网区域买了该大品牌社交网站的搜索词，但是将链接导向自己的网站用来获取流量，从而获得广告收入。

这种做法非常奏效，在短短的3个月内，陈怡公司的网站一下就火了，很多用户由于Logo、名称及网站设计的原因，误以为此网站是彼网站，不过通常马上就发现自己受骗上当了。但这不会影响网站的流量，借助这些用户来了又走，流量反而飙升。

但好日子也就3个月，对方网站发现了陈怡网站的违法违规行为，并且单方面要求对方撤换没有得到回复，只好请律师提起诉讼。最后，陈怡败诉，付出了巨额的赔偿。

【点评】

　　陈怡是一个有小聪明的人，但不是一个有大智慧的创业者。她在创业过程中使用了不正当的竞争手段，最后导致自己付出了昂贵的代价，这是大学生创业者需要小心谨慎的地方。大学生创业者应当利用正当手段进行市场竞争，这样会受到国家保护，反之则不然。

10.1.5 《中华人民共和国企业所得税法》相关内容

　　依法纳税是企业的法定义务，对大学生创业者来讲，要清楚企业纳税应遵循的主要程序与要求。

　　（1）企业应当自设立之日起30日内办理开业税务登记。

　　（2）企业应当依法设置账簿，根据合同有效凭证记账，并将企业财务会计制度报送税务机关备案。

　　（3）企业在生产经营过程中应当依法开具、使用、取得、保管发票。

　　（4）企业应当依法进行纳税申报。

　　（5）纳税人依法缴纳税款、扣缴义务人依法代扣代缴税款。

　　（6）企业应当配合和接受税务机关的税务检查。

　　（7）税务登记事项发生变化时，企业应当及时办理变更、注销税务等登记手续。

　　另外，大学生创办的企业不少属于科技型企业，可以争取认定为高新技术企业，以便依据《中华人民共和国企业所得税法》规定享受税收优惠。

👁 **案例**

　　小段从小就有经营头脑，而且学习成绩非常好，毕业之后她果断开始了她的创业之旅。她开办的是一家化妆品店，在她的经营下，生意确实"很好"。但这种"很好"下面却藏着非常多的隐患。为了节省成本和贪图更多的利润，她没有按照要求缴税，并且找人篡改账本，一本是给别人看的账本，一本是给自己看的账本。她在网上购买大量的从国外走私来的名牌产品，然后偷偷地摆上柜台，甚至有些不摆在柜台，同顾客交流熟了之后，她便透露自己有这方面的货，并且引诱对方购买。这些手段都帮她获得了丰厚的利润。但没多久，工商部门在一次突击检查中发现了她的违法行为，在店里也查到了她违法经营的走私化妆品，工商、税务部门依据相关法律，给予了小段严厉的惩罚。巨额的罚款使小段再也无法继续她的创业了，她的创业梦就这样宣告结束了。

　　在创业过程中通过了解国家的政策，做好税收筹划，确实可以达到合理、合法节税，但作为诚信经营者，任何情况下都不能有偷税、漏税等违法行为。与其把精力用在这些方面，不如好好经营，凭借真才实干为自己、为社会创造财富。

10.2　创办企业及特定行业管理的相关条例和许可证制度

　　国家制定管理条例和许可证制度是为了形成市场的良好机制，保证一个健康、有效、高速发展的创业环境，功在当代，利在千秋。而违反相关管理条例不仅会受到一定的经济损失，严重的还有可能承担刑事责任。大学生创业者不应当为了利益而选择铤而走险，否则是得不偿失的。

10.2.1　市场主体登记管理条例

公司进行依法登记是国家有效管理市场的基本手段，也是保证创业环境和创业者利益的重要基础。公司的登记事项应当严格遵循法律法规，而不遵循法律法规，公司登记机关不予受理。

这其中有很多具体的管理条例，其中包括：

（1）未将营业执照置于醒目位置；

（2）擅自复印营业执照。

◎　案例

陈辉大学时，非常喜欢穿衣打扮。在毕业之后，他想开一家服饰专卖店。他自己对设计也非常有见解，并且对美有格外偏执的追求，于是他精心准备开起了服装店。他找的这家店面不是很大，但他花了很多心思装修这家店面，每一个非常细微的地方他都非常注意。

他知道按照规定营业执照要悬挂在显眼的地方，但他店里的空间实在是太珍贵了，更何况好的地方还要拿来挂衣服，因此，他把营业执照放在角落里。后来，他的货越来越多，他觉得地方越来越不够用了。一次，他设计好了一件衣服，但没有地方展示，于是他就开始重新布置他的店面。当他忙完了，才发现营业执照没地方挂了，他心里想："反正没人查，就不挂了吧。"于是他把营业执照放在柜台里。工商部门来检查的时候，马上就发现了这个问题，并且勒令其改正。

没办法，他只能给营业执照找了个角落挂起来，他以为挂上就可以了。但事实不是这样，不久，工商部门又来检查，这次又指出了他营业执照悬挂的问题，而且决定直接罚款，并警告陈辉，下次再犯，就勒令停业。

【点评】

也许很多像陈辉一样的大学生创业者，觉得陈辉没有做什么过分的事情。但行有行规，规矩既约束创业者，同时又有利于创业者。所以提醒各位大学生创业者要遵循公司登记管理条例，依法登记，并遵循其管理规定。

10.2.2　特种行业管理条例

特种行业是指在一些服务业当中，存在一些因经营内容和性质极易被违法犯罪人员利用而需要有关部门采取特定治安措施管理的行业。而特种行业管理条例，正是为了促进特种行业健康、有序发展，保障社会治安良好，保障公民、法人，以及其他组织合法权益不受侵害而制定的。

在这里，特种行业主要包括旅馆业、拍卖业、娱乐场所、印章刻制业、典当业、复印行业等。

◎　案例

齐震在毕业之后，一直找不到合适的工作，于是他打算创业。他没有特别多的资金，所以就在小区开了一家棋牌社，供小区的人娱乐之用。

刚开始，棋牌社的生意不是很好，人也不多，于是齐震就采取了一些非常手段。他雇用了一些社会闲杂少女，在棋牌社里穿着暴露，陪顾客们玩乐，并且允许顾客们在这里从事赌博等活动。在采取这些手段后，棋牌社的生意一下就火了起来，他还觉得自己挺有头脑。但他丝毫不知道他将付出多大的代价。没多久，他之前结识的一些狐朋狗友把毒品也带到他这里来吸食，他也睁一只眼闭一只眼，他认为自己有亲戚在相关部门工作，只要平时多去走动走动，给一些好处，这点小事应该可以罩下来。

齐震被周围的居民举报了，举报他提供淫秽服务，制造赌博窝点，甚至还有人在这里吸食毒品。不出意外的是，齐震不仅被处以罚款，还被关进了监狱。钱没赚几个，青春就这样被毁了。

【点评】

齐震的行为丝毫不符合大学生素质的基本要求，而他最后身陷牢狱，也跟他平时作风不正，为追求金钱和利益不惜任何手段和代价有很重大的关系，这也是他咎由自取。这个案例提醒广大的大学生创业者，要清楚什么事该做，什么事不该做。做违法的事情，终究是没有好结果的。

10.2.3 保安服务管理条例

保安服务管理条例是国家有关部门为进一步规范保安服务活动和市场，加强对从事保安服务的企业和保安人员的管理制定的条例法规，它保护广大市民的人身安全和财产安全，维护社会治安。而需要使用保安服务的大学生创业者也需要遵循其规定。

案例

赵非毕业以后一直没有找到合适的工作，于是在家人的资助下开了一家小型旅馆。但这一区域的治安一直不是很好，出于安全考虑，他想雇一些保安，但他又不愿意走正规途径聘请一些正规保安。所以他就想了一个比较可行的办法，他把亲戚家里几个高中还没毕业的表弟找了去，给他们穿上保安服装，然后在店里面装装样子，并且还可以给店里帮帮忙。表弟们也不需要太多的工资，而且管吃管住，家里的亲戚也放心。赵非十分满意自己的做法。但没多久，店里有人来寻事儿，这些小家伙们就动起了手，双方都有人进了医院，这时，公安部门介入这起案件时，发现赵非聘用的这些保安根本就不符合保安服务管理条例。因为保安服务管理条例里有这样的条款，就是保安的年龄必须年满18岁，且需要通过有关市级人民政府公安机关考试、审查合格并留存指纹等人体生物信息才颁发保安员证，允许其从业。而赵非的这帮小表弟虽然人高马大，其实也就十五六岁，更别提什么保安员证了。最后，赵非被有关部门处以罚款和警告。赵非不得不通过正规渠道招了保安，以维护旅馆安全。

【点评】

可能在赵非的思维里，雇用几个亲戚的孩子不是什么大事，但这却触犯了有关规定，而最后造成的结果也是不可想象的。没有从业培训，没有从业资格的保安员，最后干出不符合保安身份的事情，也是他不遵循有关规定的必然结果。

10.2.4 餐饮服务许可证

餐饮服务许可证是中国餐饮行业的经营许可证，是食品药品监管部门对食品生产环节、食品流通环节，以及餐饮服务环节进行监管的手段之一。它能够保证餐饮服务行业积极、健康发展，从而保证广大市民的餐饮安全。

　　孙周因为毕业之后不想离开校园，但又找不到合适工作，于是就凑了些钱，在大学附近开了一家快餐店。店里生意一直还算不错，短短时间内，小店就已经收回成本开始盈利了。

　　但小孙没有就此满足，他苦干实干，想让店里的生意更好。本来他已经忙不过来了，每天从中午开始营业，但当他发现学校周围的早餐似乎没有糕点类的，只有中餐时，索性又做起了早餐，并且是做西点类的。被金钱迷惑的小孙为了节约早餐的成本，就进了一些成本非常低廉的地沟油，反正卖的时候一般人也吃不出来。

　　这样的日子确实维持了一段时间，也没有人发觉，小孙在早餐生意上赚了一大笔，但这引起了周围竞争对手的不满。在一个偶然的机会下，竞争对手许某，得知了小孙做违规生意的事情，于是就向有关部门检举揭发了他。经过有关部门核实，小孙确实存在这些行为，结果小孙除了被处以重罚，还被吊销餐饮服务许可证，并且5年之内，不允许其进入餐饮行业。为了一点点利益，小孙这样做，简直是得不偿失。

　　【点评】

　　小孙的做法实在令人感到愤怒。食品是人们健康生存的重要基础，而小孙却为了一点点利益破坏这种重要基础，最后受到了法律的制裁，这也是理所应当的。

10.2.5　公共场所卫生许可证

　　为保证良好的公共场所卫生条件，预防疾病，以及保障人体健康，我国制定了关于公共场所卫生标准和有关规定的条文。广大的大学生创业者应该严格遵循条文的要求，创造良好的公共场所卫生环境，为社会提供健康发展的保障。

　　虽然考上了知名大学，但郑丹毕业后始终没有找到一份合适的工作。于是郑丹在家人支持下，开了一家饭馆，这家饭馆在一条排污渠的前面。虽然很多人在这里吃饭，但他们并不知道这里的饭菜是怎么做出来的。

　　为了节约水，郑丹洗菜什么的都会去排污渠洗，而店里的一些污水，她也会再倒进排污渠，店里做的鱼也是在排污渠里捕捉的。而她和店里的员工从来不进食自己做给顾客们的饭菜。

　　有一些附近的居民发现了郑丹的这一行为后规劝她，郑丹不理睬，甚至还恶言相向，跟对方说："哪家餐馆都不干净，都是差不多，不想吃就去别的地方吃，这里不欢迎。"结果郑丹被举报了。在有关部门经过取证之后，确认了郑丹的违法行为，她被吊销了公共场所卫生许可证，并被勒令停业。

　　【点评】

　　郑丹本来是一个受过良好教育的大学生，但她利欲熏心的表现辜负了学校、家庭和社会对她的培养。她有头脑，却不在正当的途径上使用。希望广大的大学生创业者能够引以为戒。

10.2.6　消防许可证

　　在一些特定行业，存在消防隐患。而有关部门发放的消防许可证，正是对相关机构和企业合法从事特定行业的一种许可。没有消防许可证，则不具备从事特定行业的资格。而这些特定行业包括但不仅限于：①影剧院、礼堂等演出放映场所；②娱乐城、夜总会、茶座和餐饮酒吧场所；③洗浴中心；④室内游乐场所。

◎ **案例**

小王是一家卡拉OK店的老板。他在毕业之后的这次创业非常成功，店里的生意也非常火爆，经常人满为患，很多客人想来唱歌都还要预约。小王想让店里的生意更好，但场所是在地下，所以有很多限制，没有办法。另开一家店，他钱又不够，于是他把储藏室的墙打通，为节约成本，他选择一些非防火材料作为隔断，然后购进了一些设备便开始营业。他觉得看紧一点，应该不会有什么安全隐患。

但他万万没有想到，有一个顾客唱完歌后，将烟头乱扔，引起隔断墙着火。幸好有服务人员及时处理了问题，但这个事故引起了一些骚动，并且有些顾客也拨打了火警电话。最后有关部门依法对小王进行了处罚，并吊销其消防许可证。

【点评】

没有什么会比人的生命更加宝贵。而为了利益，小王竟然不顾及他人的生命。这种做法是不人道的，希望大学生创业者能够谨记这一点。

10.2.7　特种行业许可证

特种行业许可证是指国家和有关部门确认特定企业具备经营资格的许可条文。没有相关的许可条文，切不可从事相关活动，否则，就会承担相应的法律责任。

◎ **案例**

李某在毕业之后找了一份文印店的工作，干了没多久，他就不想干了，因为工资太低。但他发现刻章很赚钱，所以他跟老板商量了一下，自己想进一批设备，帮助老板刻章，老板同意了他的做法，于是李某就进好了设备跟老板展开合作。刻章属于特种行业，经营者必须持有特种行业许可证，但李某不想办，索性就做起了地下生意。不过老板千叮咛万嘱咐，有些章是不能刻的，违反法律。李某虽然嘴上答应，但他知道这些不能刻的章反而能给他带来更多的收入。李某不给之前的老板刻，但他偷偷摸摸地给私人或者违法的小老板刻，并且在网络上进行宣传，甚至在路边贴小广告。没过多久，他就被公安机关抓获了，他刻章没有特种行业许可证，属于违法行为。根据我国《治安管理处罚法》，他被处以拘留10天、罚款500元的处罚。

【点评】

李某为了一点利益，不惜铤而走险，将自己置身于同法律对立的位置。最后他受到了相关制裁，也是咎由自取。希望大学生创业者引以为戒。

10.2.8　排污许可证

排污许可证是指企业、事业单位直接或者间接向水体排放工业废水和医疗污水，以及其他按照规定应当取得排污许可方可排放废水、污水的许可凭证。

◎ **案例**

张某是艺术生，他学习的是绘画专业。毕业之后，他开了一家美术培训机构。美术课中要画水粉画，而他教课使用的一些劣质颜料经常堵塞画室的下水道，搞得画室到处都是水，于是他想到一个办法，就是不把洗画笔的水倒入画室的下水道，而是倒在画室对面的树林里。自从这么做之后，画室的下水道就再也没有堵过，他也顺利地过了一阵子。但好景不长，因为他长期浇一些劣质有毒颜料水，树林里的名贵树木都死了。相关部门调查之后才发现跟画室有关。相关部门根据规定对画室进行了经济处罚，要求赔偿市政损失，并且勒令张某办理排污许可证。

【点评】

张某无视法律规定，私自将污水倒入树林，也许在他看来这是无关紧要的，因为有些人也往树林里倒其他垃圾。但不能因为有人做这件事，这件事就是合理的、合法的，其实恰恰相反。为了一个和谐的自然环境，为了我们共同的家园，我们应该好好保护我们赖以生存的环境。如果在创业的过程中会产生相关的污染，一定要去申请相关的许可证，并且按照国家有关部门的要求进行处理。

10.3   新创企业知识产权保护的法律形式

运用法律保护自己的知识产权，是大学生创业者保护自己的重要手段。大学生创业者是具有热情、高水平、高素质的创业人才。依法利用法律武器保护自己的脑力劳动和智力劳动成果，是大学生创业者保证自身竞争力的合理、有效手段。

10.3.1   专利法

专利法保护发明人或其权利继承人享有其发明的专有权。其中规定了专利享有人的权利和义务，它是大学生创业者保护自身脑力劳动的有力"武器"。大学生创业者首先应当尊重他人对于专利的权利，尊重别人的知识成果；其次应该好好地利用它，使自己在市场竞争中保持有利地位。

案例

范曾毕业之后创立了一家绿豆酥生产企业，该绿豆酥深受市场的欢迎，而范曾也借着这股劲赚到了第一桶金。之后，他立刻决定将这个品牌打出去，所以他一面申请专利，一面开始尝试连锁店经营模式。这时有一个同乡钱某看中范曾的绿豆酥生意，于是花钱买下经营权，加盟了这家企业。但每年的加盟费对钱某来说是笔不小的支出。于是钱某想了一个办法：退出范曾的加盟连锁企业，自己单干。因为他已经掌握了这种绿豆酥生产技术，并且在他所在的区域形成了比较好的口碑。他心里盘算着，稍微改一下名字，稍微改一下包装，但还是用这项技术，这样就能两全其美。他还妄想早晚有一天要把范曾的绿豆酥打败。

钱某按照自己的想法开始干了。在经营初期，效果非常好，因为省去了加盟费，他手中的资金一下就多了起来。等他积累到一定程度时，他筹划着准备开连锁店。随着钱某的生意一天天变好，他的连锁店越开越多，他确实超越了他的老东家范曾。但这时，他的老东家范曾发现了这个问题，而钱某在没有经过老东家范曾许可的情况下，使用了对方的食品专利、包装专利，于是范曾就将钱某告到了法庭。钱某不仅要赔偿老东家的经济损失，还被勒令关闭现在经营的连锁店。钱某看着自己辛苦经营打拼起来的门店就这样被关闭，流下了悔恨的泪水，而范曾在这次市场竞争中利用专利法非常有效地保护了自身的合法权益。

【点评】

范曾利用法律武器保护自己申请的食品专利，这是非常值得学习和借鉴的。同样，也祝愿像范曾一样的大学生创业者能够在创业的道路中走出自己的一片天地，懂得用法律保护自己。

10.3.2　商标法

商标法是确认商标专用权，规定商标注册、使用、转让、保护和管理的法律条文。它主要起到保护商标专用权、加强商标管理、维护商标的信誉等作用，以保证消费者和商标所有人利益，促进市场经济有效、高速、健康、积极发展。

◎ **案例**

毕业于上海某大学服装设计专业的小周在学校附近开了一家服装店，这是她毕业以来首次创业。她为这个小服装店起了一个非常好的名字，并将其注册成商标。在经营中，小周展现了自己的专业才华，这家服装店也在她的努力奋斗下逐渐变得有声有色起来，并且她还开起了几家连锁店。这时，另外一个大学生李某苦于没有小周的才华，她也想像小周一样成功。于是李某"灵机一动"，派"探子"到小周服装店去，哪款服装好看、哪款服装好卖，他就马上仿制。她在没有经过小周许可的情况下，仿照小周连锁店的标准开设了自己的服装店。李某不仅开实体店，还同步开了淘宝店。但没多久，小周在朋友的提醒下发现了这一问题。于是，小周私下跟李某进行商量，劝其撤下商标，或者双方达成一定的协议，共同合作开发这一品牌，但李某就是不答应。一怒之下，小周将李某告上了法庭。有关部门发现李某确实触犯了商标注册后不得擅自更改的法律条文。其次，李某在没有经过小周允许的情况下售卖对方品牌服装，并且使用对方商标，这侵犯了对方的商标使用权。于是李某被勒令停业整顿，并被处以高额罚款和赔偿。这一切对李某来说真是得不偿失，在赔偿和处罚之后，她已经没有能力维持店铺的资金运转了，只得把店铺关掉。

【点评】

小周非常努力，才把自己的品牌打出去，然而李某竟然选择窃取小周的奋斗成果，这是可耻的行为。小周通过法律手段，保护了自己和自己的商标，这是值得赞赏和学习的。希望广大大学生创业者也要像小周一样，发奋图强，打造自己的品牌，申请商标，并且依法保护自己。

10.3.3　著作权法

著作权法是有关部门为保护艺术、文学、科学作品作者的著作权，以及与著作权有关的权益而制定的一项法律。它旨在鼓励精神文明和物质文明作品的创作和传播，促进文化和科学产业繁荣发展。依法保护个人的著作权是大学生创业者在创业过程中实现有效竞争的很重要的武器之一。

◎ **案例**

小李毕业之后开了一家广告公司。他本身是学设计的，而且设计水平非常高，在很多设计大赛上，都取得了不错的成绩。王某和小李同样年纪，却没有什么真才实学，但他"很有招"。他经常抄袭国内知名设计师的设计作品，并且服务自己的客户。有一次，王某突然接到一笔大单子，这笔单子的客户是国内知名的大企业，王某肯定不会放弃抄袭。他在互联网上苦苦地搜寻到了知名设计师小李的相关作品，该作品虽然没有被大家所熟知，但它的创意及理念都非常好，属于十分上乘的设计作品。

　　而王某将这个设计介绍给客户的时候，客户也相当满意，并且支付了高额的设计费用。这家大企业有一次进行展览的时候，将该设计也放进了展览，因为这家企业非常知名，所以好心的网友发现了这个问题，并在微博上大肆地进行讨论，这时引起了原设计师小李的注意。设计师小李将该知名企业告上了法庭，然而该企业毫不知情，所以该企业又将王某告上了法庭，最后王某不得不承担设计师小李和这家大企业双份的经济赔偿。小李依法保护了自己的合法权益不受侵害。

【点评】

　　小李有非常好的才华，也有非常好的头脑，能通过法律途径保护自己的知识成果不被他人窃取。

10.4　政府对新创企业的扶持政策

　　针对新创企业，尤其是大学生创业，政府出台了非常多且完善的扶持政策。这些政策充分保护了这些相对弱小和不健全的企业，帮助他们健康、平稳、积极地发展。而大学生创业者要活学活用这些扶持政策，让自己在竞争中保持优势地位。只有生存下去了，才会有进一步的发展，才能够更好地为国家、为社会积累财富。

1.　政府扶持政策

　　为支持大学生创业，国家和各级政府出台了许多优惠政策，涉及融资、开业、税收、创业培训、创业指导等诸多方面。对打算创业的大学生来说，了解这些政策才能走好创业的第一步。《国务院办公厅关于进一步支持大学生创新创业的指导意见》（国办发〔2021〕35号）就对进一步支持大学生创新创业提出了以下具体意见。

　　（1）降低大学生创新创业门槛

　　持续提升企业开办服务能力，为大学生创业提供高效、便捷的登记服务。推动众创空间、孵化器、加速器、产业园全链条发展，鼓励各类孵化器面向大学生创新创业团队开放一定比例的免费孵化空间，并将开放情况纳入国家级科技企业孵化器考核评价，降低大学生创新创业团队入驻条件。政府投资开发的孵化器等创业载体应安排30%左右的场地，免费提供给高校毕业生。有条件的地方可对高校毕业生到孵化器创业给予租金补贴。

　　（2）落实大学生创新创业保障政策

　　落实大学生创业帮扶政策，加大对创业失败大学生的扶持力度，按规定提供就业服务、就业援助和社会救助。加强政府支持引导，发挥市场主渠道作用，鼓励有条件的地方探索建立大学生创业风险救助机制，可采取创业风险补贴、商业险保费补助等方式予以支持，积极研究更加精准、有效的帮扶措施，及时总结经验、适时推广。毕业后创业的大学生可按规定缴纳"五险一金"，减少大学生创业的后顾之忧。

　　（3）落实落细减税降费政策

　　高校毕业生在毕业年度内从事个体经营，符合规定条件的，在3年内按一定限额依次扣减其当年实际应缴纳的增值税、城市维护建设税、教育费附加、地方教育附加和个人所得税；对月销售额15万元以下的小规模纳税人免征增值税，对小微企业和个体工商户按规定减免所得税。对创业投资企业、天使投资人投资于未上市的中小高新技术企业及种子期、初创期科技型企业的投资额，按规定抵扣所得税应纳税所得额。对国家级、省级科技企业孵化器和大学科技园，以及国家备案众创空间按规定免征增值税、房产税、城镇土地使用税。做好纳税服务，建立对接机制，强化精准支持。

（4）落实普惠金融政策

鼓励金融机构按照市场化、商业可持续原则对大学生创业项目提供金融服务，解决大学生创业融资难题。落实创业担保贷款政策及贴息政策，将高校毕业生个人最高贷款额度提高至20万元，对10万元以下贷款、获得设区的市级以上荣誉的高校毕业生创业者免除反担保要求；对高校毕业生设立的符合条件的小微企业，最高贷款额度提高至300万元；降低贷款利率，简化贷款申报审核流程，提高贷款便利性，支持符合条件的高校毕业生创业就业。鼓励和引导金融机构加快产品和服务创新，为符合条件的大学生创业项目提供金融服务。

2. 大学生创业基金

一直以来，创业资金短缺困扰很多创业者。尽管目前社会上提供的融资渠道很多，却存在高门槛、申请难的现状。为解决这一难题，各类创业基金项目开始出现，向创业者伸出援助之手，替他们解"燃眉之急"。那么，目前有哪些创业基金项目？分别针对哪些创业者？又该如何申请？这里列出几个大学生创业基金项目，大家还可以通过上网查询及咨询创新创业指导教师获悉当地对大学生创业的资助项目。

（1）全国大学生创业基金

全国大学生创业基金由"华图教育大学生创业基金"和"嘉龙大学生创业公益基金"两只基金组成，资金总规模增至2000万元，每年为大学生创业提供至少400万元的资金支持。两只基金均属无偿公益基金，资助期内不溢价、不分红，每年计划资助20～30个创业项目，单项资助金额最高为30万元。对发展前景良好的创业项目，基金管理委员会还将推荐接力基金并提供相关技术支持。基金资助对象为诚信守法、具有创业精神和创业能力、做好创业准备的高校大学生，在校大学生或毕业两年内的高校毕业生均可申请。

（2）中国大学生创业基金

中国大学生创业基金是由中国社会福利教育基金会发起设立的一个资助型公益基金。遵照党中央"拓宽就业、择业、创业渠道，以创业带动就业"的指示精神、以"关心、扶持、资助大学生（含归国留学生）自主创业、成就梦想"为宗旨，通过承办由全国工商联、教育部、团中央发起的，统战部、人力资源和社会保障部、民政部共同主办的中国大学生"创业大讲堂"公益行动等系列活动，以"中国大学生创业基金网站"为网络平台，在网上建立大学生创业项目数据库和优秀的创业人才、创业团队人才库，与企业需求直接对接，为大学生创业就业提供更多机会。

（3）大学生就业创业基金

大学生就业创业基金是由中华人民共和国民政部主管的国家3A级公募基金——中国社会福利基金会发起设立的一个全新的资助+运作型公益基金，是由全国工商联、教育部、团中央、统战部、人力资源和社会保障部、民政部共同主办的"中国大学生创业大讲堂"公益行动的执行机构之一。通过从社会募集资金，在高校举办"大学生创业大讲堂"公益系列活动，对大学生进行就业/创业培训，实施就业/创业扶持工程，广泛传播创业文化，打造大学生就业/创业支撑平台，实现"组建导师团队、传授创业经验、整合就业资源、资助创业项目、宣传创业文化、打造公益平台"的宗旨。

（4）中国大学生西部创业基金

中国大学生西部创业基金发放对象为品学兼优、准备到西部创业的优秀大学应届毕业生。

资金来源：郑泽先生的个人捐助；金鹰国际集团——宁夏银川金鹰国际CBD中心年经营利润的一定比例提成；社会捐助等。

资助方式：根据创业项目，给予资金支持。

申请条件：到西部边远地区从事科、教、文、卫工作，或者有自主创业计划并有可行性创业项目愿意到西部创业，或者参加基金设立机构金鹰国际集团在西部的建设项目。

申请程序：可向基金会设立的专门机构提出申请，经审核后发放。

（5）科技型中小企业技术创新基金

科技型中小企业技术创新基金发放对象如下。

① 拥有自主知识产权，并且市场前景好，市场容量大的项目；科研院所转制为科技型企业完成的成果转化及产业化项目；科技人员和海外留学人员携带具有良好产业化前景的高新技术项目；国家重点科研、开发计划待产业化的项目；有利于环境保护和出口创汇的项目。

② 技术水平高、持续创新能力强、管理科学、产品市场和效益前景好的企业；科技人员和海外留学人员携带具有良好产业化前景的高新技术项目创办的企业。

资金来源：它是经国务院批准设立，用于支持科技型中小企业技术创新的政府专项基金。

资助方式：根据企业的不同特点和项目所处的不同阶段，基金分别采用无偿资助、贷款贴息，以及技术转移项目等不同方式。

申请条件：第一是符合国家产业、技术政策，技术含量高，创新性较强，知识产权清晰，技术处于国内领先水平；第二是必须以生产、销售、技术服务和盈利为目的，产品或服务有明确的市场需求和较强的市场竞争力，可以产生较好的经济效益和社会效益，并有望形成新兴产业；第三是年度重点支持《科技型中小企业技术创新基金项目指南》中所列的项目范围。

申请程序：由企业按申请要求提供相应材料，项目推荐单位须出具推荐意见，其中申请贴息的企业还需要提供有关银行的承贷意见。该基金全面实行数字化管理系统，项目申请实行电子申请。

3. 大学生创业基金申请的注意事项

申请大学生创业基金并不是一件轻松的事情。除了明确申请程序、备齐所需的材料，大学生在申请过程中还需要注意以下问题。

申请人要认真仔细地阅读所申报创业基金项目的管理规定、办法等相关文件。大学生申请人要认真学习所申报基金项目的管理规定和法规，熟悉申请须知、申请材料、申请流程和限项申请规定。

申请人应根据申请支持的项目所处的阶段和个人的具体情况，明确选择一种相应的基金支持方式。由于创业基金对同一名大学生只支持一个项目，大学生申请人应按照自己的创业项目选择适合自己的基金项目。

申请人要认真撰写创业项目申请书，并注意在申请书中不得出现任何违反法律、涉及侵权，特别是违反相关保密规定的内容。创投公司能够投资一个创业项目需要经过严格的层层选拔和审核，在高淘汰率的情况下，诚实、清楚地把自己的创业经营理念与计划说清楚是最为重要的。大学生申请人要特别注意所提交申请材料的真实性和合法性。

◉ **案例**

小戴是桂林某高校计算机专业大三学生，通过参加学校和桂林市大学生创业科技园组织的一次创业大赛走上了创业之路。当时，小戴的创业计划在比赛中取得了好成绩，并获得了在大学生创业科技园免费使用场地的优惠，于是他就和同学商量成立计算机服务公司。他的这一想法得到了其他8位同学的响应，通过商议，小戴出资5000元，其他人每人出资2000元，公司有了近2万元的启动资金。在后来的经营当中，有一位同学因为自身经济困难而撤资，其他人继续维持经营。经营的7名同学根据自身特点和专业特长，分块负责公司的各项业务，而店面的营业人员由7名同学轮流充当。由于关系良好，平常的工作量和业绩并不直接与利益挂钩，而采取平均分配利润的方式。公司营业一年多来，业绩尚可，已收回投资并开始盈利，当然，这里没有计算7名同学的人力投资。在经营中，公司成员发现自身存在很多不足，于是有意识地参加了一些学校和创业科技园组织的管理知识和专业技能的培训，培训费用都得到了优惠。在公司进一步扩大业务时，遇到了"瓶颈"问题——资金，是继续前行？还是退出？在犹豫之时，小戴的创业导师了解情况后，将大学生创业科技园和工商局的小微企业扶持基金介绍给他。小戴公司业务业绩及公司发展前景良好，很快获得了1万元资金支持。

【点评】

大学生在创业时，启动资金普遍较少，加上刚走上社会不久，可以让银行"看得起"的资本还较少，融资渠道比较狭窄。而研发周期长、资金投入大、风险回报高，恰恰是大学生创办的高科技型、文化创意类企业的特点，所以了解国家和地方及高校对小微企业的支持政策，对大学生创业者来说非常关键。目前很多地方建立了小微企业创业指导站，基本覆盖所有高校，为大学生创业提供了生产经营场地支持和集创业咨询、创业规划、创业培训，以及手续办理等于一体的"一站式"服务。

素质拓展

在开始创业前，大学生创业者需要了解我国的基本法律环境，例如，设立企业从事经营活动必须到工商行政管理部门办理登记手续，领取营业执照；如果从事特定行业的经营活动，还须事先取得相关主管部门的批准文件。企业设立后，需要税务登记，需要会计人员处理财务，这其中涉及税法和财务制度，大学生创业者需要了解企业要缴纳哪些税，如营业税、增值税、所得税等，还需要了解哪些支出可以进成本，开办费、固定资产怎么摊销等。其次，需要聘用员工，其中涉及《中华人民共和国劳动合同法》和社会保险问题，大学生创业者需要了解劳动合同、试用期、服务期、商业秘密、竞业禁止、工伤、养老金、住房公积金、医疗保险、失业保险等诸多规定。此外，还需要处理知识产权问题，既不能侵犯别人的知识产权，又要建立自己的知识产权保护体系，大学生创业者需要了解著作权、商标、域名、商号、专利、技术秘密等各自的保护方法，在业务中还要了解《中华人民共和国民法典》中有关规定，以便在创业道路上知晓相关的法律规定、防范风险。

请你和你的创业团队一起列出你创办的公司在法规政策学习、应用方面还存在的主要困惑或者问题，并试着在创业导师的指导下一一解决。

课后思考

1. 了解你所在省市关于大学生创业的相关法律法规和政策。有哪些大学生创业孵化基地，入驻条件和优惠政策是什么？
2. 结合实际，谈谈如何"用好政策，创好业"。

11 第11章 互联网创业

导入案例

互联网让风险投资人、天使投资这样的"词汇"不再显得那么高不可攀。事实上，在不少创业者心目中，融资不是整个创业链条上最难的环节。"95后"创业者、"口袋兼职"App创始人张议云这样大胆地形容创业"第一桶金"："我没想赚钱，钱就来了。"

张议云毕业后和大学时期的几个同学一起做了一个"口袋兼职"App，他认为，移动端的兼职市场还是一片蓝海。他说："产品开发出来，原来找定的投资人突然不投了，我几乎都要宣告公司破产。"可同圈子的朋友突然给他介绍了一个投资人，张议云说："我们就谈了两个小时，然后投资方就同意投入200万元。"就这样，张议云的广州极豆网络科技有限公司开了起来。在这家公司里，你看不到传统的公司构架。"我们没有部门，也没有层级，我们都是一群志同道合的人。他们都是直呼我名字，而不是叫我总经理。"甚至公司员工连发薪水的方式都"与众不同"。公司内部设立口袋金币，每个员工每天都拥有3枚金币，对应相对现金数额。下班时，不同员工之间互相投票，金币最多的前三名员工，可以将金币兑换成奖金。"我们这样做的目的就是去中心化。商业的本质是协作，获得金币最多的人说明他的协作强度最高。"张议云说。

以互联网为核心的信息技术的飞速发展，特别是移动终端和无线网络的普及推广，使人们实现了跨距离、跨时空的沟通、交流与娱乐，同时也带来了无尽的商机。互联网创业成为不少大学生创业者的首选，不少大学生创业者在互联网创业过程中实现了自己的创业梦想。

11.1 互联网思维

互联网思维就是在（移动）互联网＋、大数据、云计算等科技不断发展的背景下，对市场、用户、产品、企业价值链乃至对整个商业生态进行重新审视的思考方式。

1. 用户至上

移动互联网颠覆了现有的商业价值坐标体系和参照物。过去，零售商和品牌商习惯了独唱，消费者没有参与。参与感是粉丝经济的血脉。

移动互联网颠覆了价值创造的规律，我们必须回归到商业的本质，真正找到用户的痛点，找到用户的普遍需求，为用户创造价值。只有专注于用户的需求才会带来财富。同时如果仅仅是给用户提供商品本身的消费价值，用户是没有动力去买你的东西的。

2. 简约思维

简约思维是指在产品规划和品牌定位上力求专注、简单，在产品设计上力求简洁、简约。在互联网时代，信息爆炸，消费者的选择太多，选择时间太短，消费者的耐心越来越不足，而转移成本太低。消费者在线下需要由一家门店出来再进入下一家，而在线上只需要单击一下鼠标，转移成本几乎为零，所以创业者必须在短时间内能够抓住消费者。这时就要求创业者学会做减法，要从产品设计、营销渠道等方面集中精力研究用户和市场，专注于做好产品，如苹果公司就是典型的例子。1997年苹果公司接近破产，乔布斯回归，砍掉了70%产品线，重点开发4款产品，使苹果公司扭亏为盈。苹果公司2007年推出了第一款iPhone，即使到了iPhone 5S，也只有5款。这里要说明一下，这里的专注是指为了做成一件事，必须在一定时期集中力量实现突破。品牌定位也要专注，给消费者一个选择的理由，一个就足够。

3. 极致思维

极致思维就是把产品和服务做到极致，把用户体验做到极致，超越用户预期。互联网时代的竞争，只有第一，没有第二，只有做到极致，才能够真正赢得消费者，赢得人心。用极限思维打造极致的产品，方法论有3条：第一，"需求要抓得准"（痛点、痒点或兴奋点）；第二，"自己要逼得狠"（做到自己能力的极限）；第三，"管理要盯得紧"（得产品经理得天下）。

好产品是会说话的，是能够自传播起来的，因为"一切产业皆媒体""人人都是媒体人"。在这个社会化媒体时代，好产品自然会形成口碑传播。除了产品本身，服务及其他产品周边的体验也同等重要。在服务环节，也要做到极致。任意一个有瑕疵的环节都可能让网络、营销、渠道、服务全流程的百倍努力付诸东流，都可能赶走用户。

4. 自媒体思维

互联网的"去中心化"带来了自媒体的发展。在追求标新立异的今天，自媒体迎合了人们的需要，每个个体都可以基于自身的体验去评价，发布独特、独立、独家的观点或内容，而这些观点或内容会随着下一个自媒体用户而得到传播。

自媒体时代，人人都是媒体，人人都可以参与资讯传播。自媒体增加了媒体行业的活力，加速了广告市场的洗牌，草根的声音被无限放大。自媒体为草根提供了一个与企业平等对话的平台，是企业在互联网时代寻找客户需求、适应市场变化的"利器"。

5. 大数据思维

大数据思维是指对大数据的认识，对企业资产、关键竞争要素的理解。用户在网络上一般会产生信息、行为、关系3个层面的数据，比如用户登录电商平台会填写电子邮箱、手机、地址等，这是信息层面的数据；用户在网站上浏览、购买了什么商品，这属于行为层面的数据；用户把这些商品分享给了谁、找谁代付，这是关系层面的数据。这些数据的沉淀有助于企业进行预测和决策，大数据的关键在于数据挖掘。有效的数据挖掘才可能产生高质量的分析预测。海量用户和良好的数据资产将成为未来的核心竞争力。一切皆可被数据化，企业必须构建自己的大数据平台，小企业也要有大数据。数据资产成为关键竞争力，乃至核心竞争力。在互联网和大数据时代，客户所产生的庞大数据量使营销人员能够深入了解"每一个人"，而不是"目标人群"。这个时候的营销策略和计划就能够更精准，要针对个性化用户做精准营销。

以上只是互联网思维的几个主要方面。其实，互联网思维带给创业者和企业家的不仅仅是思维的改变，还有商业模式、组织架构等方面的革新。正如联想集团执行委员会主席柳传志所言，换一种角度，从结果的角度来解读，互联网思维与传统产业的对接会改变传统的商业模式。从结果看，大致会产生这么几个效应：长尾效应、免费效应、迭代效应和社交效应。互联网思维开放、互动的特性将改变制造业的整个产业链。因此，用好互联网思维，制造业链条上的研发、生产、物流、市场、销售、售后服务等环节都要顺势而变。

11.2　网上商店的构建

网上商店是开设在Internet上的虚拟店面，又称"虚拟商店""电子空间商店""电子商场"，也是电子零售商业的典型组织形式。网上商店的出现，为商家和整个商务活动带来了巨大的变革，商务模式不再局限于面对面的实体交易。由于网上商店具有零库存压力、低经营成本、不受限的商务规模等优势，因此网上商店不但可以完成普通商店所进行的所有交易，还可以通过多媒体技术为用户提供更加全面的商品信息。

为了形象地说明网络创业的程序，这里所讲的网上商店主要是指在淘宝、拍拍、易趣等网络平台上注册的店铺。创业者通过这些网站平台来推广自己的商品，提高商品成交量。在平台上开店不仅仅要在网站上注册店铺，还要考虑如何在众多的店铺中脱颖而出，在激烈的竞争环境中争得一席之地。这样就需要创业者在网络店铺的装修和推广中积极创新，真正得到网购者的认同，提高他们的购买欲。

11.2.1　开设网上商店的前提条件

在开设网络店铺之前要做好充分的准备工作，首先要想好店铺的定位，其次还要选择好店铺开设的平台，并且要有充足的货源。

1．明确网店定位

在开店之前，创业者需要先想好自己要开一家什么样的店。在这点上，开网店与传统的店铺没有区别，好的市场、自己的商品有竞争力才是成功的基石。创业者要善于发现市场，能够敏锐捕捉到市场的信息和变化，为网店交易做好最充分的准备。很多产品会随着季节、天气、环境、风俗等的变化在市场上出现一些规律性的波动。开店之前，创业者就要对这样的产品格外注意，只有最大化市场空间，才能赢得更多的利润。同时，创业者要知道自己网店主要消费群体的分布、自己网店的核心吸引力、是以量获利还是以质取胜或者量质兼得等。总之，明确了网店的自我定位，才能清楚且清晰地为以后的建站提供一个可行的指南。这时就需要创业者明确以下几点。

（1）网上客户群

调查显示，网民中18～24岁的年轻人所占比例最高，达35.1%；其次是25～30岁的网民，占总数的19.3%。由此可见，目前网上购物的主要客户群以18～30岁年龄段为主。这一类网民容易接受新鲜事物且具有一定经济基础。网上购物便捷的优势弥补了他们生活节奏快、购物时间少的不足。

（2）商品市场走向

就目前的网络市场而言，网民在网上购物的影响因素很多，主要包括价格优势、购物便利、商品种类丰富、便于商品比较。现在网民素质较高，所注重的不再仅仅是价格的优惠，他们所考虑的问题更加全面。

（3）适当的网点类型

因为在网上开设的店铺类型也分为好多种，不同的网店所销售的商品也不一样，所以创业者需要根据自身条件和市场调研选择合适的店铺类型。例如，常见的有以下几种店铺类型。

① 网上特许经营加盟店：加盟那些早已升为皇冠级的超级大卖家。

② 个性主题店：根据特定的主题来挑选商店经营的商品类型。

③ DIY 店：主营一些 DIY 的商品。

④ 网上服务店：专为刚开的网上商店进行店铺装修、物品邮寄的新型店铺。

2. 选择开店平台

在网上开店，创业者要先选好一个提供个人开店服务的平台，并注册成为其用户。在选择开店平台的时候，人气是否旺、开店是否收费、网店的安全维护等功能是否完善都是重要的考量标准。现在很多平台都可以提供免费的开店服务，或者仅收取少量费用。

（1）选用独立网站系统

自己建设一个独立的网站系统就是申请一个独立域名和空间，可以自己开发，也可以委托软件公司开发网站程序。创业者如果希望建设一个有个性或者规模较大的网站，一般需要找软件公司开发。目前开发小型、中型网站的价格在 2 万元左右，开发时间一般在 1 个月以内。

如果只需要建立一个普通的网站就没必要花费那么多资金去单独研发，此时可以直接租用第三方网站系统。这种自助建站不需要编写代码，系统会自动套用固定的网站模板；运营商只需要直接上传网站各栏目内容、公司标记和产品图片即可。用户只需要单独申请域名，而不用再租用虚拟空间。

（2）选用独立网店系统

网店系统是一种帮助创业者在网上开店的重要系统工具。这些系统有免费的，也有部分收费的开发业务。使用网店系统要先从网站上下载免费的网店代码，上传到自己注册开通的虚拟空间中，然后进行域名指向，这样就可以开始使用了。

目前市场上常用的独立网店系统很多，如 ECShop 网店系统、ShopeX 独立网店系统、买否网等。这类独立网店系统操作简单，相比较独立的网站而言费用更少，也能做出风格独特的网店。

（3）选用第三方开店平台

自己建设独立的网站平台固然有形象好、易于品牌建设的优点，但同时也面临推广难、客流少的难题。所以对大多数刚开始进行网络创业的人来说，在第三方开店平台上开设网络商店才是最好的选择。

第三方开店平台就是商城开办者专门搭建一个网络商城，吸引众多卖家在网络商城中开店，同时进行大量宣传和推广，吸引大量买家在商城中购买商品。从某种意义上讲，网络商城类似于实体的商城，二者都是店铺场所的提供者。网络商城本身并不参与买卖，而是通过收取网店租赁费、会员注册费、广告费等来获取利益。

选用第三方开店平台的优势主要有以下几点。

① 利用平台的知名度增加商店的客流量。

② 减少店主网络技术缺乏的烦恼，如申请域名、上传服务器等技术操作。

③ 利用平台提供的支付手段，增加买卖双方的信任度。

目前，国内有许多提供此类服务的网站，最广为人知的就是淘宝网、拍拍网、易趣网等。创业者可以根据自己的具体情况，综合分析各个平台的优势和劣势来选择一种或者多种适合自己的网店平台。

3．选择进货渠道

创业者要想自己的网上商店有一定的成交量，必须有低价且优质的商品。这时就要求创业者能找到好的货源，并且有长期的供应商，这样才能保证商品的质量，提高店铺的信誉度。

货品的主要来源如图11-1所示。

11.2.2　网上开店流程

在网上开设店铺的基本流程：选择开店平台→注册账号→获得卖家认证→进行网上销售。下面以淘宝网为例，介绍在平台上开店的具体操作。

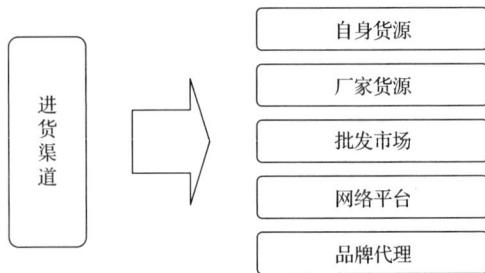

图11-1　货品的主要来源

1．注册账号（准备好身份证和实名认证的支付宝账号）

注册的基本步骤：填写用户信息→查收邮件获取激活码→注册成功。

计算机端：打开淘宝首页，单击"免费开店"，选择"个人商家"，输入店铺名称、手机号码及短信验证码，然后按照官方导航，提交资料并进行实名认证。

手机端：打开淘宝App，单击"我的淘宝"→"设置"→"商家入驻"，然后按照官方导航，提交资料并进行实名认证。

下载"千牛"客户端，登录店铺即可运营。全程资费0元。

2．支付宝认证

（1）开通网上银行

进行实名认证之前，卖家需要在支付宝指定的几家银行办理一张银行卡，并将此卡开通网上银行功能。需要注意的是，去银行办理时，必须是本人。

（2）继续申请支付宝

银行卡的相关事宜办理完后，再次登录淘宝网，继续申请支付宝的实名认证。同样，在支付宝实名认证通过后将不能取消。

（3）免费获得支付宝账号

当卖家注册成为淘宝网会员的同时，也免费获得了一个支付宝账号，即注册时填写的电子邮箱。支付宝实名认证时，需要填写这个支付宝账号及个人的真实信息。

（4）填写银行卡账户信息

之前办理的银行卡，在支付宝实名认证时填写"银行账户信息必须提交此卡的真实信息（如银行开户名、银行账号）"。

（5）支付宝认证正式通过

向支付宝提交个人信息和银行账户信息后，认证申请成功。接下来，等待支付宝公司向卖家提交的银行卡上打入1元以下的金额，并在1～2个工作日后查看银行账户多收到的准确金额，再次登录支付宝账户，进行最后认证，填写卖家所收到的金额。至此，经过支付宝严格的确认与核实，个人实名认证正式通过。

卖家使用支付宝省时、省力，无须到银行查账就能获知买家的付款情况，以及每一笔交易的详细信息。同时支付宝认证也是卖家信誉的体现。

3．完善店铺信息

在进行了相关认证之后，就可以通过"千牛"客户端发布店铺信息和登录商品。

在发布商品信息的时候有一些小技巧：给商品起一个吸引眼球的好标题，可以加上适当的关键词、符号；详细描述商品信息；商品定价要合理，可以取同类商品价格的一个中低价；运费邮资标准要合理，可以参考其他同类商品。

4．申请商城

淘宝商城是购物网站淘宝网全新打造的 B2C 商务模式。

目前淘宝商城有 3 种店铺，包括品牌旗舰店、专卖店、专营店。它们都需要经过严格的企业商家认证和审核，合格后才能正式进驻淘宝商城。根据淘宝商城与商家的协议约定，商家不得销售假货及非原厂正品商品；一旦发现有出售假货或非原厂正品商品，则淘宝有权立即终止协议。在淘宝商城消费可以获得积分，下次在淘宝商城消费的时候即可使用积分冲抵货款。

（1）加入商城的条件

商城是 B2C 的商务模式，是以公司形式注册的。这样就要求商城卖家具有以下条件。

① 拥有企业营业执照（不包括个体户营业执照）。

② 拥有注册商标、品牌，或者拥有正规的品牌授权书。

③ 签署入驻商城的新平台服务合约。

同时还要具备以下 3 个条件之一。

① 获得国际或者国内知名品牌厂商的授权。

② 拥有自己注册商标的生产型厂商。

③ 专业品类专卖店。

（2）加入商城的过程

注册淘宝商城的整体流程图如图 11-2 所示。

图 11-2　注册淘宝商城的整体流程图

① 通过支付宝的商家认证。如果卖家已经通过支付宝的商家认证（必须使用企业营业执照），就直接进入第二步。如果卖家已经通过了支付宝的个人认证，或者使用个体工商执照通过支付宝认证，那在申请加入淘宝商城前，需要用一个新的（未在支付宝网站上注册过的）电子邮箱账号申请一个支付宝的商家账户。账户激活时会让卖家填写一个需要绑定的淘宝会员名，通过认证之后，淘宝网将会员名和通过认证的支付宝账户进行绑定。

② 提交资料，申请进入商城。通过支付宝商家认证后，单击"立刻加入商城"按钮，填写卖家的资料申请进入商城。

③ 下载并签订协议。卖家应仔细阅读协议并按照要求填写、打印、盖章，淘宝网在审核完卖家的资料后，将通知卖家将协议寄给淘宝网。在完成上述步骤后，登录"我的淘宝"页面并了解申请进度。

④ 存入押金。收到卖家的协议后 5 个工作日内，淘宝网工作人员将与卖家联系，并通知卖家按照协议规定将押金存入对应的支付宝账户里，完成申请流程。

◎ **案例**

　　四川工商学院"青神遇见·满竹盛宴"创业项目是第二届中国大学生跨境电商创新创业全国特等奖和第四届"互联网+"大学生创新创业大赛全国铜奖项目，该项目立足四川竹产业，依托全国高校第一个竹编研究所的技术创新，采取"创意设计+跨境电商+工业量产+农户制作"的模式，助力青神竹产品及文化成功走向国际市场，帮助高校学生及农村贫困人口高质量就业创业，助力乡村振兴和精准扶贫，实现竹产业升级。

　　无限的创新能力和对国际买家的精准把握，"满竹里"品牌已成为眉山的闪亮名片。其通过产学研、校地企紧密合作，依托全国高校第一个竹编研究所不断创新，合作国际品牌设计师，整合专业优势，拥有极强的产品创意设计能力；用互联网数据对全球竹制品市场进行分析，精准定位国际买家，资深外贸导师+跨境电商优势背景+商务英语专业人才团队+全方位多角度的营销策略，在国际竹藤组织、政府和学校的支持下，整合全球货源和工厂；建立国际竹艺中心和完整的产供销供应链，集设计、研发、销售、培训、服务、品牌传播为一体，不断培养竹产业跨境电子商务专业人才。线上店铺上线一年半，客户遍布58个国家，优质客户28位，被CCTV、巴西电视台等20多家媒体报道；代表眉山承担广交会、国际竹博会、西博会、米兰手工艺博览会、青神竹编推介会、世界园艺博览会的海外营销工作，接待58个国家大使。

　　【点评】

　　在四川工商学院董事会和党政领导的大力支持下，"青神遇见·满竹盛宴"项目团队秉承"竹编情怀，家乡担当"，把一份商业计划书的美好愿景实际落地，脚踏实地践行初心。该项目团队以"跨境电商+竹"模式为特色，探索县域经济产业发展和非遗活态化传承，促进农民共同富裕和乡村振兴，在四川省眉山市青神县浇灌出了一朵朵竹艺之花，受到社会各界广泛关注。

　　"青神遇见·满竹盛宴"项目搭乘竹产业、跨境电商发展、大学生创新创业的政策东风，将我国传统非物质文化遗产竹编产业和跨境电子商务相结合，与国际品牌设计师合作，利用大学校园专业优势，进行产品创新设计；同时利用大数据O2O的业务模式和VR技术，精准定位客户源，不断满足客户需求。

🔈 **素质拓展**

1. 以小组为单位，列举两家知名的互联网企业，分析他们的创业之路。
2. 以小组为单位，路演创办互联网企业的程序。

🔈 **课后思考**

1. 如何理解互联网思维？
2. 创办互联网企业的风险点有哪些？

FL 附录

附录A "挑战杯"全国大学生课外学术科技作品竞赛

竞赛介绍

"挑战杯"全国大学生系列科技学术竞赛是由共青团中央联合有关部门共同主办的全国性的大学生课外学术实践竞赛（以下简称"挑战杯"竞赛）。"挑战杯"竞赛共有两个并列项目，一个是"挑战杯"中国大学生创业计划竞赛（偶数年举行）；另一个是"挑战杯"全国大学生课外学术科技作品竞赛（奇数年举行）。这两个项目的全国竞赛交叉轮流开展，每个项目每两年举办一届。

"挑战杯"全国大学生课外学术科技作品竞赛（俗称"大挑战杯"）是由共青团中央、中国科协、教育部、中国社会科学院、全国学联、省级人民政府主办的大学生课外学术科技活动中一项具有导向性、示范性和群众性的竞赛活动，每两年举办一届。自1989年首届竞赛举办以来，"挑战杯"竞赛始终坚持"崇尚科学、追求真知、勤奋学习、锐意创新、迎接挑战"的宗旨，在促进青年创新人才成长、深化高校素质教育、推动经济社会发展等方面发挥了积极作用，在广大高校乃至社会上产生了广泛而良好的影响，被誉为当代大学生科技创新的"奥林匹克"盛会。

主要内容：自然科学类学术论文；哲学社会科学类社会调查报告和学术论文；科技发明制作（A类和B类）。评审侧重技术创新、科技成果转化情况、形成专利技术或产品等。

赛事申报：全校全日制本科生、硕士研究生（不含在职研究生）都可申报作品参赛。学生可按自然科学学术论文、哲学社会科学类学术论文和调查报告（限定在哲学、经济、社会、法律、教育、管理6个学科或者发展成就、文明文化、美丽中国、民生福祉、中国之治、战"疫"行动）、科技发明制作3类作品申报参赛。其中，自然科学类学术论文作者仅限本科学生参赛。科技发明制作类分为A、B两类：A类指科技含量较高、制作投入较大的作品；B类指投入较少，且为生产技术或社会生活带来便利的小发明、小制作等。

怎样参加"挑战杯"全国大学生课外学术科技作品竞赛

一、参赛流程

参赛流程图如图A-1所示。

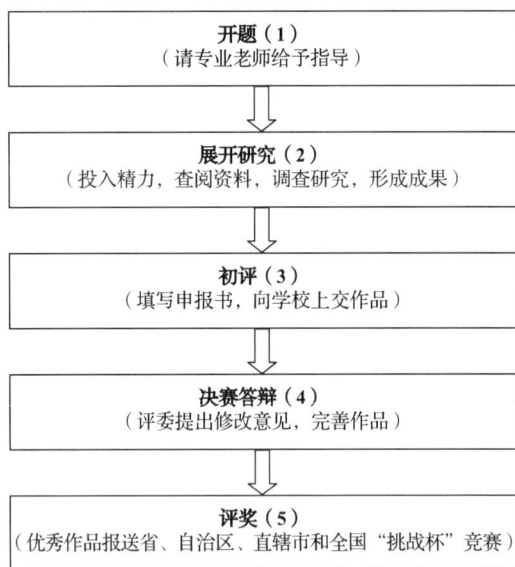

图A-1 参赛流程图

二、具体说明

1. 开题

参加"挑战杯"竞赛要从选择一个题目入手。从现在开始，利用你已掌握的知识和你敏锐的头脑，挖掘你感兴趣的学科中有科研价值的课题；你也可以参考历届获奖作品名称确定选题方向，然后根据自己的实际情况进行选题。

首先，你必须知道"挑战杯"竞赛的参赛作品类别。

（1）自然科学类学术论文（参赛对象限本科生）

A. 机械与控制（包括机械、仪器仪表、自动化控制、工程、交通、建筑等）。

B. 信息技术（包括计算机、电信、通信、电子等）。

C. 数理（包括数学、物理、地球与空间科学等）。

D. 生命科学（包括生物、农学、药学、医学、健康、卫生、食品等）。

E. 能源化工（包括能源、材料、石油、化学、化工、生态、环保等）。

（2）哲学社会科学类社会调查报告和学术论文

参赛的哲学社会科学类作品（含学术论文、调查报告）限定在哲学、经济、社会、法律、教育、管理专业。为使这类作品能更好地结合社会实际，参赛作品一般应在《哲学社会科学类参赛作品指引》范围内选题。

题目示例如下。

①《中华优秀传统文化的创造性转化和创新性发展典型调查研究》（哲学类）；

②《新型城镇化与乡村振兴战略的典型调查》（经济类）；

③《××××疫情中的网络舆情特征研究》（社会学类）；

④《未成年人法律保护新情况新问题调查研究》（法律类）；

⑤《当代大学生价值取向和心理素质的调查分析》（教育类）；

⑥《灵活就业社会保障制度调查研究》（管理类）。

（3）科技发明制作（包括化工、机械与控制、计算机、电工、电子、电信、农医等）

A类：科技含量较高、制作投入较大的作品。

B类：制作投入较小，对生产技术或社会生活带来便利的小发明、小制作。

一个好的选题对在竞赛中获胜起着重要作用。本附录后面的表A-1列出了"挑战杯"全国大学生课外学术科技作品竞赛部分获奖作品，希望能对你有所启发。

最好把你的想法和老师沟通一下，征求老师对该选题的意见。

其次，要知道竞赛对参赛者及参赛作品的资格要求。

（1）对参赛者的身份要求

学校正式注册的全日制专科生、本科生、硕士研究生（不含在职硕士生）均可申报作品。

（2）对作品内容的规范

申报参赛的作品必须是距竞赛终审决赛的当年6月1日前两年内完成的学生课外学术科技或社会实践活动成果，可分为个人作品和集体作品。申报个人作品的，申报者必须承担申报作品60%以上的研究工作，作品鉴定证书、专利证书及发表的有关作品上的署名均应为第一作者，合作者必须是学生且不得超过2人；凡作者超过3人的项目或者不超过3人，但无法区分第一作者的项目，均须申报集体作品。集体作品的作者必须均为学生。凡有合作者的个人作品或集体作品，均按学历最高的作者划分至本专科生或硕士研究生类进行评审。

以下4类作品不在申报范围内。

A. 毕业设计和课程设计（论文）。

B. 学年论文和学位论文。

C. 国际竞赛中获奖的作品。

D. 获国家级奖励成果（含本竞赛主办单位参与举办的其他全国性竞赛的获奖作品）。

（3）对作品形式的规范

为了增强学生严谨的科研精神和规范意识，建议作品的文书格式按照以下要求处理。

① 自然科学论文、哲学社会科学论文及社会调查报告的行文格式应达到A级指标。论文的具体编辑格式如下。

字体：主标题一般用三号宋体加粗，正文内各主要部分的大标题用四号黑体，正文内文字使用小四号宋体，中文摘要用五号楷体（其中"论文摘要"4字用同号黑体并加方括号），英文摘要用小四号新罗马体（Times New Roman），注释、参考文献依次列在篇末且均用五号宋体（其中具有标题性质的"注释""参考文献"左边不空格，采用同号黑体加冒号）。论文内文各大部分的标题用"1，2……"，次级标题为"1.1，1.2……"，三级标题用"1.1.1，1.1.2……"，四级标题用"1），2）……"。不宜使用五级以下标题。

版式：使用A4规格、80克纸单面打印；页眉和页脚使用默认页边距，全文行间距为1.5倍，主标题段前加0.5行；页眉为章和章标题，页眉下为全长横线，页码居中。自然科学论文和哲学社会科学论文正文字数为8000字以内，社会调查报告正文约15000字以内，另可附上相关的图和表或者笔录、查阅的相关资料等作为附录（这些附录可不算进字数限制之内）。

② 注意事项有以下几点。

论文一般由6个主要部分组成，依次为：a.封面；b.中文摘要；c.英文摘要；d.论文正文；e.参考文献；f.致谢。（文章版面尺寸为14.5厘米×22厘米。）

中英文摘要：字数要求300～500字，包括研究目的、研究方法、研究结果和最终结论，论文的关键词3～5个；摘要和关键词相距一行，英文摘要可重起一页，或者与中文关键词间相距两行。

中文图表名：图名放在图下，表名放表上，分章设序号，如式（2-1）（居右），表3-2、图5-3（宋体，五号，居中），图表与正文间距一行。

在论文中必须标注参考文献，如"文字[1]"，一般为近年来的新文献，同一本文献不同内容不同页码的引用要分开写参考文献，具体写作要求见模板。另外，引用文献应按顺序标号。

正文应当有问题提出、国内外状况、研究背景，最后部分要表述创新内容与应用性、下一步研究展望。正文最后附页（附录）解说论文所涉及的科研课题研究情况。

2．展开研究

确定题目等工作完成后，还需要投入大量的时间精心完成作品。以下是部分参赛者的心得。希望他们的成功能让大家多一些信心，多一些准备。

★　最初的构思是于去年6月末在当时尚未拆除的"大排档"羊肉串摊位的周边地带形成的。尽管后来有过激烈的争论，有过难遣的苦闷，但我们怀抱坚定的信仰，在骄阳下调查走访，在冬夜里捧热水袋温书，最后成稿时在图书馆和打印室之间奔波来往——为了心中期盼的圆满，也为了混杂着烤羊肉味与孜然香味的那依然鲜活的兴奋……也许天空没有留下一丝痕迹，但毕竟我们已飞过，只为那远方美丽的草原。

——北京大学政府管理学院　孔新峰　唐睿（作品：《透视中国"草根民主"：宏观学理和微观调研》）

★　虽然第八届"挑战杯"竞赛距今已有好长时间，但是，在去比赛的每一个细节，每一个瞬间都历历在目。严谨求实、同舟共济的精神也一直鼓励我在科学研究道路上不断前进。"挑战杯"竞赛结束后，我继续留校学习攻读博士学位，并顺利完成博士学业，留校当一名教师，继续薪火相传的工作。我另外的几名队友在硕士毕业后留在了轨道规划与管理相关的设计院或管理机构工作，在各自的岗位中也发挥越来越重要的作用。我想"挑战杯"不仅仅是一场比赛，更是让我们放飞梦想，实现理想的舞台。它将是我那段青春时光最美好的回忆。

——同济大学交通运输规划与管理专业博士　江志彬（作品：《轨道交通运输组织仿真系统》）

★　能够走进"挑战杯"竞赛，利用自己的课余时间的人肯定是兴趣使然。这是从小到大饱受应试教育的我们，第一次发自内心、凭借自己的兴趣主动去做自己喜欢的事情。这个道理我当时不是很清楚，现在回想一下，才觉得这是一个很难得的锻炼机会。

我经常和周围的人说，人生一世，能有机会做自己喜欢的事情，去实现自己的梦想很不容易，如果有这个机会，千万不要放过。这是我快乐幸福的源泉。想想看，小学、中学我们要考试；大学以后我们面临考研、工作、出国等选择；工作后我们要考虑成家立业……如此下去也许有的人一辈子都不可能去做自己想做的事情。现在，"挑战杯"竞赛给大学生科技爱好者们一次参与科技实践的机会。从此很多人和我一样，幸运地找到了适合自己的位置，有机会做自己喜欢的事业。

"挑战杯"竞赛是机遇，现在越来越多的高校鼓励学生参加科技实践活动，在实验室参与国家的课题，在公司以企业的实际项目，培养学生兴趣，鼓励创新。"挑战杯"竞赛如火如荼的发展就是一个很好的写照，相信很多学生时代的人会从一个科技爱好者变成专业的科技人员，在社会上找到属于自己的空间，做自己想做的事，实现人生价值。

——北京航空航天大学机器人研究所博士　刘淼（作品：《多机器鱼协调及机器鱼的机动性研究》）

★　曹渝说，在项目调研期间，他们走访了湖南38家煤矿，曾3次下到矿井体验，共调查煤矿工人900多人，全面了解了湖南煤矿工人心理安全感现状和生存现状，获得了许多珍贵的第一手资料。他们多次与煤矿工人近距离接触，更加深入地了解到他们的感受和想法。煤矿工人很尊重有知识的大学生，他们希望我们能把他们的心理安全感现状和生存现状展示给社会，引起全社会对煤矿工人尤其是对其心理安全的关注。

曹渝表示："在调查过程中，越是深入了解煤矿工人的生存和心理现状，越是感觉到作为一名大学生肩上的责任，将所学知识服务群众，关心需要帮助的人群，是每一个大学生义不容辞的责任。"

他们的调查报告数据、结论、建议已经得到了全社会的广泛关注，《人民日报》《中国青年报》等多家报纸对他们的成果进行了报道。他们的学术论文揭示了矿难频发时期湖南省煤矿工人的心理安全感的影响因素，为政府决策层预防矿难、管理煤矿提供了建议，为进一步探索根治矿难的长效机制提供了数据参考。

——湖南师范大学　曹渝（作品：《湖南煤矿工人心理安全感的影响因素及提升策略》）

★　说到获奖，谢妍很兴奋，脸上洋溢着花儿般的笑容。是的，获得"挑战杯"竞赛一等奖的确很不容易。他们感激，他们欣慰，这也许是幸运，是偶然，但更多的是必然。当他们怀着一颗激动的心，用颤抖的双手接过烫金的荣誉证书，所有的苦和累都已释然。谢妍说："感觉这荣誉沉甸甸，它凝结了领导、老师和同学的期望，凝结了我们课题小组6个人的心血，凝结了我们所有的付出，在我心里它的分量太重了！"

谈起对这个课题的研究，她的脸上洋溢着幸福的笑容，她说："从组队开始到立项再到调查，最后到写论文，经历了重重困难。没有前人的经验，没有固有的模式，我们只能靠着想象去试、去做，只能靠着一股顽强的信念不断地摸索打拼。也曾经迷茫过，也曾经彷徨过，跌倒了无数次，值得庆幸的是我们没有一蹶不振，没有打退堂鼓。在这样一个富有挑战性的课题研究中，我们渐渐懂得要怎样才能实现自己的价值，怎样才能站稳自己的舞台，怎样去挖掘自己的优势……"。在研究、比赛甚至领奖的过程中，他们坦荡真诚，他们并不是冲着荣誉而来，而是为兴趣而战。

——桂林理工大学　谢妍（作品：《中国民间组织的生存发展状况研究——以C市"反扒同盟"为例》）

"挑战杯"全国大学生课外学术科技作品竞赛章程

（经第十七届"挑战杯"竞赛组委会第一次全体会议通过）

第一章　总则

第一条　"挑战杯"全国大学生课外学术科技作品竞赛是由共青团中央、中国科协、教育部、中国社会科学院、全国学联、省级人民政府主办的大学生课外学术科技活动中一项具有导向性、示范性和群众性的竞赛活动，每两年举办一届。

第二条　竞赛的宗旨：崇尚科学、追求真知、勤奋学习、锐意创新、迎接挑战。

第三条　竞赛的目的：引导和激励高校学生实事求是、刻苦钻研、勇于创新、多出成果、提高素质，培养学生创新精神和实践能力，并在此基础上促进高校学生课外学术科技活动的蓬勃开展，发现和培养一批在学术科技上有作为、有潜力的优秀人才。鼓励学以致用，推动产学研融合互促，紧密围绕创新驱动发展战略，服务国家经济、政治、文化、社会、生态文明建设。

第四条 竞赛的基本方式：高等学校在校学生申报自然科学类学术论文、哲学社会科学类社会调查报告和学术论文、科技发明制作三类作品参赛；聘请专家评定出具有较高学术理论水平、实际应用价值和创新意义的优秀作品，给予奖励；组织学术交流和科技成果的展览、转让活动。

第二章 组织机构及其职责

第五条 竞赛设立领导小组，由主办单位和承办单位的有关负责人组成，负责指导竞赛活动，并对全国组织委员会和全国评审委员会提交的问题进行协调和裁决。

第六条 竞赛设立全国组织委员会，由主办单位、承办单位和联合发起单位（含高校、新闻单位、相关企业）的有关负责人组成。主办单位和承办单位分别委派有关负责同志作为组委会成员，各联合发起单位推荐1名主管领导作为组委会成员。全国组织委员会设主任、副主任若干名。获得3次"挑战杯"的高校将获得持续担任组委会副主任成员的资格。

第七条 全国组织委员会的职责如下。

1. 审议、修改竞赛的章程。

2. 筹集竞赛组织、评审、奖励所需的经费。

3. 投票表决竞赛承办高校。

4. 议决其他应由组委会议决的事项。

第八条 全国组织委员会下设秘书处，负责按照全国组委会通过的章程组织竞赛活动并向全国组委会报告工作。秘书处设秘书长、副秘书长若干名，由主办单位、承办单位有关领导担任。

第九条 竞赛设立全国评审委员会，由主办单位聘请的相关学科具有高级职称的非高校专家或高科技企业的技术骨干组成。全国评审委员会设主任1名，常务副主任2名，副主任若干名，秘书长1名，副秘书长若干名。全国评审委员会经主办单位批准成立，有权在本章程和评审规则所规定的原则下，独立开展评审工作。评委须严格遵守《评审纪律》，评审前须签订《评审纪律承诺书》。

第十条 全国评审委员会职责如下。

1. 在本章程和评审规则基础上制定评审实施细则。

2. 终审决赛环节实行公开答辩制，答辩前评审委员可以到参赛作品集中展示区审看参赛作品及其演示。

3. 确定参赛作品获奖等次。

第十一条 竞赛设立作品资格评判委员会，在全国组委会第二次全体会议召开时成立，由全国评审委员会常务副主任1名、评审委员不少于3名（根据被评判作品学科分布选定）、主办单位各1名代表、全国组织委员会高校委员中抽签产生的10名代表（每省份最多2名代表）组成。资格评判委员会主任由全国评审委员会常务副主任担任。资格评判委员会会议由资格评判委员会主任负责召集。

第十二条 作品资格评判委员会职责如下。

1. 授权全国组委会秘书处在预审开始至终审决赛结束前接受参赛学校和学生、评委、社会各界人士对参赛作品资格的质疑投诉。

2. 在终审决赛结束前，如出现被质疑投诉作品，资格评判委员会应召开会议，对被质疑投诉的参赛作品的作者及所属学校进行质询。

3. 投票表决被质疑投诉作品是否具备参赛资格。

第十三条 全国组委会秘书处对质疑投诉者的姓名、单位予以保密。质疑投诉者需提供相关证据或明确的线索。资格评判委员会开会时，到会人数超过2/3方可进行表决；表决时实行回避制度；若参加表决人数中有2/3以上认为该作品不具备参赛资格，则评委会对该作品不予评审，其参赛得分随之取消。全国组委会秘书处不受理匿名质疑投诉。

终审决赛结束后，对作品的质疑投诉继续按本章程第三十九条执行。

第十四条 竞赛设立评审监督委员会，在全国赛前成立，下设秘书处。评审监督委员会依照《评审监督委员会章程》组织建立、行使职责。

第十五条 主办单位根据团体总分优先原则，确定上届竞赛总分前70名的学校为联合发起高校，并可根据终审决赛规模、地区平衡、学校类别及代表性、承办地区等因素做部分调整。

第十六条 各省（区、市）和新疆生产建设兵团、各高校应举办与全国竞赛接轨的届次化的学生课外学术科技作品竞赛。各省（区、市）和新疆生产建设兵团团委、科协、教育部门、学联联合设立省级组织协调委员会和评审委员会，负责本省份竞赛的组织协调、参赛作品资格审查和作品初评等有关工作。

第三章 参赛资格与作品申报

第十七条 凡在举办竞赛终审决赛的当年6月1日以前正式注册的全日制非成人教育的各类高等院校在校专科生、本科生、硕士研究生（不含在职研究生）都可申报作品参赛。

第十八条 申报参赛的作品必须是距竞赛终审决赛当年6月1日前两年内完成的学生课外学术科技或社会实践活动成果，可分为个人作品和集体作品。申报个人作品的，申报者必须承担申报作品60%以上的研究工作，作品鉴定证书、专利证书及发表的有关作品上的署名均应为第一作者，合作者必须是学生且不得超过2人；凡作者超过3人的项目或者不超过3人，但无法区分第一作者的项目，均须申报集体作品。集体作品的作者必须均为学生。凡有合作者的个人作品或集体作品，均按学历最高的作者划分至本专科生或硕士研究生类进行评审。

增加作品自查环节，申报学校签订承诺书，承诺作品符合"挑战杯"竞赛申报作品的要求，接受竞赛组委会检查。对不符合申报要求或严重违规作品的惩戒措施详见第六章。

本校硕博连读生（直博生）若在决赛当年6月1日以前未通过博士资格考试的，可以按硕士生学历申报作品。没有实行资格考试制度的学校，前两年可以按硕士学历申报作品。本硕博连读生，按照四年、二年分别对应本、硕申报，后续则不可申报。

毕业设计和课程设计（论文）、学年论文和学位论文、国际竞赛中获奖的作品、获国家级奖励成果（含本竞赛主办单位参与举办的其他全国性竞赛的获奖作品）等均不在申报范围之列。

第十九条 申报参赛的作品分为自然科学类学术论文、哲学社会科学类社会调查报告和学术论文、科技发明制作三类。自然科学类学术论文作者限本专科生。哲学社会科学类支持围绕发展成就、文明文化、美丽中国、民生福祉、中国之治和战"疫"行动6个组别形成社会调查报告，也可以按照哲学、经济、社会、法律、教育、管理6个学科报送社会调查报告和学术论文。科技发明制作类分为A、B两类：A类指科技含量较高、制作投入较大的作品；B类指投入较少，且为生产技术或社会生活带来便利的小发明、小制作等。

第二十条　参赛作品涉及下列内容时，必须由申报者提供有关部门的证明材料，否则不予评审。

动植物新品种的发现或培育，须有省级以上农科部门或科研院所开具证明。

对国家保护动植物的研究，须有省级以上林业部门开具证明，证明该项研究的过程中未产生对所研究的动植物繁衍、生长不利的影响。

新药物的研究须有卫生行政部门授权机构的鉴定证明。

医疗卫生研究须通过专家鉴定，并最好附有在公开发行的专业性杂志上发表过的文章。

涉及燃气用具等与人民生命财产安全有关用具的研究，须有国家相应行政部门授权机构的认定证明。

第二十一条　参赛作品必须于申报前将作品项目名称、参赛学生和指导教师等关键信息在学校官方网站主页上进行不少于5天的公示，并将公示截图随作品一同报送。多个学校学生合作申报的项目，须注明学生、学校信息并在学生所在学校均进行公示。

第二十二条　参赛作品必须由两名具有高级专业技术职称的指导教师（或教研组）推荐，经本校学籍管理、教务、科研管理部门审核确认。每件作品可由不超过3名教师指导完成。作品完成全国竞赛申报后，作品题目、作者、指导教师等关键信息不得变动。

第二十三条　每个学校选送参加竞赛的作品总数不得超过6件，每人限报1件，作品中研究生的作品不得超过作品总数的1/2，如研究生作品数超过比例要求，违反规定的，取消该校所有研究生作品参赛资格且不得补报，但如学校只招收研究生的，或只有1件作品参加全国竞赛的，不受作品比例限制。参赛作品须经过本省份组织协调委员会进行资格及形式审查和本省份评审委员会初步评定，方可上报全国组委会办公室。各省（区、市）和新疆生产建设兵团选送全国竞赛的作品数额由主办单位统一确定。每所发起学校可直接报送3件作品（含在6件作品之中）参加全国竞赛。每所优秀组织奖或进步显著奖获得学校可直接报送1件作品（含在6件作品之中）参加全国竞赛。直通全国竞赛渠道不做累加。

第四章　展览、交流、转让

第二十四条　全国评审委员会推荐通过预审的一定比例的自然科学类学术论文、哲学社会科学类社会调查报告和学术论文及全部科技发明制作类作品参加展览。科技发明制作类作品须有实物或模型参展。

第二十五条　全国组委会将在竞赛的终审决赛阶段组织多种形式的学术交流和工作交流活动，并适时举办专项赛、展示赛、邀请赛等丰富"挑战杯"竞赛的活动。

第二十六条　全国组织委员会在终审决赛期间，举办成果转让活动；成果是否转让不作为作品评审获奖的依据。

第二十七条　全国组织委员会拥有组织转让获奖作品的优先权。成果产权及利益分配由学校和作者协商确定。全国组织委员会可结集出版竞赛获奖作品及评委评语。

第五章　奖励

第二十八条　参赛的自然科学类学术论文、哲学社会科学类社会调查报告和学术论文、科技发明制作三类作品各设特等奖、一等奖、二等奖、三等奖。各等次奖分别约占各类入围作品总数的3%、8%、24%和65%。本专科生、硕士研究生两个学历层次作者的作品获奖数与其入围作品数成正比例。科技发明制作类中A类和B类作品分别按上述比例设奖。全国评审委员会对各省级组织协调委员会和发起高校报送的参赛作品进行预审，评出80%左右的参赛作品入围获奖作品，评出入围作品中的65%获得三等奖，其余35%进入终审决赛。在终审决赛中评出特等奖、一等奖、二等奖。同时为激发学生参与基础学科、小众学科的热情，终审决赛各分类小组原则上至少有1件特等奖和1件一等奖。预审和终审前，组委会根据作品数量等确定各分类小组授奖数量。

第二十九条　入围获奖的作品，确认资格有效的，由全国组织委员会向作品颁发证书（证书须体现作者和指导老师姓名）。参加各省（区、市）和新疆生产建设兵团预赛的作品，确认资格有效而又未进入全国竞赛的，由各省（区、市）和新疆生产建设兵团组织协调委员会向作品颁发证书（证书须体现作者和指导老师姓名）。

第三十条　竞赛以学校为单位计算参赛得分，团体总分按名次排列，按位次公布。团体总分由"现场作品得分"和"校级赛事组织得分"两部分组成。最高荣誉"挑战杯"为流动杯，授予竞赛团体成绩最佳的学校，如遇团体总分并列第一，以获特等奖的数量排序，以此类推至三等奖。设"优胜杯"若干，分别授予除"挑战杯"获得高校之外团体总分前三十一名的其余学校，以及位列本省份第一名的高校中、除去团体总分前三十一名高校后排名前十名的其余学校。累计3次获得"挑战杯"的学校，可永久保存复制的"挑战杯"一座。

第三十一条　各等次奖计分方法如下：特等奖作品每件计100分，一等奖作品每件计70分，二等奖作品每件计40分，三等奖作品每件计20分，上报至全国组委会但未通过预审的作品每件计10分。

第三十二条　校级赛事组织得分采取加分制，主要考察出台激励学生创新政策，联合教务、科研等部门举办校级赛事，校级赛事学校重视、指导教师积极参与、广泛覆盖学生、氛围营造及宣传，高校上传有评委完整评语作品到竞赛网站等情况。全国组织委员会秘书处负责制定《校级赛事组织得分实施细则》。

第三十三条　竞赛设10个左右省级优秀组织奖和获得入围作品高校数30%左右的高校优秀组织奖，奖励在竞赛组织工作中表现突出的省份和高校。省级优秀组织奖由主办单位评定，报全国组织委员会确认，主要考察联合教育、科技等部门举办省级赛事，省级赛事高校参与率，省域内校级赛事举办情况，省域内赛事对学生的覆盖等情况。高校优秀组织奖由各省（区、市）和新疆生产建设兵团组织协调委员会提名，主办单位评定后报全国组织委员会确认，评选综合考虑校级赛事、专项赛事、科技创新活动等的组织参与情况。

第三十四条　竞赛设5个左右省级进步显著奖和10个左右高校进步显著奖，激励原本竞赛基础较为薄弱、取得显著进步的省份和高校。进步显著奖由主办单位根据相邻届次竞赛成绩，综合考虑团体总分、参赛高校数量、参赛作品数量等指标增幅情况进行评定，报全国组织委员会确认。

第三十五条　为鼓励各高校对参赛项目进行持续支持与跟踪培育，推动竞赛由短期开展向日常活动的转变，提升竞赛育人功能，竞赛设立累进创新专项奖，奖给在过去两届全国竞赛中入围获奖且在后续有较大创新提升的作品。此外，在符合竞赛宗旨、具有良好导向作用前提下，可联合社会有关方面设立、评选专项奖。

第六章　惩戒

第三十六条　参赛作品存在舞弊、抄袭、作假，将国家课题、教师科研成果包装成学生项目的，均视为严重违规行为。

第三十七条 参赛作品在公示环节，知情公众如发现作品不符合申报要求或存在严重违规行为，各高校要严肃对待，一经查实取消作品参赛资格。

第三十八条 参赛作品如在参赛环节被检查或经举报核实发现作品不符合申报要求，取消作品参赛资格，该学校不得补报作品；被检查或经举报核实发现作品存在严重违规行为，取消作品参赛资格，该学校不得补报作品，该学校团体总分为零，并取消该学校参评"挑战杯""优胜杯"及其他集体奖项的资格，视情节严重取消该学校下届联合发起单位资格或参赛资格。

第三十九条 竞赛结束后，对获奖作品保留一个月的质疑投诉期。若收到投诉，竞赛领导小组将委托主办单位有关部门进行调查。经调查，如确认该作品资格不符者，取消该作品获得的奖励，重新计算作者所在学校团体总分及名次；如确认作品存在严重违规行为，该学校团体总分为零，取消该学校所获得的"挑战杯""优胜杯"或其他集体奖项，视情节严重取消该学校下届联合发起单位资格或参赛资格，并通报全国组织委员会成员单位。

第七章　附则

第四十条 承办竞赛的高校应按当届组委会通过的申办办法，申请承办下一届竞赛活动；获得历届"挑战杯"和"优胜杯"的学校具有承办下届竞赛的优先权；当届组委会通过一定的民主程序产生下届承办单位。

第四十一条 竞赛承办单位有权以全国组织委员会名义寻求赞助。最高荣誉"挑战杯"不得用于寻求赞助。

第四十二条 "挑战杯"竞赛专用网站，由主办单位和承办单位共同建设。

第四十三条 本章程自全国组织委员会审议通过之日起生效，由竞赛主办单位及全国组委会秘书处负责解释。

下面的表A-1列出了第十五届～第十七届"挑战杯"全国大学生课外学术科技作品竞赛特等奖的获奖项目，希望能对大家有所启发。

表A-1　"挑战杯"全国大学生课外学术科技作品竞赛特等奖获奖项目（第十五届～第十七届）

序号	作品名称	学校	备注
1	《基于大数据及语言模型的电子文本检错技术》	清华大学	第十五届
2	《一种柔性快充锂金属电池》	清华大学	第十五届
3	《利用仿生思想优化现有技术的实例》	北京航空航天大学	第十五届
4	《资源型村庄的权力结构及治理的变迁——基于对山西省T村历史的实证研究》	北京师范大学	第十五届
5	《境遇与选择：当代大学生的休闲生活方式及满意度研究——基于天津市高校大学生的调查》	南开大学	第十五届
6	《中国城市居民生活垃圾分类处理研究——三维综合分类法处理垃圾的智能应用》	天津科技大学	第十五届
7	《开源还是节流——山西省贫困地区居民收入与消费结构调查》	山西大学	第十五届
8	《基于视觉技术的大豆种子球表智能检测与自动选别系统》	东北农业大学	第十五届

续表

序号	作品名称	学校	备注
9	《基于漩涡水动力特性的触须集群式海底集矿装备》	上海交通大学	第十五届
10	《晶体中缺陷的原子尺度观察及形成机制的研究——以 Mn_3O_4 和稀土镁合金为例》	上海交通大学	第十五届
11	《基于视觉信号分解与融合的单屏多通道显示技术及应用》	上海交通大学	第十五届
12	《发动机尾气余热驱动的冷藏车吸附式制冷系统》	上海交通大学	第十五届
13	《一张地图、一座城市、一种文明——以上海首张生态文明教育资源地图开发为例》	上海师范大学	第十五届
14	《农民专业合作社运行现状与利益联结机制研究——基于鲁、皖、浙三地合作社实地调研》	华东政法大学	第十五届
15	《多维视觉卒中后手功能康复定量评估平台》	上海大学	第十五届
16	《基于抗结直肠癌活性SGK1抑制剂的结构修饰、合成与活性研究》	上海大学	第十五届
17	《最后一批南京大屠杀幸存者个体生命记忆——1937—2017：穿越八十年的家国之梦》	南京大学	第十五届
18	《面向5G大规模MIMO无线传输的快速开发验证平台》	东南大学	第十五届
19	《面向多晶态及薄膜应用的多极轴分子铁电体研究》	东南大学	第十五届
20	《钢轨顶表面缺陷电磁高速巡检系统》	南京航空航天大学	第十五届
21	《小型高分辨率二维成像声呐系统》	南京航空航天大学	第十五届
22	《面向高品质照明与显示应用的高效发光量子点》	南京理工大学	第十五届
23	《可调螺距螺旋桨桨叶重心测量及修正复合平台》	江苏科技大学	第十五届
24	《稀土基非贵金属催化剂的制备及在精对苯二甲酸生产工艺废气中的应用》	南京工业大学	第十五届
25	《需要为本，优势取向：创新流动儿童权益保护社会工作服务模式——常州一校三社区的行动研究》	常州大学	第十五届
26	《宽频电子变压器参数自动测试仪的研制》	常州大学	第十五届
27	《中心城市大气污染治理体制改革与创新——基于南京市的纵向案例调研》	南京信息工程大学	第十五届
28	《大戟科有毒中药狼毒醋制减毒机制研究》	南京中医药大学	第十五届
29	《"一带一路"框架下高等教育国际吸引力提升路径探究——一项基于"一带一路"沿线国家来苏留学生教育的调查》	扬州大学	第十五届
30	《管道医生——智能泄漏检测定位球》	浙江大学	第十五届
31	《基于血管再生和骨折修复双重功能的新型EGFL6重组蛋白产品研发》	温州医科大学	第十五届
32	《最好的告别：安乐死的社会意愿及合法化路径探究——以浙江省为例》	温州医科大学	第十五届
33	《秧果兼收型花生联合收获机》	青岛农业大学	第十五届
34	《二维材料的可控制备及其性质探索》	武汉大学	第十五届

序号	作品名称	学校	备注
35	《从"愁城难解"到"城人之美"：基于武汉市流动摊贩的全民自治模式探究》	华中师范大学	第十五届
36	《法律规制视角下历史遗留重金属污染防治的风险分析与对策选择调研报告》	中南大学	第十五届
37	《带角位移补偿的新型$XY\theta$晶圆级芯片倒装定位平台》	广东工业大学	第十五届
38	《基于高精度皮肤生物特征识别的非接触身份认证》	广东工业大学	第十五届
39	《"精准扶贫"典型、经验与贫困户满意度调查研究——基于南疆少数民族集中连片特困区》	塔里木大学	第十五届
40	《单目多光谱三维重构技术及其在医用内窥镜中的应用》	上海交通大学	第十六届
41	《碳纤维复合材料自加热原位固化装备》	南京航空航天大学	第十六届
42	《基于低阻复合式气动布局的垂直起降高速飞行平台》	北京航空航天大学	第十六届
43	《仿生太阳能无人机》	西北工业大学	第十六届
44	《快速救灾抢险高效自循环自吸离心泵关键技术研究》	江苏大学	第十六届
45	《高精度多维力传感器及航天员生物力学测量系统》	东南大学	第十六届
46	《新型轮毂电机车轮设计及其整车应用》	清华大学	第十六届
47	《超高分辨率微波光子实时成像雷达》	南京航空航天大学	第十六届
48	《软硬件联合优化的新型低功耗5G通信系统》	清华大学	第十六届
49	《Mcontroller——跨维度机器人运动控制系统》	北京航空航天大学	第十六届
50	《高性能量子数字签名系统》	南京邮电大学	第十六届
51	《I Know You：基于多源异构数据的分层用户建模通用框架》	清华大学	第十六届
52	《基于深度学习的多传感融合手势识别与控制系统》	江西财经大学	第十六届
53	《镓基液态金属表面结构和多场调控理化性质的研究及应用》	北京航空航天大学	第十六届
54	《三维回转模拟微重力效应在线剪切体外细胞培养系统的构建》	北京航空航天大学	第十六届
55	《用于高效细胞捕获的基于仿病毒结构的多级微球设计》	上海交通大学	第十六届
56	《水稻粒重基因qPE9-1和OsGASR9的功能研究》	扬州大学	第十六届
57	《免疫检查点PD-1/PD-L1（PD-L2）的调控机制研究》	南通大学	第十六届
58	《褪黑素调节肠道代谢防控大肠杆菌型脑膜炎——基于肠-脑轴微生物代谢调控的研究》	扬州大学	第十六届
59	《多元肿瘤标志物化学发光阵列芯片检测仪》	扬州大学	第十六届
60	《高性能、低成本燃料电池阴极催化剂的开发》	清华大学	第十六届
61	《基于电场操控的抗消磁反铁磁存储芯片器件》	北京航空航天大学	第十六届
62	《基于掺杂诱导相转变设计高性能锂离子电池负极材料》	复旦大学	第十六届
63	《高效热-光协同催化水制氢的机理研究》	上海交通大学	第十六届
64	《高性能新型锌离子电池研制与优化机制研究》	武汉理工大学	第十六届

续表

序号	作品名称	学校	备注
65	《百年风华，劳工神圣——有关"一战"华工文化记忆的调查研究》	上海大学	第十六届
66	《建设生态文明背景下的电力行业效率改进与减排优化研究》	北京航空航天大学	第十六届
67	《精准扶贫中的贫困识别：福利损失与解决办法——基于西部、东部、东北的调研与实证研究》	清华大学	第十六届
68	《"退之有道"：兼顾农户利益与社会效益的宅基地退出模式优化研究——基于浙江省15个县市区调研》	浙江工商大学	第十六届
69	《行动起来，向滥用抗生素说不！——中国13省市1345家零售药店无处方销售抗生素情况调查及应对研究》	浙江大学	第十六届
70	《生命的馈赠——器官捐献家庭意愿影响因素与对策研究》	温州医科大学	第十六届
71	《基于供应链金融的"三维信用评价体系"助力中小微企业融资增信——对140家企业和40家金融机构的访谈调研》	上海大学	第十六届
72	《护航"网生代"——Web 3.0时代未成年人网络权益软性保护路径研究》	东南大学	第十六届
73	《科学育孙万家行——祖辈教养"2+X"课程开发与推广网络舆情"体制归因"演化机制及防控策略研究》	上海师范大学	第十六届
74	《基于503个教育网络舆情案例分析》	福建师范大学	第十六届
75	《"劳动开创未来"：新时代中国大学生劳动教育现状与路径优化研究——基于全国105所高校的实证调查》	浙江师范大学	第十七届
76	《仿生有序交联碳化钛的制备及性能研究》	北京航空航天大学	第十七届
77	《低碾压智能化再生稻收获技术与装备》	江苏大学	第十七届
78	《可变超宽幅面多介质打印机》	浙江大学	第十七届
79	《融合大数据的疫情预测分析模型与平台》	北京航空航天大学	第十七届
80	《高性能锂硫电池正极活性电解液添加剂的开发》	清华大学	第十七届
81	《"猎鹰"——基于鹰捕猎机理的无人机反制系统》	北京理工大学	第十七届
82	《基于电子动态调控的飞秒激光制孔新技术及应用》	北京理工大学	第十七届
83	《川藏跨天堑，知产绣锦图——川藏铁路建设中的知识产权风险调查研究》	华东交通大学	第十七届
84	《牙颌建筑师——三维血管化组织工程骨及一体化仿生种植牙在颌骨重建中的应用》	浙江大学	第十七届
85	《锂二氧化碳电池高效均相催化剂及机理研究》	上海交通大学	第十七届
86	《基于Hz级电磁波的井下远距离无线通信装置》	华中科技大学	第十七届
87	《"天格计划"二号卫星载荷标定与在轨科学观测》	清华大学	第十七届
88	《从"培育"到"铸牢"——大学生中华民族共同体意识的调查与教育实践研究》	上海师范大学	第十七届
89	《基于对比自监督学习的复杂场景下中国手语实时翻译系统》	天津理工大学	第十七届
90	《新时代劳动教育何以落地生根？——基于7省市初中生劳动素养及其培养现状的调查研究》	南京师范大学	第十七届

序号	作品名称	学校	备注
91	《防治植物病害的"青霉素"——白蚁共生菌来源的新型农用杀菌剂研究》	安徽农业大学	第十七届
92	《废塑料微波快速催化热解制备石脑油装备的研发》	南昌大学	第十七届
93	《民心聚力，古厝新生：村落传统民居自助式保护模式的构建研究——基于福建永泰八村百厝调研》	福州大学	第十七届
94	《柔性透明电极结构的精确调控及可赋形太阳能电池研制》	苏州大学	第十七届
95	《探寻新中国工业化的精神动力——工业建设者劳动传统的形塑与传承》	南京大学	第十七届
96	《西藏野生兰科植物资源增补及名录修订》	西藏农牧学院	第十七届
97	《自由贸易区何以助推数字经济发展？——基于中韩（盐城）产业园的调研》	南京师范大学	第十七届
98	《苍穹之心——微型涡喷发动机智能控制器》	西北工业大学	第十七届
99	《月面国旗研制技术及衍生功能化制品的开发》	武汉纺织大学	第十七届
100	《新就业形态新在何处——基于实地访谈和CSS数据的新就业形态劳动者工作境况及收入差异研究》	中国社会科学院大学	第十七届
101	《心相瓣——基于自由基聚合交联的可预装人工主动脉瓣》	四川大学	第十七届
102	《新型噬菌体的发现及噬菌体饲料添加剂的研发》	济南大学	第十七届
103	《棉田棉秆残膜联合收获机——拔杆伏"魔"助棉白》	长江大学	第十七届
104	《中国市场营商环境调查与优化——基于义乌小商品市场4年4000余份调研问卷的分析》	南开大学	第十七届
105	《类风湿性关节炎诊断标志物及防治药物的筛选和临床应用》	温州医科大学	第十七届
106	《基因快速检测技术的开发及其应用》	大连理工大学	第十七届
107	《精密高效传动瞬态摩擦学调控技术》	四川大学	第十七届
108	《从"工业锈带"到"生活秀带"——以西安为例探寻融入城市演进的工业遗产活化新模式》	西安建筑科技大学	第十七届
109	《"微腐败"对乡村营商环境的影响及对策研究——基于甘肃、福建、河南、江西、贵州5省182村的调查与思考》	厦门大学嘉庚学院	第十七届
110	《基于柔性传感器和加速度计的智能手势识别控制系统》	北京化工大学	第十七届
111	《"冯如三号"高效超长航时无人滞空平台》	北京航空航天大学	第十七届
112	《以"才"共治——20个"一带一路"合作国的在滇医学生调查研究》	云南大学	第十七届
113	《"小店虽小，风景甚好"——"双循环"战略背景下的小店经济"微循环"活力研究》	烟台大学	第十七届
114	《App隐私协议对个人信息保护制度的挑战与应对——基于1036份问卷和150款App的实证分析》	武汉大学	第十七届
115	《"螺蛳壳"里如何做"道场"：城市更新中"留改拆"政策推进路径研究——以上海市春阳里、承兴里、张园为例》	中共上海市委党校	第十七届
116	《基于量子传感的晶圆级电磁兼容测试设备》	南京邮电大学	第十七届

续表

序号	作品名称	学校	备注
117	《灵微智探——腿足型仿生灵巧机器鼠》	北京理工大学	第十七届
118	《基于高性能锂基介质陶瓷的太赫兹天线阵列集成技术研究》	天津大学	第十七届
119	《韧性视角下复合公共卫生风险多维协同治理策略研究》	湖南工商大学	第十七届
120	《双向水气畅流的高效一体式可逆燃料电池》	上海交通大学	第十七届
121	《基于参数感知的异种金属脉冲放电连接设备》	重庆大学	第十七届
122	《逢"菌"之困到助"菌"成材：产业耦合视域下食用菌菌渣的超循环利用研究》	山东大学（威海）	第十七届

附录B "挑战杯"中国大学生创业计划竞赛

竞赛介绍

"挑战杯"中国大学生创业计划竞赛（俗称"小挑战杯"）由共青团中央联合有关单位发起，自1999年举办以来，已经成为国内大学生特别关注的全国性创业赛事之一。大赛始终致力于引导学生了解国情社情、提升学生社会化能力、服务学生就业创业。根据参赛对象，分普通高校、职业院校两类。大赛共设科技创新和未来产业、乡村振兴和农业农村现代化、社会治理和公共服务、生态环保和可持续发展、文化创意和区域合作5个组别。

竞赛借用风险投资的运作模式，要求参赛者组成优势互补的竞赛小组，提出一项具有市场前景的技术、产品或服务，并围绕这一技术、产品或服务，以获得风险投资为目的，完成一份完整、具体、深入的创业计划，旨在引导大学生适应深化教育改革、推进素质教育的要求，了解创业知识，培养创业意识，树立创业精神，提高创业能力。竞赛采取学校、省（自治区、直辖市）和全国3级赛制，分预赛、复赛、决赛3个赛段进行，根据项目社会价值、实践过程、创新意义、发展前景和团队协作等进行综合评定。

"挑战杯"中国大学生创业计划竞赛章程

第一章 总则

第一条 "挑战杯"中国大学生创业计划竞赛是由共青团中央、教育部、人力资源社会保障部、中国科协、全国学联和省级人民政府主办的一项具有导向性、示范性、实践性和群众性的创业交流活动，每两年举办一届。

第二条 竞赛目的。深入学习贯彻习近平新时代中国特色社会主义思想，聚焦为党育人功能，从实践教育角度出发，引导和激励学生弘扬时代精神，把握时代脉搏，通过开展广泛的社会实践、深刻的社会观察，不断增强对国情社情的了解，将所学知识与经济社会发展紧密结合，提高创新、创意、创造、创业的意识和能力，提升社会化能力，为建设社会主义现代化强国、实现中华民族伟大复兴的中国梦贡献青春力量。

第三条 竞赛内容。根据参赛对象，分普通高校、职业院校两类。设科技创新和未来产业、乡村振兴和农业农村现代化、社会治理和公共服务、生态环保和可持续发展、文化创意和区域合作5个组别。

第四条 竞赛方式。竞赛分校级初赛、省级复赛、全国决赛。校级初赛由各校组织，广泛发动学生参与，遴选参加省级复赛项目。省级复赛由各省份组织，遴选参加全国决赛项目。全国决赛由全国组委会聘请专家根据项目社会价值、实践过程、创新意义、发展前景和团队协作等综合评定金奖、银奖、铜奖等项目。竞赛期间组织参赛项目参与交流展示活动。

第二章 组织机构及其职责

第五条 竞赛设立全国组织委员会（简称"全国组委会"），由主办单位、承办单位的有关负责人组成，设主任若干名。全国组委会下设秘书处，设秘书长、委员若干名，由主办单位、承办单位有关人员担任。

全国组委会的职责如下：

1. 审议、修改竞赛章程；
2. 确定竞赛承办单位；
3. 筹集竞赛组织、评审、奖励所需的经费；
4. 议决其他应由全国组委会议决的事项。

第六条　竞赛设立全国评审委员会，由全国组委会聘请非学校的相关领域专家学者、政府部门负责人、行业领军人物、基层优秀青年代表、知名企业家等组成。全国评审委员会设主任、副主任和评审委员若干名。全国评审委员会经全国组委会批准成立，有权在本章程和评审规则所规定的原则下，独立开展评审工作。

全国评审委员会职责如下：
1. 在本章程和评审规则基础上制定评审实施细则；
2. 接受对参赛项目资格的质疑投诉并进行判定；
3. 负责参赛项目的评审工作；
4. 确定参赛项目获奖等次。

第七条　竞赛设立全国监督委员会，对评审过程、评审纪律等进行监督，协调处理对竞赛作品资格和评审结果的质询（须由省级团委提出），对违反竞赛纪律的行为予以处理。

第八条　各省份、各学校需根据自身实际，举办与全国竞赛接轨的届次化的大学生创业计划竞赛。各省级团委、教育部门、人社部门、科协、学联联合设立省级组织协调委员会和评审委员会，负责竞赛的组织协调、参赛项目资格审查、评选等有关工作。

第三章　参赛资格与项目申报

第九条　普通高校学生：在举办竞赛决赛的当年6月1日以前正式注册的全日制非成人教育的各类普通高等学校在校专科生、本科生、硕士研究生（不含在职研究生）可参加。硕博连读生、直接攻读博士生若在举办竞赛决赛的当年6月1日前未通过博士资格考试的，可以按硕士研究生学历申报作品；没有实行资格考试制度的学校，前两年可以按硕士研究生学历申报作品；本硕博连读生，按照四年、二年分别对应本、硕申报。博士研究生仅可作为项目团队成员参赛（不作项目负责人），且人数不超过团队成员数量的30%。职业院校学生：在举办竞赛决赛的当年6月1日以前正式注册的全日制职业教育本科、高职高专和中职中专在校学生。

第十条　参赛基本要求。参赛项目应有较高立意，积极践行社会主义核心价值观。应符合国家相关法律法规规定、政策导向。应为参赛团队真实项目，不得侵犯他人知识产权，不得借用他人项目参赛；存在剽窃、盗用、提供虚假材料或违反相关法律法规的，一经发现将取消参赛相关权利并自负一切法律责任。已获往届"挑战杯"中国大学生创业计划竞赛、"创青春"全国大学生创业大赛、"挑战杯——彩虹人生"全国职业学校创新创效创业大赛全国金奖（特等奖）、银奖（一等奖）的项目，不可重复报名。

第十一条　参赛项目申报。按普通高校和职业院校分类申报，每所学校限参加一类。聚焦创新、协调、绿色、开放、共享新发展理念，设5个组别。

1. 科技创新和未来产业：围绕创新驱动发展战略，推动数字经济健康发展，在智能制造、信息技术、大数据、人工智能、生命科学、新材料、军民融合等领域，结合实践观察设计项目。

2. 乡村振兴和农业农村现代化：围绕实施乡村振兴战略，在农林牧渔、电子商务、乡村旅游、城乡融合等领域，结合实践观察设计项目。

3. 社会治理和公共服务：围绕国家治理体系和治理能力现代化建设，在政务服务、消费生活、公共卫生与医疗服务、金融与财经法务、教育培训、交通物流、人力资源等领域，结合实践观察设计项目。

4. 生态环保和可持续发展：围绕可持续发展战略和碳达峰、碳中和目标，在环境治理、可持续资源开发、生态环保、清洁能源应用等领域，结合实践观察设计项目。

5. 文化创意和区域合作：突出共融、共享，紧密围绕"一带一路"和京津冀、长三角、粤港澳大湾区，以及成渝地区双城经济圈、长江中游城市群等区域合作，在工业设计、动漫广告、体育竞技和国际文化传播、对外交流培训、对外经贸等领域，结合实践观察设计项目。

第十二条　参赛形式。以学校为单位统一申报，以项目团队形式参赛，每个团队人数原则上不超过15人，每个项目指导教师原则上不超过5人。对于跨校组队参赛的项目，各成员须事先协商明确项目的申报单位，各省级组织协调委员会最终明确项目的申报单位。全国决赛报名截止后，只可进行人员删减，不可进行人员顺序调整及人员添加。参赛项目涉及知识产权的，在报名时须提交具有法律效力的发明创造或专利技术所有人的书面授权许可、项目鉴定证书、专利证书等。

对于已工商注册的项目，在报名时可提交相关证明材料（含单位概况、法定代表人情况、加载统一社会信用代码的营业执照、股权结构等材料）。已工商注册项目的负责人须为企业法定代表人。企业法定代表人在通知发布之日后进行变更的不予认可。参赛项目可提供项目实践成效、预期成效等其他相关材料（包括项目的社会效益、经济效益、带动就业情况等）。

第十三条　参赛项目涉及动植物新品种的发现或培育、国家保护动植物的研究、新药物等的研究时，申报者可根据实际情况提供有关证明材料。

第十四条　每个学校通过省级复赛推荐入选全国决赛的项目总数不超过6个。其中，每个组别至多2个；每人（每个团队）限报1个；每个参赛项目只可选择参加一个组别，不得兼报。参赛项目须经过本省份组织协调委员会进行资格及形式审查和本省份评审委员会评定，方可上报全国组委会。各省份选送全国决赛的项目数额由全国组委会统一确定。全国组委会通过赛事相关活动遴选若干优秀项目，经全国评审委员会评定，给予直接进入全国决赛机会（不占每校6个项目名额）。

第四章　奖励支持

第十五条　竞赛设金奖、银奖、铜奖，分别约占全国决赛获奖项目的10%、20%、70%。全国组委会可视各省份、各学校、学生参与情况，设置组委会活动单项奖。

第十六条　竞赛设学校集体奖，以学校为单位计算参赛得分并排序评选。金奖项目每个计100分，银奖项目每个计70分，铜奖项目每个计30分。竞赛设"挑战杯"，授予团体总分最高的学校；设"优胜杯"若干，授予除"挑战杯"获得高校之外团体总分靠前的学校。每校取获得奖次最高的6个项目计算总积分，如遇总积分相等，则以获金奖的个数决定同一名次内的排序，以此类推至铜奖。如总积分、获奖情况完全相同，由全国组委会综合考虑予以最终评定。

第十七条　竞赛设省级团委优秀组织奖和学校优秀组织奖，综合省份及学校组织动员情况、活动参与情况、获奖情况等评定。

第十八条　全国组委会将在竞赛举办期间组织多种形式的导师指导、项目培训、交流展示、资源对接、孵化培育等活动。

第五章　附则

第十九条　竞赛结束后，对获奖项目保留一个月的投诉期。竞赛接受以单位或个人名义的实名投诉，并由投诉者提供与投诉内容相关的证据材料。收到投诉后，全国组委会将展开调查，经核查确不符合参赛条件和有关规定的，将取消该项目获得的奖励，以及所在学校和省级团委的所有集体奖、组织奖，未获得奖励的项目不进行替补。全国组委会不接受匿名投诉，将保护实名投诉人的合法权益。

第二十条　竞赛承办单位可以全国组委会名义寻求竞赛赞助。

第二十一条　本章程自全国组委会同意之日起生效，由竞赛主办单位及全国组委会秘书处负责解释。

附录C 中国国际"互联网+"大学生创新创业大赛

大赛介绍

中国国际"互联网+"大学生创新创业大赛是由教育部等十二部委和地方省级人民政府共同主办的创新创业赛事，其旨在落实《国务院办公厅关于深化高等学校创新创业教育改革的实施意见》《国务院办公厅关于进一步支持大学生创新创业的指导意见》等文件精神，全面深化高校创新创业教育改革，提升大学生创新创业能力，加快培养创新创业人才，纵深推进大众创业、万众创新。

一、总体目标

更中国、更国际、更教育、更全面、更创新，传承和弘扬红色基因，聚焦"五育"融合创新创业教育实践，激发青年学生创新创造热情，线上线下相融合，打造共建共享、融通中外的国际创新创业盛会，开启创新创业教育改革新征程。

——更中国。更深层次、更广范围体现红色基因传承，充分展现新发展阶段高水平创新创业教育的丰硕成果，集中展示新发展理念引领下创新创业人才培养的中国方案，提升高等教育新时代感召力。

——更国际。深化创新创业教育国际交流合作，汇聚全球知名高校、企业和创业者，服务以国内大循环为主体、国内国际双循环相互促进的新发展格局，搭建全球性创新创业竞赛平台，提升中国高等教育的影响力。

——更教育。落实立德树人根本任务，推动思想政治教育、专业教育与创新创业教育深度融合，弘扬劳动精神，加强学生创新实践能力培养，造就理想信念坚定、勇于创新创造的新时代青年奋斗者，提升高等教育新时代塑造力。

——更全面。鼓励各学段学生积极参赛，形成创新创业教育在高等教育、职业教育、基础教育、留学生教育等各类各学段的全覆盖，打通创新创业人才培养各环节，提升高等教育新时代引领力。

——更创新。丰富竞赛形式和内容，优化赛制选拔，改革赛事组织，激发全社会创新创业创造动能，促进高校创新成果转化应用，服务国家创新发展，提升高等教育新时代创造力。

二、主要任务

以赛促教，探索人才培养新途径。全面推进高校课程思政建设，深入推进新工科、新医科、新农科、新文科建设，不断深化创新创业教育改革，引领各类学校人才培养范式深刻变革，形成新的人才培养质量观和质量标准，切实提高学生的创新精神、创业意识和创新创业能力。

以赛促学，培养创新创业生力军。服务构建新发展格局和高水平自立自强，激发学生的创造力，激励广大青年扎根中国大地了解国情民情，在创新创业中增长智慧才干，坚定执着追理想，实事求是闯新路，把激昂的青春梦融入伟大的中国梦，努力成长为德才兼备的有为人才。

以赛促创，搭建产教融合新平台。把教育融入经济社会发展，推动成果转化和产学研用融合，促进教育链、人才链与产业链、创新链有机衔接，以创新引领创业、以创业带动就业，推动形成高校毕业生更高质量创业就业的新局面。

三、大赛内容

（一）主体赛事，包括高教主赛道、"青年红色筑梦之旅"赛道、职教赛道、萌芽赛道和产业命题赛道。

（二）"青年红色筑梦之旅"活动。

（三）其他同期活动，如"创撷硕果"——国际大学生创新创业成果展、"创联虹桥"——大赛优秀项目资源对接会、"创享未来"——"新工科、新医科、新农科、新文科"世界高等教育发展校长论坛。

四、组织机构

（一）大赛由教育部、中央统战部、中央网络安全和信息化委员会办公室、国家发展改革委、工业和信息化部、人力资源社会保障部、农业农村部、中国科学院、中国工程院、国家知识产权局、国家乡村振兴局、共青团中央和同年确定的承办学校所在地省（自治区、直辖市）人民政府共同主办。

（二）大赛设立组织委员会（以下简称大赛组委会），由教育部和承办学校所在地省（自治区、直辖市）人民政府主要负责同志担任主任、教育部和承办学校所在地省（自治区、直辖市）人民政府分管负责同志担任副主任、教育部高等教育司主要负责同志担任秘书长、有关部门（单位）负责同志作为成员，负责大赛的组织实施。

（三）大赛设立专家委员会，负责项目评审等工作。

（四）大赛设立纪律与监督委员会，负责对赛事组织、参赛项目评审、协办单位相关工作等进行监督，对违反大赛纪律的行为予以处理。

（五）各省级教育行政部门可成立相应的赛事机构，负责本地比赛的组织实施、项目评审和推荐等工作。

五、参赛要求

（一）参赛项目能够紧密结合经济社会各领域现实需求，充分体现高校在新工科、新医科、新农科、新文科建设方面取得的成果，培育新产品、新服务、新业态、新模式，促进制造业、农业、卫生、能源、环保、战略性新兴产业等产业转型升级，促进数字技术与教育、医疗、交通、金融、消费生活、文化传播等深度融合。

（二）参赛项目应弘扬正能量，践行社会主义核心价值观，真实、健康、合法，不得含有任何违反《中华人民共和国宪法》及其他法律法规的内容，所涉及的发明创造、专利技术、资源等必须拥有清晰合法的知识产权或物权。如有抄袭盗用他人成果、提供虚假材料等违反相关法律法规和违背大赛精神的行为，一经发现即刻丧失参赛资格、所获奖项等相关权利，并自负一切法律责任。

（三）参赛项目只能选择一个符合要求的赛道报名参赛，根据参赛团队负责人的学籍或学历确定参赛团队所代表的参赛学校，且代表的参赛学校具有唯一性。参赛团队须在报名系统中将项目所涉及的材料按时如实填写提交。已获本大赛往届总决赛各赛道金奖和银奖的项目，不可报名参加本届大赛。

（四）参赛人员（不含产业命题赛道参赛项目成员中的教师）年龄不超过35岁。

（五）各省级教育行政部门及各有关学校要严格开展参赛项目审查工作，确保参赛项目的合规性和真实性。审查主要包括参赛资格及项目所涉及的科技成果、知识产权、财务状况、运营、荣誉奖项等方面。

六、比赛赛制

（一）大赛主要采用校级初赛、省级复赛、总决赛3级赛制（不含萌芽赛道及国际参赛项目）。校级初赛由各院校负责组织，省级复赛由各地负责组织，总决赛由各地按照大赛组委会确定的配额择优遴选推荐项目。大赛组委会将综合考虑各地报名团队数（含邀请国际参赛项目数）、参赛院校数和创新创业教育工作情况等因素分配总决赛名额。

（二）大赛共产生3500个项目入围总决赛（港澳台地区参赛名额单列），其中高教主赛道2000个（国内项目1500个、国际项目500个）、"青年红色筑梦之旅"赛道500个、职教赛道500个、萌芽赛道200个、产业命题赛道300个。

（三）高教主赛道每所高校入选总决赛项目总数不超过5个，"青年红色筑梦之旅"赛道、职教赛道每所院校入选总决赛项目各不超过3个。产业命题赛道每道命题每所院校入选项目总数不超过3个。萌芽赛道每所学校入选全国总决赛的项目总数不超过2个。

怎样参加中国国际"互联网＋"大学生创新创业大赛

一、参赛流程

参赛流程图如图C-1所示。

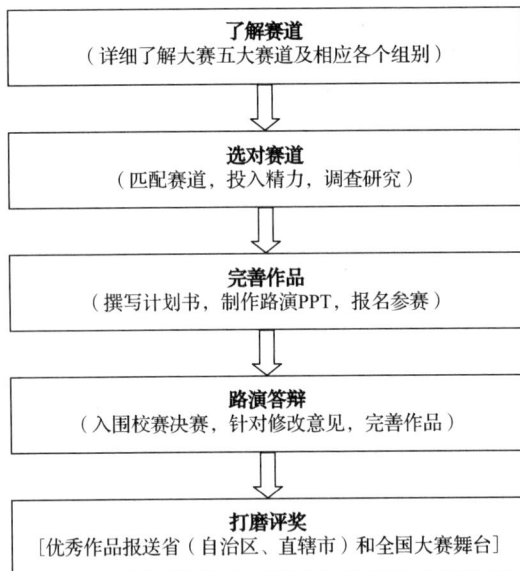

图C-1　参赛流程图

二、赛道类别

（一）高教主赛道

1. 参赛项目类型

（1）新工科类项目：大数据、云计算、人工智能、区块链、虚拟现实、智能制造、网络空间安全、机器人工程、工业自动化、新材料等领域，符合新工科建设理念和要求的项目。

（2）新医科类项目：现代医疗技术、智能医疗设备、新药研发、健康康养、食药保健、智能医学、生物技术、生物材料等领域，符合新医科建设理念和要求的项目。

（3）新农科类项目：现代种业、智慧农业、智能农机装备、农业大数据、食品营养、休闲农业、森林康养、生态修复、农业碳汇等领域，符合新农科建设理念和要求的项目。

（4）新文科类项目：文化教育、数字经济、金融科技、财经、法务、融媒体、翻译、旅游休闲、动漫、文创设计与开发、电子商务、物流、体育、非物质文化遗产保护、社会工作、家政服务、养老服务等领域，符合新文科建设理念和要求的项目。

2．参赛组别和对象

根据参赛申报人所处学习阶段，项目分为本科生组、研究生组。根据所处创业阶段，本科生组和研究生组均内设创意组、初创组、成长组，并按照新工科、新医科、新农科、新文科设置参赛项目类型。

3．参赛方式和要求

（1）本赛道以团队为单位报名参赛。允许跨校组建参赛团队，每个团队的成员不少于3人，不多于15人（含团队负责人），须为项目的实际核心成员。参赛团队所报参赛创业项目，须为本团队策划或经营的项目，不得借用他人项目参赛。

（2）按照参赛学校所在的国家和地区，分为中国大陆参赛项目、中国港澳台地区参赛项目、国际参赛项目3个类别。

（3）所有参赛材料和现场答辩原则上使用中文或英文，如有其他语言需求，请联系大赛组委会。

（二）"青年红色筑梦之旅"赛道

1．参赛项目要求

（1）参加"青年红色筑梦之旅"赛道的项目应符合大赛参赛项目要求，同时在推进农业农村、城乡社区经济社会发展等方面有创新性、时效性和可持续性。

（2）以团队为单位报名参赛。允许跨校组建团队，每个团队的参赛成员不少于3人，不多于15人（含团队负责人），须为项目的实际核心成员。参赛团队所报参赛创业项目，须为本团队策划或经营的项目，不得借用他人项目参赛。

（3）参赛申报人须为项目负责人，须为普通高等学校全日制在校生（包括本专科生、研究生，不含在职教育），或毕业5年以内的全日制学生（不含在职教育）；国家开放大学学生（仅限学历教育）。企业法定代表人在大赛通知发布之日后进行变更的不予认可。

2．参赛组别和对象

参加"青年红色筑梦之旅"赛道的项目，须为参加"青年红色筑梦之旅"活动的项目。否则一经发现，取消参赛资格。根据项目性质和特点，分为公益组、创意组、创业组。

（三）职教赛道

1．参赛项目类型

（1）创新类：以技术、工艺或商业模式创新为核心优势。

（2）商业类：以商业运营潜力或实效为核心优势。

（3）工匠类：以体现敬业、精益、专注、创新为内涵的工匠精神为核心优势。

2．参赛方式和要求

（1）职业院校（包括职业教育各层次学历教育，不含在职教育）、国家开放大学学生

（仅限学历教育）可以报名参赛。

（2）大赛以团队为单位报名参赛。允许跨校组建团队，每个团队的参赛成员不少于3人，不多于15人（含团队负责人），须为项目的实际核心成员。参赛团队所报参赛创业项目，须为本团队策划或经营的项目，不得借用他人项目参赛。

3. 参赛组别和对象

本赛道分为创意组与创业组。

（四）萌芽赛道

1. 参赛对象

普通高级中学在校学生。参赛学生须为项目的实际成员，鼓励学生以团队为单位参加（团队成员不超过15人），允许跨校组建团队。

2. 参赛项目要求

（1）项目应紧密融合学习、生活、社会实践，能创造性地解决问题或提供解决思路，具有可预见的应用性与成长性，可以是教育部公布的面向中小学生的全国性竞赛活动名单中学生赛事获奖项目或作品。项目不只限于"互联网＋"项目，鼓励各类创新创业项目参赛。

（2）项目须真实、健康、合法，无任何不良信息，不得借用他人项目参赛。项目立意应弘扬正能量，践行社会主义核心价值观。参赛项目不得侵犯他人知识产权；所涉及的发明创造、专利技术、资源等必须拥有清晰合法的知识产权或物权，涉及他人知识产权的，报名时须提交完整的具有法律效力的所有人书面授权许可书、专利证书等；抄袭盗用他人成果、提供虚假材料等违反相关法律法规的行为，一经发现即刻丧失参赛相关权利并自负一切法律责任。

（五）产业命题赛道

1. 命题征集

（1）本赛道针对企业开放创新需求，面向产业代表性企业、行业龙头企业、专精特新企业，以及入选国家"大众创业万众创新示范基地"的大型企业征集命题。

（2）企业命题应聚焦国家"十四五"规划战略性新兴产业方向，倡导新技术、新产品、新业态、新模式。围绕新工科、新医科、新农科、新文科对应的产业和行业领域，基于企业发展真实需求进行申报。

（3）命题须健康合法，弘扬正能量，知识产权清晰，无任何不良信息，无侵权违法等行为。

2. 参赛要求

（1）本赛道以团队为单位报名参赛，每支参赛团队只能选择一题参加比赛，允许跨校组建、师生共同组建参赛团队，每个团队的成员不少于3人，不多于15人（含团队负责人），须为揭榜答题的实际核心成员。

（2）项目负责人须为普通高等学校全日制在校生（包括本专科生、研究生，不含在职教育），或毕业5年以内的全日制学生（不含在职教育）。参赛项目中的教师须为高校教师。

（3）参赛团队所提交的命题对策须符合所答企业命题要求。参赛团队须对提交的应答材料拥有自主知识产权，不得侵犯他人知识产权或物权。

（4）所有参赛材料和现场答辩原则上使用中文或英文，如有其他语言需求，请联系大赛组委会。

三、报名方式

参赛团队通过登录全国大学生创业服务网或微信公众号（名称为"全国大学生创业服务网"或"中国互联网十大学生创新创业大赛"）任一方式进行报名。在服务网"资料下载"版块可下载学生操作手册指导报名参赛，在微信公众号可进行赛事咨询。

国际参赛项目通过全球青年创新领袖共同体促进会官网进行报名。

四、日程安排

大赛采取学校、省（自治区、直辖市）和全国3级赛制，分初赛、复赛、决赛3个赛段进行。

报名时间一般为每年4月至7月，学校初赛时间一般为每年6月至8月，省（自治区、直辖市）复赛时间一般为6月至8月，全国总决赛时间一般为每年10月。

参考文献

[1] 蔡喆，于凡奚，何懿鑫. 大学生创业思维[M]. 广州：广东人民出版社，2021.

[2] 丁忠明. 大学生创业启程[M]. 北京：机械工业出版社，2018.

[3] 杜永红. 大学生网络创新创业教育[M]. 北京：北京理工大学出版社，2016.

[4] 何传添，唐静，李晓莉. 大学生创业管理教程[M]. 北京：清华大学出版社，2015.

[5] 李越，石邦宏，马世洪，等. 大学生创业思维与实践[M]. 北京：北京大学出版社，2019.

[6] 苏博，万应捷. 互联网社群运营[M]. 北京：中国铁道出版社，2021.

[7] 杨哲旗. 创业基础[M]. 北京：电子工业出版社，2018.

[8] 叶虹，柴始青，占光胜. 大学生创业法律实务（第3版）[M]. 北京：清华大学出版社，2021.

[9] 张兵仿. 大学生创业基础教程[M]. 北京：时事出版社，2016.